18년 차 전문 컨설
가독성 높은 보고서

노하우

실전 보고서
작성 기술

with 홍장표 지음

파워포인트, 워드, 한글

HB 한빛미디어
Hanbit Media, Inc.

지은이 **홍장표**

공공기업의 전략, 인사/조직, 성과관리 프로젝트와 강의를 주로 진행한 18년 차 경력의 경영 컨설턴트입니다. 정부부처 및 공공기관 경영평가 관련 보고서 작성 강의 및 자문을 꾸준히 해왔으며, 기업교육에도 관심이 많아 직장인들을 대상으로 성균관대학교와 IBS컨설팅 그룹이 공동으로 진행한 경영 컨설턴트 양성과정에서 경영전략 강의와 전략 보고서 작성 자문을 10년 넘게 진행했습니다. 보고서 작성에 어려움을 느끼고 있는 직장인들을 돕고자 논리적으로 설득할 수 있는 보고서 작성 노하우 전달을 위해 노력하고 있으며, 가치관경영 및 전략경영 관련 집필과 교육 콘텐츠 개발에 전념하고 있습니다.

경영학 박사
현 B&H컨설팅 전문위원
현 웰포인터컨설팅 전문위원
전 한국능률협회컨설팅 전문위원
전 IBS컨설팅 컨설턴트

이메일 | redslide@naver.com
블로그 | https://blog.naver.com/redslide

18년 차 전문 컨설턴트가 알려주는 가독성 높은 보고서를 빠르게 작성하는 노하우
실전 보고서 작성 기술 with 파워포인트, 워드, 한글

초판 1쇄 발행 2020년 12월 28일
초판 3쇄 발행 2023년 11월 17일

지은이 홍장표 / **펴낸이** 전태호
펴낸곳 한빛미디어(주) / **주소** 서울시 서대문구 연희로2길 62 한빛미디어(주) IT출판1부
전화 02-325-5544 / **팩스** 02-336-7124
등록 1999년 6월 24일 제25100-2017-000058호 / **ISBN** 979-11-6224-376-3 13000

총괄 배윤미 / **책임편집** 장용희 / **기획·편집** 박지수 / **교정** 박성숙
디자인 이아란 / **전산편집** 김보경
영업 김형진, 장경환, 조유미 / **마케팅** 박상용, 한종진, 이행은, 김선아, 고광일, 성화정, 김한솔 / **제작** 박성우, 김정우

이 책에 대한 의견이나 오탈자 및 잘못된 내용에 대한 수정 정보는 한빛미디어(주)의 홈페이지나 아래 이메일로 알려주십시오.
잘못된 책은 구입하신 서점에서 교환해 드립니다. 책값은 뒤표지에 표시되어 있습니다.
한빛미디어 홈페이지 www.hanbit.co.kr / **이메일** ask@hanbit.co.kr

Published by HANBIT Media, Inc. Printed in Korea
Copyright © 2020 홍장표 & HANBIT Media, Inc.
이 책의 저작권은 홍장표와 한빛미디어(주)에 있습니다.
저작권법에 의해 보호를 받는 저작물이므로 무단 복제 및 무단 전재를 금합니다.

지금 하지 않으면 할 수 없는 일이 있습니다.
책으로 펴내고 싶은 아이디어나 원고를 이메일(writer@hanbit.co.kr)로 보내주세요.
한빛미디어(주)는 여러분의 소중한 경험과 지식을 기다리고 있습니다.

머리글

"솔직해야 시원합니다. 정확해야 오해가 없습니다.
그래서 솔직하고 정확하게 말하고 시작합니다."

이 책은 소프트웨어 사용법이 아닌 활용법을 다루고 있습니다.

즉, 소프트웨어 사용 기능이 아닌 보고서 작성 활용 기술을 다룹니다.

이 책의 제목만 보고 혹해서 책 한 권으로 한글, 워드, 파워포인트를 모두 배울 수 있을 것으로 기대한 독자도 있을 것입니다. 하지만 이 책을 읽기 전 문서 작성 도구를 처음 배우거나, 사용법이 서툴러서 기능을 제대로 익히고자 한다면 먼저 다른 책으로 공부하는 것을 추천합니다.

이 책은 문서 작성 도구별 기능이 아닌 보고서 작성 기술을 다룹니다. 따라서 보고서 작성에 필요한 기본 기능은 최소한으로 다룹니다. 우리의 목표는 보고서를 잘 작성하는 것이지, 보고서 작성 도구를 잘 다루는 것은 아니기 때문입니다. 보고서를 잘 작성하고 싶다면 궁극적으로 보고서 작성에 필요한 기술을 제대로 익혀야 합니다.

보고서 작성 도구는 수단이지 그 자체가 목적이 아니므로 소프트웨어 사용법보다는 보고서 작성 도구로써 활용법을 소개하는 데 초점을 두고 집필했습니다.

훌륭한 보고서를 작성하는 원칙은 없지만,

가독성 높은 보고서를 작성하는 원리는 있습니다.

이 책 한 권으로 모든 종류의 보고서 작성 방법을 다룰 수 없습니다. 보고서의 작성 목적, 보고 대상 및 보고 시기에 따라 보고서의 형태가 다릅니다. 따라서 해당 보고서 작성에 적합한 소프트웨어(대표적으로 한글과 파워포인트)도 다릅니다. 아니 달라야 합니다.

보고서 작성에서 반드시, 꼭, 이렇게 해야 하는 원칙은 없습니다. 하지만 같은 내용이라도 어떻게 편집하고 표현하느냐에 따라 가독성에 큰 차이가 생깁니다.

가독성 높은 보고서를 빠르게 작성할 수 있다면 금상첨화(錦上添花)입니다. 훌륭한 보고서를 작성하는 원칙은 없습니다. 그러나 보고서 가독성과 작성 속도를 높이는 원리는 있습니다. 이 책에서 소개하는 기술은 가독성 높은 보고서를 빠르게 작성하는 원리에 초점을 두고 집필했습니다.

장표(slide)의 작성 노하우를 장표(章杓)가 소개합니다.

저는 컨설턴트입니다. 컨설턴트는 보고서로 밥을 벌어 먹고삽니다. 보고서를 읽고, 요약하고, 만듭니다. 그 보고서로 설명하고 설득합니다. 보고서라는 결과물을 내놓기 위해 밤낮이 바뀌기도 합니다. 최종 보고를 앞두고 사무실에서 밤을 새운 적도 많습니다. 그 과정에서 보고서를 베개로 활용한 적도 있습니다. 과거에 작성했던 보고서를 보면 그때 기억이 생생합니다. 보고서 한 장 한 장에 희로애락이 담겨 있습니다. 문서 한 장을 장표(slide)라고 합니다. 제 이름은 장표(章杓)입니다. 그래서 장표가 장표(slide)에 관한 이야기를 하고 싶었습니다. 보고서 때문에 고민하고 고생하고 고초도 겪어봤습니다. 보고서를 작성하면서 이런 과정이 없을 수 없지만, 줄일 수는 있습니다.

이 책을 읽는 목적이 달라도 보고서 작성을 잘하고 싶다는 목표는 같다고 생각합니다. 최고의 방법은 없지만, 최선의 방법은 있습니다. 프로젝트 현장에서 구르고 강의장을 누비며 읽고, 듣고, 작성하고, 고치며 쌓은 노하우를 공유하고 싶습니다. 이 책이 누군가의 고민을 풀어줄 수 있다면 정말 행복할 것 같습니다. 오히려 제가 감사할 것 같습니다. 그런 감사할 일이 많았으면 좋겠습니다.

장표라는 이름을 지어주신
사랑하는 아버지 영전에 이 책을 바칩니다.

2020년 12월
홍장표 洪章杓

▶▶▶ 이 책의 구성

이 책은 다음과 같은 구성으로 이루어져 있습니다.
보고서 작성과 관련된 다양한 기술을 각각의 실제 보고서 사례를 통해 학습할 수 있습니다.

사용법은 누구나 안다
문제는 스피드다

요리사의 주방 벽면에 다양한 조리 도구가 걸려 있는 모습을 본 적 있을 것입니다. 그냥 걸려 있는 것이 아니라 본인 손에 익은 도구를 사용하기 쉽게 제자리에 걸려 있는 것입니다. 그래서 일류 요리사도 새로운 주방에서는 두리번거릴 수밖에 없습니다. 어떤 도구가 어디에 있는지 찾아야 하기 때문이죠. 따라서 새로운 주방에서 요리하려면 도구부터 세팅해야 합니다.

[도구] 준비   [재료] 준비

보고서 작성 도구   보고서 작성 재료
[빠른 실행 도구 모음] [단축키] 등   보고서 작성에 필요한 자료(콘텐츠)

028

▶▶▶ 실전 보고서 작성 기술

보고서 작성을 위해 꼭 필요한 파워포인트, 워드, 한글의 활용법과 보고서 작성을 위한 문장, 개요, 구성 작성 방법을 담았습니다. 자신에게 꼭 필요한 기술을 익혀 실무 보고서 작성에 적용해보세요.

📋 학습 정리

1. 기능을 다룰 줄 아는 것과 잘 다루는 것은 다르다.
▶ 사용하는 방법을 익히는 것을 넘어 잘 다루는 방법을 익히자.
▶ 어떤 기능을 제대로 다루면서 동시에 빠르게 사용할 수 있어야 한다.

2. 도구를 자신의 작업에 맞게 세팅하자.
▶ 서식 도구 상자와 빠른 실행 도구 모음에 자주 사용하는 기능을 묶어 정렬한다.
▶ 한글과 워드는 일반 문서 작성 도구로 텍스트와 표 편집 관련 기능을, 파워포인트는 프레젠테이션 문서 작성 도구로 도형 편집 관련 기능을 많이 사용한다는 점을 고려해 배치하면 더욱 좋다.

3. 적절한 단축키 사용으로 문서 작성 시간을 단축하자.
▶ 한글, 워드, 파워포인트에서 공통으로 사용하는 단축키를 먼저 학습한다.
▶ 작업을 진행하며 특히 많이 사용하는 단축키를 하나씩 외우자.
▶ 단축키를 외울 때는 연상기억법을 활용하자.

4. 나만의 단축키를 사용하자.
▶ 상용구와 블록을 사용하면 모든 개체를 약어로 등록해 사용할 수 있다.
▶ 자주 사용하는 특수문자, 표, 도형 등을 상용구로 등록해 활용하자.

5. 마우스 오른쪽 버튼과 친해지자.
▶ 텍스트, 표, 도형, 차트 등 문서에 삽입된 다양한 요소를 마우스 오른쪽 버튼으로 클릭하면 그에 맞는 메뉴를 바로 선택할 수 있다.

050

📋 학습 정리

밑줄을 그으며 읽지 않더라도 PART 중간에 정리가 필요한 부분을 [학습 정리]로 다시 한 번 확인할 수 있습니다.

도서의 전체 내용을 차례대로 읽어가며 보고서 작성을 위한 활용 방법을 학습하거나,
보고서를 작성하며 각 PART별로 참고할 수 있는 내용을 찾아 업무에 우선 활용합니다.
각 PART의 자세한 내용은 목차와 학습 가이드를 참고합니다.

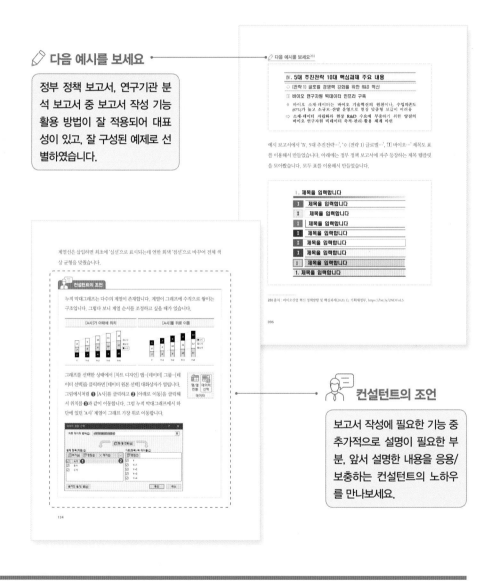

✏️ 다음 예시를 보세요

정부 정책 보고서, 연구기관 분석 보고서 중 보고서 작성 기능 활용 방법이 잘 적용되어 대표성이 있고, 잘 구성된 예제로 선별하였습니다.

🗨️ 컨설턴트의 조언

보고서 작성에 필요한 기능 중 추가적으로 설명이 필요한 부분, 앞서 설명한 내용을 응용/보충하는 컨설턴트의 노하우를 만나보세요.

▶▶▶ 보고서 학습의 기술

보고서를 빠르게 작성하고, 가독성을 높이고 문장과 구성, 표현 역량을 키우는 방법을 학습해보세요! 각 PART별로 보고서를 작성할 때 꼭 필요한 속도, 편집, 구성과 관련된 기술로 구성했습니다. 친절하고 상세한 설명으로 18년 차 컨설턴트의 보고서 작성 노하우와 솔루션을 아낌없이 제공합니다.

PART 01 컨설턴트의 보고서 작성법	보고서 작성 경력 **18년 차** 전문 컨설턴트가 보고서를 작성할 때 어떤 점을 고려하는지, 어떻게 활용 방법을 익혔는지 노하우를 확인해보세요.
PART 02 보고서 작성 **Speed-up**	**[속도의 기술]** 보고서를 빠르게 작성할 수 있도록 도와주는 기능 전반을 배울 수 있습니다. • 도구함에 본인이 자주 사용하는 기능만 모아서 활용 • 각 프로그램에서 자주 사용하는 단축키 쉽게 외우기 • 자주 사용하는 서식과 표, 특수문자 상용구로 지정해 활용
PART 03 보고서 작성 **Skill-up**	**[편집의 기술]** 보고서의 글꼴, 표, 그래프 등 요소를 활용해 가독성을 높이는 방법과 기능을 배울 수 있습니다. • 글꼴 선택이 보고서에 미치는 영향 확인 • 글꼴을 선택하는 기준 확인 • 장평, 자간, 글머리 기호를 통해 보고서의 가독성 향상 • 표, 도식, 그래프 등 보고서의 요소를 가독성 높게 편집
PART 04 보고서 작성 **Make-up**	**[구성의 기술]** 문장, 구성, 개요, 표현 등 보고서에 꼭 필요한 능력을 향상해줄 이론과 기능을 배울 수 있습니다. • 보고서에 어울리는 문장 작성 방법 • 순서와 계층을 통해 보고서 기획 • 유형별 목차 패턴을 활용 보고서 구성 • 한글과 워드에서 개요 작성 후 문서 서식으로 활용 • 보는 형태의 보고서에 최적화된 파워포인트 슬라이드 작성

책을 읽으면서 잘 이해되지 않을 수 있는 내용은 보고서 다이어그램으로 개념을 정리해 쉽게 이해할 수 있습니다. 각 프로그램을 활용하여 실습하는 부분은 친절한 설명과 함께 이미지로 순서를 확인해 따라 하며 학습할 수 있습니다.

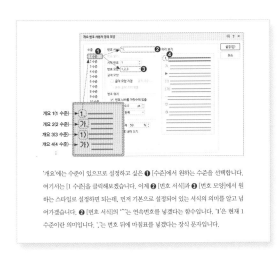

'개요'에는 수준이 있으므로 설정하고 싶은 ❶ [수준]에서 원하는 수준을 선택합니다. 여기서는 [1 수준]을 클릭해보겠습니다. 이제 ❷ [번호 서식]과 ❸ [번호 모양]에서 원하는 스타일로 설정하면 되는데, 먼저 기본으로 설정되어 있는 서식의 의미를 알고 넘어가겠습니다. ❷ [번호 서식]의 '^'는 연속번호를 넣겠다는 함수입니다. '1'은 현재 1 수준이란 의미입니다. '.'는 번호 뒤에 마침표를 넣겠다는 장식 문자입니다.

보고서 다이어그램

글만으로는 잘 이해되지 않는 보고서의 구조적 특성과 패턴은 물론, 다양한 보고서 사례를 도식으로 학습할 수 있어 빠르게 이해하고 실무에 적용할 수 있습니다.

활용의 기술

책의 실습 부분은 각 프로그램에서 새 문서 혹은 새 프레젠테이션 파일에서 시작합니다. 기본 기능을 사용할 줄 안다면 쉽게 따라 할 수 있으며 작성한, 혹은 작성 중인 보고서의 사본에서 작업해 적용하는 것도 좋은 방법입니다.

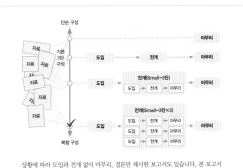

상황에 따라 도입과 전개 없이 마무리, 결론만 제시한 보고서도 있습니다. 본 보고서가 있는 상태에서 이를 요약한 1페이지 요약 보고서가 대표적입니다. 도입 없이 도입과 전개가 통합된 '(도입 포함) 전개 → 마무리' 형태의 2단 구성도 있습니다. 반면 내용이 많아서 '도입 → 전개 ① + 전개 ② + 전개 ③ → 마무리'로 이어지는 복합 구성도 있습니다. 보고서를 보면서 이런 다양한 구성 패턴을 익혀야 합니다.

▶▶▶ 목차 ─────────────────────────────────

▶▶▶ 목차

컨설턴트의
보고서 작성법은
무엇이 다른가?

보고서 쓰기는
애쓰기다

한양대 교수이자 지식생태학자로 널리 알려진 유영만 교수님의 블로그[1]에서 "책쓰기는 애쓰기다"라는 글을 읽었습니다. 순간 여러 생각이 머리를 스치고 지나갔습니다. 글자 그대로 해석하면 책을 쓰기 위해서는 많은 노력이 필요하다는 것이지요. 뒤집어 해석하면 노력 없이는 책을 쓸 수 없다는 말이 됩니다.

보고서 쓰기도 똑같습니다. 보고서를 잘 쓰기 위해서는 많은 노력이 필요합니다. 반대로 말해도 같습니다. 노력 없이 보고서를 잘 쓸 수는 없습니다. 노력해도 보고서를 쓰기 어려운 이유는 다음과 같습니다.

① 보고서를 읽는 사람의 니즈를 정확히 알기 어렵습니다. 니즈를 알았다 해도 보고서 작성에 필요한 ② 적확한 자료가 있어야 합니다. 자료를 구했다면 이를 ③ 가독성 높은 보고서로 표현해야 합니다. 보고서 쓰기는 ① → ② → ③으로 이어지는 모든 과정이 완벽해야 합니다. 보고서는 내(I)가 쓰지만 네(You)가 읽습니다. 그래서 내가 이

---

[1] 출처 : 유영만 교수 블로그, https://blog.naver.com/kecologist

해했다고 읽는 사람도 이해했다는 보장이 없습니다. 내가 만족했다고 읽는 사람도 만족하리란 보장도 없습니다.

누구나 보고서를 쓰기는 씁니다. 하지만 좋은 보고서 쓰기는 애쓰는 과정이 필요합니다. 보고서를 읽는 사람의 니즈 파악을 위해 애쓰기가 필요합니다. 적확한 자료를 끊임없이 구하기 위해 애쓰기가 필요합니다. 가독성 높은 보고서 작성을 위해 애쓰기가 필요합니다.

보고서 쓰기는 쓰다! 보고서 쓰기는 애쓰기다!

일필휘지는
없다

초등학교 때 정신수양에 좋다는 아버지의 권유로 붓글씨를 배우기 위해 서예 학원에 다녔습니다. 학원 입구에는 큰 액자가 걸려 있었고 거기에 다음과 같은 글귀가 적혀 있었습니다.

一 筆 揮 之

일필휘지는 붓을 한 번 휘둘러 줄기차게 써 내려간다는 뜻으로 글씨를 대단히 힘 있고 잘 쓰는 모습을 가리키는 표현입니다. 하지만 말이 쉽지, 새하얀 화선지에 시커먼 글씨를 한번에 써 내려가는 것은 정말 어려운 일이라 큰 붓으로 쓰고 작은 붓으로 덧칠하는 경우가 많았습니다. 그럴 때마다 학원 선생님께서 말씀하셨습니다.

"그건 글씨가 아니라 그림이야!"

사회생활을 하면서 보고서 쓰기도 일필휘지를 꿈꿨지만 그런 일은 실제로 일어나지 않았습니다. 끝날 때까지 끝나지 않았고, 끝나야 끝나는 것이 보고서 쓰기였습니다.

고치기 때문에 지치지 말자.

보고서 쓰기는 덧칠하는 과정의 연속입니다. 작성하고 수정하기를 반복합니다. 고치기도 보고서 쓰기 과정에 포함됩니다. 보고서 쓰기에서 일필휘지는 없습니다. ① 구상하고 → ② 초안을 작성한 뒤 → ③ 빠르게 검토받는 것이 좋습니다. 이 과정에서 올바른 방향으로 작성되고 있는지 사전에 확인하는 것이 중요합니다.

군대에서 포병은 사격의 정확도를 높이기 위해 360° 대신 원을 6,400으로 나눈 밀(Mil) 방위각을 사용합니다. 밀 방위각은 '밀'이란 단위를 사용합니다. 1°는 17.777밀로 발사 지점에서 단 1밀의 오차만 발생해도 20km를 날아간 포탄의 오차는 20m가 벌어집니다. 사거리가 길수록 오차는 더욱 커집니다. 보고서 작성 초기에 방향성을 잘못 설정하면 나중에 걷잡을 수 없는 방향으로 흘러갑니다. 그래서 초기 방향 설정이 중요합니다.

이 과정을 거쳐 ④ 고치고→ ⑤ 2~3차 검토를 받고 → ⑥ 최종 수정을 통해 완성도를 높이는 것이 좋습니다. 여기서 중요한 것은 완성도입니다. 불필요한 내용을 최대한 줄이고 가독성을 높여야 합니다. 더하기보단 빼기가 중요합니다. 보고서 작성 목적과 관련 없는 모든 것을 빼야 합니다.

고치기 때문에 지치면 안 됩니다. 고치기 또한 보고서 쓰기의 중요한 과정이고 일부입니다.

기술이 쌓여
예술이 된다

투수가 던진 공이 포수의 글러브에 도착하는 데 걸리는 시간은 0.4초입니다. 투수가 던진 공을 타자가 보는 시간은 0.15초입니다. 0.15초 동안 공은 5m를 이동합니다. 이때 타자가 스윙 여부를 판단하고 스윙하는 데까지 0.25초가 걸립니다. 0.25초 동안 공은 10m를 이동합니다. 그렇다면 타자는 0.25초 안에 모든 결정을 하고 약 7m가 남은 시점에서 스윙해야 합니다. 눈을 깜빡이는 데 걸리는 시간이 0.4초입니다. 그 시간 안에 투수와 타자가 경쟁[2]하는 것입니다. 사실 타자가 공을 보고 판단해 스윙한다는 것은 불가능합니다. 몸이 먼저 반응하는 것입니다. 이를 위해 배트를 수십만 번 휘두르는 것입니다. 최고의 타격 기술은 철저히 고독하고 지루한 반복 연습의 산물입니다. 우리가 탁월하다고 인정하는 사람들의 능력 뒤에는 1만 시간의 노력이 있음을 떠올려야 합니다.

보고서도 기술이 필요합니다. 수십, 수백 건의 보고서를 작성해야 합니다. 머리가 아

2) 출처 : YTN사이언스, https://bit.ly/398MGCz

닌 몸이 먼저 기억하고 반응할 수 있어야 탁월한 수준이라는 말을 들을 수 있습니다. 보고서 작성에 있어서 필자는 체계적인 연습과 피드백을 통해 기술을 습득하고 향상할 수 있는 3S 철학을 갖고 있습니다.

첫째, Simple입니다. 보고서 내용과 표현이 간결해야 합니다. 통상 보고서를 읽는 사람은 시간이 많지 않습니다. 또 우호적인 관점에서 보고서를 읽고 이해할 거란 생각을 버려야 합니다. 최소의 시간을 투자해 보고서를 읽고 이해할 수 있도록 해야 합니다. 보고서를 읽는 사람을 혼란스럽게 하기 위해 보고서를 작성하는 사람은 없겠죠.

둘째, Speed입니다. 보고서를 읽는 사람만 시간이 없는 게 아닙니다. 작성자도 마찬가지입니다. 자료를 찾고, 찾은 자료를 편집하고 구성해야 합니다. 2~3개의 보고서를 동시에 작성해야 하는 경우도 있습니다. 보고서뿐만 아니라 일상적인 업무도 처리해야 합니다. 말 그대로 멀티플레이어가 되어야 합니다. 같은 시간에 더 많이 처리하거나, 업무 처리 시간을 줄여야 합니다.

셋째, Specialist입니다. 같은 내용이라도 전문가가 작성한 것과 같은 보고서 비주얼을 갖추고 있어야 합니다. 단지 화려하고 예뻐 보여야 한다는 말이 아닙니다. 최고의 가독성을 지녀야 한다는 뜻입니다.

사용법은 지양하고
활용법은 지향하자

공공기관이나 일반 기업에서 사용하는 문서 작성 도구는 다양합니다.

보편적으로 사용하는 프로그램으로 마이크로소프트(美)에서 만든 워드, 파워포인트, 엑셀이 있고, 한글과컴퓨터(韓)에서 만든 한글, 한쇼, 한셀이라는 소프트웨어가 있습니다. 문서 특성별로 구분할 수도 있었습니다. 텍스트 중심의 읽는 문서 작성에 특화된 워드와 한글이 있고, 발표용 문서 작성에 특화된 파워포인트와 한쇼, 데이터 편집과 가공에 특화된 엑셀과 한셀이 있습니다.

이 책에서 집중적으로 다루는 문서 작성 도구는 세 가지입니다.

한글	워드	파워포인트

한글은 텍스트 중심의 문서 작성과 편집에 특화된 소프트웨어입니다. 한국의 소프트웨어 개발사인 '한글과컴퓨터'에서 만들었습니다. 그래서인지 정부 부처(공무원) 및 공공기관을 중심으로 주로 사용하고 있습니다.

미국의 소프트웨어 개발사인 마이크로소프트에서 제작한 워드와 파워포인트는 다수의 국가에서 사용하는 문서 작성 도구로, 글로벌 범용성 측면에서 한글보다 널리 사용됩니다. 그래서 한국에서 한글을 사용해 주문서를 작성한 기업이 외국 기업과 거래할 때는 워드를 사용해야 하는 일이 벌어집니다. 이런 일은 기업만이 아니라 학생들도 겪습니다. 한글로 논문을 작성하던 대학원생이 외국 학회에 논문을 발표하거나 유학을 가면 워드를 사용하는 것처럼 말이죠.

한글, 워드, 파워포인트는 각각의 도구별로 차별화된 특징이 있습니다. 진화를 거듭했고, 현재도 계속 진화 중입니다. 그렇다 보니 하루가 다르게 새로운 기능이 계속 추가되고 있습니다. 관심을 가지고 찾아보거나 배우지 않으면 따라잡기 어렵습니다. 한글이라는 도구 하나를 배우기에도 시간이 부족한 사람이 워드와 파워포인트까지 배우긴 매우 어려울 것입니다. 필자의 고민은 여기서 출발했고, 집필을 결심한 이유도 여기에 있습니다.

본격적으로 시작하기 전에 고백할 게 있습니다. 평소 한글, 워드, 파워포인트를 주로 사용해 보고서를 작성하고 책까지 집필하고 있지만 사실 저도 이 세 가지 소프트웨어의 기능을 전부 아는 건 아닙니다. 8 대 2 법칙이 있습니다. 전체 결과의 80%가 전체 원인의 20%에서 일어나는 현상을 말합니다. 각각의 소프트웨어는 상단에 위치한 [메뉴]를 보면 모든 기능을 확인할 수 있습니다. 하지만 8 대 2 법칙에 따르면 [메뉴]에서 우리가 사용하는 기능은 전체의 20%밖에 안 됩니다. 총 100개의 기능이 있다면 평소에 주로 사용하는 기능은 20개 정도라는 결론이 나옵니다. 모든 기능을 알 수도 없고, 알 필요도 없습니다. 어쩌다 한 번씩 사용하는 기능을 익히느라 고생하지 말고 자주 사용하는 기능을 숙달하는 것이 퇴근을 앞당기는 확실한 지름길입니다. 기능 중심 사용법을 배우기 위한 노력은 지양하고 문서 작성 도구로서 활용법 습득을 지향합시다.

문서 작성 도구로서 활용법 습득

읽는 보고서
vs 보는 보고서

각 소프트웨어의 첫 화면을 보면 그 특징을 명확히 알 수 있습니다. 한글과 워드를 실행하면 왼쪽 상단에 커서가 깜빡입니다. 특별한 명령 없이도 언제든 텍스트를 입력할 준비가 되었다는 뜻입니다.

왼쪽 상단에서 시작해 텍스트를 입력하고 한 줄이 꽉 차면 다음 줄로 자동 줄 바꿈하는 구조입니다. 화면에 보이지 않지만, 마치 원고지와 같이 가상의 줄과 칸으로 나뉘어 있다고 생각하면 됩니다. 그래서 텍스트 중심의 입력과 편집에 특화되어 있어 읽는 보고서라 부릅니다.

한글 작업 화면

파워포인트는 처음 실행했을 때 기본 작업 화면부터 한글, 워드와 다릅니다. 모니터 화면처럼 가로로 깁니다. 작업 화면을 보면 어디에도 깜빡이는 커서가 없습니다. 그림을 그리기 위한 도화지와 같다고 보면 됩니다. 도형이나 이미지(사진) 등 개체를 원하는 위치에 배치하고 편집하는 데 특화되어 있어 보는 보고서라 부릅니다.

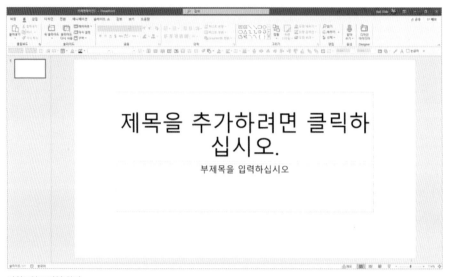

파워포인트 작업 화면

문서 작성과 표현 방식에서 보면 각각의 소프트웨어는 큰 차이가 있습니다. 보이지 않지만, 원고지처럼 가상의 줄과 칸이 나뉘어 있어 텍스트 중심으로 입력과 편집하는 작업은 한글, 워드가 특화되어 있습니다. 반면 파워포인트는 사람이든 물건이든 내가 그리고 싶은 개체를 원하는 위치에 삽입하고 편집하는 작업에 특화되어 있습니다. 도형과 화살표를 이용해 구조화된 도식화를 표현하는 것은 파워포인트를 사용하는 것이 한글과 워드를 사용하는 것보다 월등히 편리합니다. 파워포인트는 기본 작업 화면부터 모니터 가로 화면에 최적화되어 있습니다. 그래서 프레젠테이션 발표용으로 최적입니다.

읽는 문서 작성 특화(원고지)	보는 문서 작성 특화(도화지)

하지만 텍스트 중심 문서 작성에 특화된 한글과 워드는 메뉴 구성과 단축키가 다른 점이 많습니다. 오히려 같은 제작사에서 개발한 워드와 파워포인트가 메뉴 구성 및 단축키가 비슷해 빠르게 적응하는 사람이 많습니다. 그래서 한글을 주로 사용하던 사람은 워드를 사용할 때 불편함을 많이 느낍니다. 반대 경우도 마찬가지입니다.

프로그램의 좋고 나쁨을 말하려는 게 아닙니다. 문서 작성 도구별 특징을 제대로 파악해야 제대로 사용할 수 있습니다.

학습 정리

1. 보고서 작성은 많은 노력이 필요하다.

▶ 보고서를 읽는 사람의 니즈를 정확히 알아야 한다.

▶ 적확한 자료로 구성하고 가독성 높은 보고서로 표현한다.

2. 보고서는 작성하고 수정하는 과정의 반복이다.

▶ 정확한 방향 설정을 위해서 빠른 시간에 초안을 검토받는다.

▶ 완성도에 신경 쓰며 고쳐서 2~3차 검토를 받고 최종 수정 과정을 거친다.

3. 보고서 작성은 기술을 습득하고 향상해야 한다.

▶ 3S 원칙 : Simple, Speed, Specialist

▶ 내용과 표현이 간결하고, 문서 작성이 빨라야 하며, 전문가처럼 보여야 한다.

4. 사용법은 지양하고, 활용법은 지향한다.

▶ 각 문서 작성 프로그램의 모든 기능을 알 수도 없고, 알 필요도 없다.

▶ 기능 중심 사용법을 배우기 위한 노력은 지양하고 문서 작성 도구로서 활용법 습득을 지향하자.

5. 읽는 보고서와 보는 보고서의 차이를 파악한다.

▶ 보고서 작성 목적을 고려해 최적의 문서 작성 도구를 선택하자.

▶ 한글과 워드는 문서 형태의 읽는 보고서를 만드는 데 최적화되어 있고, 파워포인트는 프레젠테이션 자료 작성에 최적화되어 있다.

▶ 문서 작성 도구별 특징을 제대로 파악해야 제대로 사용할 수 있다.

PART
02

보고서 작성
Speed-up

사용법은 누구나 안다, 문제는 스피드다

요리사의 주방 벽면에 다양한 조리 도구가 걸려 있는 모습을 본 적 있을 것입니다. 그냥 걸려 있는 것이 아니라 본인 손에 익은 도구를 사용하기 쉽게 제자리에 걸려 있는 것입니다. 그래서 일류 요리사도 새로운 주방에서는 두리번거릴 수밖에 없습니다. 어떤 도구가 어디에 있는지 찾아야 하기 때문이죠. 따라서 새로운 주방에서 요리하려면 도구부터 세팅해야 합니다.

[도구] 준비

보고서 작성 도구

[빠른 실행 도구 모음], [단축키] 등

[재료] 준비

보고서 작성 재료

보고서 작성에 필요한 자료(콘텐츠)

한글, 워드, 파워포인트를 실행하면 상단에 [메뉴]가 보이는데 이것을 주방의 조리 도구라고 생각하면 됩니다. 한글, 워드, 파워포인트는 지속적인 버전 업데이트를 통해 기능이 추가되고, 사용자 친화적으로 UI(작업 화면)가 개선되고 있습니다.

한글 메뉴

워드 메뉴

파워포인트 메뉴

입문 서적, 유튜브, 블로그 등 조금만 찾아보면 기본적인 도구 사용법을 익히기는 어렵지 않습니다. 적어도 이 책을 찾을 실력이라면 한글, 워드, 파워포인트의 기본적인 기능은 알 것이라 생각합니다. 그렇지만 도구를 다룰 줄 아는 것과 잘 다루는 것은 다릅니다. 한글, 워드, 파워포인트에서 하나의 옵션을 적용하는 방법은 매우 다양합니다. 예를 들어 파워포인트에서 도형 색상을 바꾸는 방법은 제가 아는 것만 5가지입니다.

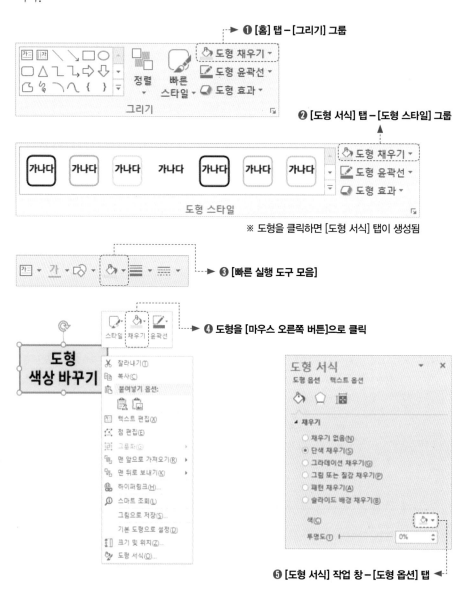

도형 색상을 바꾸는 다양한 방법

이처럼 사용자 편의성을 고려해 같은 기능도 다양한 방법으로 접근해 사용할 수 있으므로 가장 편한 방법을 선택하면 됩니다. 그런데 사용자 편의성을 고려한 기능의 과잉과 다양성이 오히려 문제가 되기도 합니다. 심지어 파워포인트에서 작업한 내용을 복사해서 한글이나 워드에 붙여 넣는 등 작업 도구를 옮겨가며 동시에 사용하기도 합니다. 저 역시 수년째 다양한 도구를 활용해 보고서를 작성하고 있지만 헷갈릴 때가 있습니다. 특히 가끔 사용하는 기능을 접할 때 더욱 그렇습니다.

그렇다면 잘 다룬다는 것은 무엇일까요? 어디에 어떤 도구가 있는지 몰라도 요리는 할 수 있습니다. 그렇지만 빠르게 하긴 어렵습니다. 도구 사용법을 아는 것은 기본입니다. 도구를 제대로 다룰 줄 안다면 중수입니다. 제대로 다루면서도 빨라야 고수라 부를 만합니다. 즉, 잘 다룬다는 것은 정확하고 빠르게 다룰 줄 아는 경지에 이르렀다는 말입니다. 고수를 가르는 한 끗 차이는 바로 스피드입니다.

도구함 세팅으로
퇴근을 앞당기자

문서 작성 도구별로 제공하는 다양한 기능 가운데 자신이 자주 사용하는 기능을 1순위로 세팅해야 합니다. 이러한 기능 모음을 한글에서는 [서식 도구 상자]라 부르고 워드, 파워포인트에서는 [빠른 실행 도구 모음]이라 부릅니다. 자주 사용하는 도구들을 모아놓은 도구함이라고 생각하면 됩니다. 한글과 워드, 파워포인트에서 부르는 이름이 달라서 함께 부를 때는 편의상 [도구함]이라고 하겠습니다.

한글	[도구] 메뉴 – [사용자 설정] – [서식 도구 상자]
워드, 파워포인트	[파일] 탭 – [옵션] – [빠른 실행 도구 모음]

▶ ❶ [리본 메뉴] 문서 작성과 편집을 위한 모든 편집 옵션을 보여줌

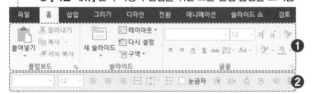

▶ ❷ [빠른 실행 도구 모음] 단축키처럼 자주 사용하는 기능, 편집 옵션을 사용자가 설정할 수 있음

파워포인트의 [리본 메뉴]와 [빠른 실행 도구 모음]

한글, 워드, 파워포인트 모두 [도구함]에 자주 사용하는 기능을 추가하는 원리는 같습니다.

한글 [서식 도구 상자]

예를 들어 한글은 [도구] 메뉴-[사용자 설정]을 클릭하면 나타나는 [사용자 설정] 대화상자의 [서식 도구 상자]에서 편집하면 됩니다. ❶은 한글의 모든 기능이 표시되는 [명령 선택]입니다. ❸은 나의 [도구함]에 들어 있는 기능이 표시됩니다. ❶에서 내가 자주 사용하는 기능을 클릭한 뒤 ❷ ▷ 를 클릭해 나의 [도구함]인 ❸에 추가하는 원리입니다.

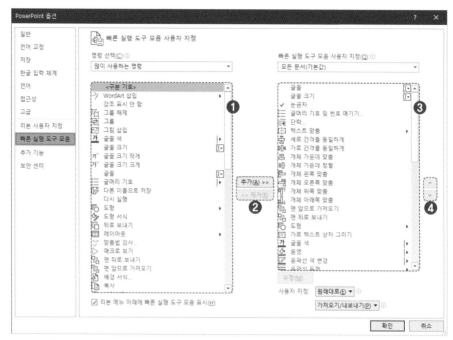

파워포인트 [빠른 실행 도구 모음]

❸ 배열 순서(위 → 아래)

배열 순서(왼쪽 → 오른쪽)

파워포인트 [빠른 실행 도구 모음]의 배열 순서

워드와 파워포인트도 [도구함] 세팅 원리는 거의 같습니다. 그런데 기능의 배치 순서를 조정하고 싶다면 어떻게 해야 할까요? ❸의 배열 순서를 보면 파워포인트의 [빠른 실행 도구 모음]은 왼쪽에서 오른쪽으로 배열되는 원리입니다. ❸에서 조정하고 싶은 기능을 클릭한 뒤 ❹에서 위아래 화살표를 클릭해 위치를 조정하면 됩니다.

자신의 [도구함]을 세팅할 때는 자주 사용하는 기능을 묶어서 정렬하는 게 중요합니다. 보고서 작성 시 자주 사용하는 기능은 크게 세 가지로 묶을 수 있습니다.

[텍스트] 편집 기능	자간, 장평, 줄 간격, 문단 간격, 글머리 기호 등
[표] 편집 기능	표 선 종류, 표 선 색, 셀 색상 등
[도형] 편집 기능	다양한 도형 그리기, 도형 선 색, 도형 색상 등

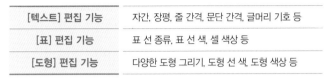

❶ [텍스트] 편집 관련 기능

❷ [표] 편집 관련 기능

❸ [도형] 및 [선] 편집 관련 기능

문서 작성 도구에 따라 자신이 자주 사용하는 기능을 파악해 배열 위치를 조정하면 됩니다. 텍스트 중심의 읽는 보고서인 한글, 워드에서는 [텍스트]와 [표] 편집 관련 기능을 자주 사용합니다. 개체 중심의 보는 보고서인 파워포인트에서는 [도형] 편집 관련 기능을 더 많이 사용할 것입니다.

또 작성하는 보고서에 따라 자주 사용하는 기능을 자신이 편한 위치(왼쪽, 중간, 오른쪽)에 정렬하는 것도 시간을 단축하는 방법입니다. 필자는 파워포인트의 경우 [도형]과 [표] 편집 기능의 사용 빈도가 높습니다. 그래서 마우스 이동 거리 단축을 위해 [빠른 실행 도구 모음]의 중간과 오른쪽에 [도구함]을 배치해서 사용합니다.

워드나 파워포인트에서 [도구함]에 자주 사용하는 기능을 빠르게 추가하는 방법
이 있습니다. 예를 들어 [글머리 기호]를 자신의 [도구함]에 추가하고 싶다면 [글
머리 기호] 위에서 마우스 오른쪽 버튼을 클릭해보세요.

옵션 메뉴가 나타나고 [빠른 실행 도구 모음에 추가]를 클릭하면 자신의 [도구함]
에 바로 넣을 수 있습니다. 아쉽게도 한글에는 이런 기능이 없네요.

단축키로
시간 단축하기

도구함을 사용하는 것보다 편집 시간을 획기적으로 줄이는 방법은 바로 단축키를 적재적소에 사용하는 것입니다. 그러나 단축키는 문서 작성 도구별로 다르고, 자주 사용하지 않으면 쉽게 잊어버립니다. 그나마 외운 것도 한글, 워드, 파워포인트를 번갈아 사용하다 보면 더욱 헷갈립니다.

필자는 단축키를 다 외울 수 없기에 일단 몇 가지 원칙을 두고 단축키를 외웠습니다. 첫째, 한글, 워드, 파워포인트의 공통 단축키를 먼저 외웁니다. 하나만 외우면 공통으로 사용할 수 있기 때문입니다. 둘째, 작업 도중 많이 클릭하는 기능의 단축키를 하나씩 외웁니다. 이때 문서 작성 도구별로 사용 빈도가 다르다는 점도 고려하면 좋습니다. 한글과 워드는 텍스트 편집 관련 단축키를 기억하는 게 좋습니다. 반면 파워포인트는 개체(도형, 표 등)를 많이 다루기에 이와 관련된 단축키를 기억하는 게 좋습니다. 셋째, 단축키를 외울 때는 연상기억법을 사용해보세요. '복사하기' 단축키는 Ctrl + C 입니다. 여기서 C 는 'Copy'의 약자라고 연상하면 외우기가 한결 수월합니다. 마지막으로 나만의 단축키 정리 사전을 만들어보세요. 다음은 필자가 자주 사용하는 단축키를 정리한 표입니다.

한글, 워드, 파워포인트 공통 단축키

구분	기능	단축키	연상기억
글자 편집	**두껍게** 밑줄 *기울이기*	Ctrl + B Ctrl + U Ctrl + I	Bold 볼드체 Under bar Italics 이탤릭체
	크기 크게 크기 작게	Ctrl +] Ctrl + [	
문서 편집	복사 붙여넣기	Ctrl + C Ctrl + V	Copy C 옆에 V
	저장	Ctrl + S	Save
	되돌리기	Ctrl + Z	
	자르기	Ctrl + X	가위 모양 X 연상
	모두 선택	Ctrl + A	All
	찾기	Ctrl + F	Find
	인쇄	Ctrl + P	Print

한글 단축키

구분	기능	단축키	연상기억
글자 편집	글자 모양	Alt + L	
	자간 좁게 자간 넓게	Alt + Shift + N Alt + Shift + W	좁은 Narrow 넓은 Wide
	장평 좁게 장평 넓게	Alt + Shift + J Alt + Shift + K	
기호 입력	특수문자, 기호 입력	Ctrl + F10	
줄 편집	줄 간격 좁게 줄 간격 넓게	Alt + Shift + A Alt + Shift + Z	
문장 편집	가운데 정렬 왼쪽 정렬 오른쪽 정렬	Ctrl + Shift + C Ctrl + Shift + L Ctrl + Shift + R	Center Left Right

구분	기능	단축키	연상기억
서식 편집	서식 복사/붙여넣기	Alt + C	

워드 단축키

구분	기능	단축키	연상기억
글자 편집	글자 모양 편집 (장평/간격3))	Ctrl + D → [고급]	
입력	특수문자, 기호 입력	Alt + I , S	
줄 편집	줄 간격(좁게/넓게)	Alt + O , P	
문장 편집	가운데 정렬 왼쪽 정렬 오른쪽 정렬	Ctrl + E Ctrl + L Ctrl + R	Center Left Right
서식 편집	서식 복사 서식 붙여넣기	Ctrl + Shift + C Ctrl + Shift + V	Copy

파워포인트 단축키

구분	기능	단축키	연상기억
입력	특수문자, 기호 입력	Alt + I , S (자음＋한자키)	
문장 편집	가운데 정렬 왼쪽 정렬 오른쪽 정렬	Ctrl + E Ctrl + L Ctrl + R	Center Left Right
개체 편집	개체 그룹 개체 그룹 해제	Ctrl + G Ctrl + Shift + G	Group
	도형 복제	Ctrl + D	
서식 편집	서식 복사 서식 붙여넣기	Ctrl + Shift + C Ctrl + Shift + V	

---

3) 한글의 '자간'을 워드에서는 '간격'으로 부릅니다.

나만의 단축키를 설정하자

보고서를 작성하다 보면 고유명사, 기호, 표, 도형을 반복해서 입력해야 하는 경우가 있습니다. 예를 들어 ⇒, ⇔, ☆, ※, ☎ 등 특수기호를 넣고 싶을 때는 한글에서는 [문자표], 워드, 파워포인트에서는 [기호] 대화상자에 들어가서 찾아야 합니다. 한두 번이라면 괜찮지만 자주 반복된다면 귀찮을 뿐만 아니라, 수백 개가 넘는 다양한 기호 가운데 적합한 것을 찾는 것은 시간 낭비입니다.

자주 사용하는 개체를 상용구나 블록으로 저장하면 간편하게 불러와서 빠르게 입력할 수 있습니다. 한글에서는 상용구, 워드에서는 블록이란 기능4)입니다. 텍스트, 문장, 기호, 표, 도형, 이미지 등 모든 개체를 사용자가 지정한 약어로 저장했다가 간편하게 불러올 수 있습니다.

---

4) 한글 '상용구'와 워드 '블록'의 경우 이름은 다르지만 기능은 같습니다.

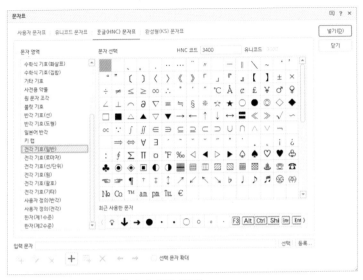

한글 문자표 [입력] 메뉴 – [문자표](단축키 : Ctrl + F10)

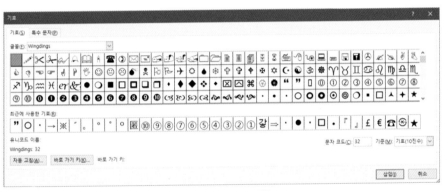

워드, 파워포인트 기호 [삽입] 탭 – [기호] 그룹 – [기호](단축키 : Alt + I, S)

구분	한글	워드	파워포인트
텍스트, 특수문자	상용구	블록	(자음+ 한자)
개체(표, 글상자)			(유사 기능 없음)

그러나 파워포인트에서는 아쉽게도 상용구나 블록처럼 표, 도형, 이미지 같은 개체까지 저장해서 사용하는 기능은 없습니다. 여기서는 한글 상용구와 워드 블록 기능 중심으로 소개하겠습니다.

기능	등록하기	단축키
한글 상용구	• [입력] 탭 – [입력 도우미] – [상용구] – [상용구 내용] • 상용구 저장 단축키 : Ctrl + F3	약어 + Alt + I
워드 블록	• [삽입] 탭 – [텍스트] 그룹 – [빠른 문서 요소] – [문서 블록 구성 도우미] • 블록 저장 단축키 : Alt + F	약어 + F3

필자는 한글 상용구나 워드 블록 기능을 적극적으로 활용하고 있습니다. 텍스트, 특수문자, 표, 도형 할 것 없이 모든 개체를 약어로 등록하면 작업 시간을 효과적으로 줄일 수 있기 때문입니다.

구분	필자가 등록해서 사용하는 문자 및 개체[5]
텍스트	기업명, 주소, 전화번호 등
특수 문자	원숫자(①, ②, ③, … & ❶, ❷, ❸, …) 사각숫자(⒈ ⒉ ⒊ & ⒈ ⒉ ⒊ …) → ⇒ ➔ ✓ * ※ ★ ☆ ▶ ▫ ☐ ○ ○ ● · ·
표	
도형	(점선 글상자)　　(실선 글상자)

---

5) 아쉽게도 파워포인트에는 '상용구'나 '블록' 같은 기능이 없습니다. 필자의 경우 자음 + 한자 를 눌러 특수문자를 입력합니다. 또한 자주 사용하는 개체(표, 도형)는 미리 만들어놓고 필요한 경우 복사해서 사용하고 있습니다.

한글의 상용구 등록 및 사용

상용구로 등록하고 싶은 개체를 입력합니다. 여기서 개체란 텍스트, 특수문자, 표, 도형을 가리지 않습니다. 어떤 개체든 상용구로 등록이 가능합니다.

가령 회사 주소를 자주 입력해야 하는 상황이라면 주소를 입력하고 블록 지정합니다.

❶ 개체 입력	(예시) 대한시 민국구 만세로 11
❷ 개체 지정	• 상용구로 등록하고 싶은 개체를 마우스로 드래그해 블록 지정합니다. (예시) 대한시 민국구 만세로 11
❸ 상용구 등록	• [입력] 메뉴 – [입력 도우미] – [상용구] – [상용구 등록](단축키 : Alt + I) • [글자 상용구 등록] 대화상자가 나타나면 [준말]에 본인이 기억하기 쉬운 악어를 입력합니다. 예를 들어 **주소**라고 입력했다면 준말을 꼭 기억해야 합니다. 그리고 [등록]을 클릭합니다. 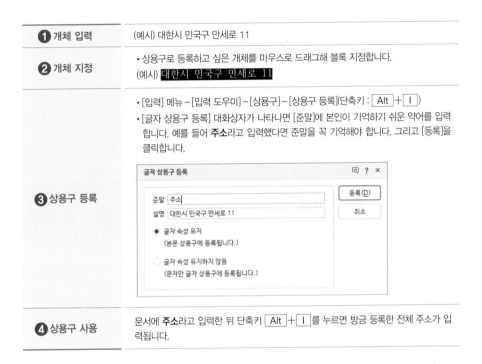
❹ 상용구 사용	문서에 **주소**라고 입력한 뒤 단축키 Alt + I 를 누르면 방금 등록한 전체 주소가 입력됩니다.

등록한 상용구를 확인하거나 편집하려면 [입력] 메뉴 – [입력 도우미] – [상용구] – [상용구 내용]을 클릭합니다. [상용구] 대화상자가 나타납니다.

❶ [글자 상용구]나 [본문 상용구] 탭을 클릭해보면 저장한 상용구를 ❷에서 확인할 수 있습니다.

혹시나 준말을 잊었거나 바꾸고 싶을 때 ❸의 옵션 기능을 활용해 입력, 수정, 편집이 가능합니다. ⊞는 [상용구 추가](등록), ✎는 [상용구 편집], ⊠는 [상용구 지우기]입니다. 또 [상용구 저장]⊟을 활용해 자신이 등록한 상용구를 별도 파일로 저장할 수 있고, [상용구 불러오기]📂를 활용해 별도 저장한 상용구 파일을 불러올 수 있습니다.

워드의 블록 등록 및 사용

한글의 상용구 기능과 등록하고 사용하는 원리가 똑같습니다.

❶ 개체 입력	(예시) 대한시 민국구 만세로 11번지
❷ 블록 지정	• 블록으로 등록하고 싶은 개체를 마우스로 드래그합니다. (예시) **대한시 민국구 만세로 11**
❸ 블록 등록	• [삽입] 탭 – [텍스트] 그룹 – [빠른 문서 요소] – [상용구] – [선택 영역을 상용구 갤러리에 저장](단축키 : Alt + F3) • [새 문서 블록 만들기] 대화상자가 나타나면 [이름]에 본인이 기억하기 쉬운 약어를 입력합니다. 예를 들어 주소라고 입력했다면 이름을 꼭 기억해야 합니다. 그리고 [확인]을 클릭합니다. 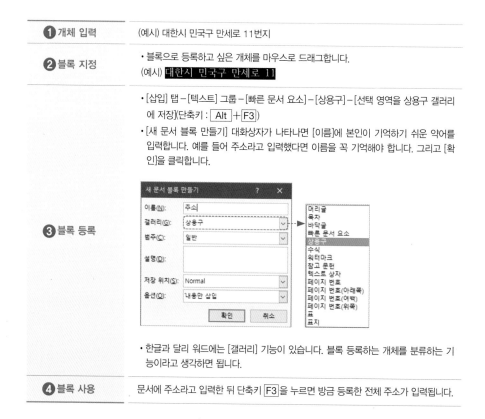 • 한글과 달리 워드에는 [갤러리] 기능이 있습니다. 블록 등록하는 개체를 분류하는 기능이라고 생각하면 됩니다.
❹ 블록 사용	문서에 주소라고 입력한 뒤 단축키 F3을 누르면 방금 등록한 전체 주소가 입력됩니다.

등록한 블록을 확인하거나 편집하려면 [삽입] 탭-[텍스트] 그룹-[빠른 문서 요소]-[문서 블록 구성 도우미]를 클릭합니다.

한글과 달리 워드에는 갤러리별로 기본 등록된 블록이 많습니다. 그래서 자신이 등록한 블록에 대해 갤러리를 설정해서 저장해야 찾기가 수월합니다. ❶을 보면 방금 등록한 [주소] 블록이 보입니다. 이 대화상자에서 등록한 블록을 수정, 삭제하려면 ❷ [속성 편집]과 [삭제]를 클릭합니다.

특수문자 및 기호를 준비하자

문서를 작성하다 보면 다양한 특수문자 및 기호를 입력해야 할 경우가 발생합니다. 한글, 워드, 파워포인트에서 제공하는 특수문자나 기호가 많기 때문에 이를 찾는 데 의외로 시간이 많이 걸립니다. 이 시간을 줄일 세 가지 방법을 소개합니다.

첫째, 단축키나 빠른 실행 도구 모음을 이용합니다.

한글 단축키	워드, 파워포인트 단축키
Ctrl + F10	Alt + I , S

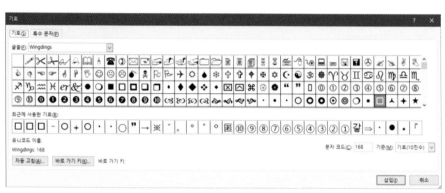

파워포인트, 워드 [기호] 대화상자

그런데 단축키나 빠른 실행 도구 모음을 통해 대화상자를 열더라도 결국 원하는 특수
문자나 기호를 찾아야 합니다.

그래서 두 번째로 자주 사용하는 특수문자나 기호를 상용구로 등록해두고 사용하는
방법이 있습니다. 상용구(혹은 블록) 등록과 사용법은 바로 앞에서 다루었기 때문에
여기선 생략하겠습니다.

셋째, 사용하는 특수문자나 기호를 템플릿처럼 미리 별도의 문서에 준비해두고 복사
해서 사용하는 방법입니다. 필자는 화살표, 원숫자, (글머리)기호, 로마자를 많이 사
용하기에 별도 파일에 저장해둡니다. 보고서 작성 시 이 파일을 불러놓고 필요한 경
우에 복사해서 사용하곤 합니다. 특히 상용구 기능이 없는 파워포인트에서 활용할 때
매우 유용합니다.

구분	기호	함축적 의미
화살표	← ↑ → ↓ ↔ ↗ ↘ ↙ ☞ ⇐ ⇑ ⇒ ⇓ ← ↑ → ↓	이동, 연결, 흐름, 지시, 대비, 상승, 하락 등
원숫자	①②③ ❶❷❸ ❶❷❸	순서, 나열, 중요도 등
기호	《 》「 」『 』※ ☆ ★ *	참고, 추가, 인용, 설명 등
로마자	Ⅰ Ⅱ Ⅲ Ⅳ Ⅴ Ⅵ Ⅶ	(목차)순서 등
글머리 기호	□ ○ ■ · ◦ ─	(목차)계층 등

마우스 오른쪽 버튼과
친해지자

한글, 워드, 파워포인트가 새로운 버전으로 업데이트되면 새로운 기능이 항상 추가됩니다. 프로그램을 자주 사용하는 사람들은 새로운 기능을 활용해 편리하게 작업하는 반면, 가끔 사용하는 사람들은 많은 기능 때문에 오히려 혼란스러워합니다. 한글, 워드, 파워포인트 개발자들은 보고서 작성자들의 수고스러움을 덜어주기 위해 마우스 오른쪽 버튼에 정말 많은 기능을 넣어두었습니다. 우리는 마우스에 오른쪽 버튼도 있다는 사실을 잊곤 합니다. 가끔 사용하는 사람을 정말 '가끔' 본 적이 있습니다. 앞으로 가끔이라도 사용하는 사람이 많아졌으면 좋겠습니다.

한글, 워드, 파워포인트에서 자주 입력하는 [텍스트], [표], [도형], [그래프] 등을 입력한 뒤 마우스 오른쪽 버튼을 클릭하면 다양한 편집 옵션이 나타납니다. 너무도 친절하고 똑똑하게도 자주 사용하는 기능을 맞춤형으로 제시합니다.

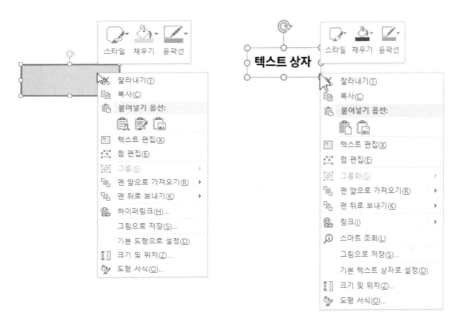

파워포인트에서 각각의 개체를 마우스 오른쪽 버튼으로 클릭 시

필자가 아는 정년을 앞둔 교수님께선 주로 워드를 사용해 집필하셨고, 파워포인트를 활용해 강의 자료를 작성하셨습니다. 옆에서 작업하시는 걸 잠깐 지켜본 적이 있는데 마우스 오른쪽 버튼을 활용해 거의 모든 편집 작업을 하시는 걸 보고 놀랐습니다. 일반적인 수준의 문서는 마우스 오른쪽 버튼만으로도 편집이 가능하다는 사실을 확인하는 순간이었습니다.

그 이후 필자도 한동안 마우스 오른쪽 버튼과 친하게 지냈고, 지금은 좀 더 익숙하고 편리한 나만의 방법을 찾아서 사용하고 있습니다. 바로 다음 PART에서 소개하겠습니다.

1. 기능을 다룰 줄 아는 것과 잘 다루는 것은 다르다.

▶ 사용하는 방법을 익히는 것을 넘어 잘 다루는 방법을 익히자.

▶ 어떤 기능을 제대로 다루면서 동시에 빠르게 사용할 수 있어야 한다.

2. 도구함을 자신의 작업에 맞게 세팅하자.

▶ 서식 도구 상자와 빠른 실행 도구 모음에 자주 사용하는 기능을 묶어 정렬한다.

▶ 한글과 워드는 일반 문서 작성 도구로 텍스트와 표 편집 관련 기능을, 파워포인트는 프레젠테이션 문서 작성 도구로 도형 편집 관련 기능을 많이 사용한다는 점을 고려해 배치하면 더욱 좋다.

3. 적절한 단축키 사용으로 문서 작성 시간을 단축하자.

▶ 한글, 워드, 파워포인트에서 공통으로 사용하는 단축키를 먼저 학습한다.

▶ 작업을 진행하며 특히 많이 사용하는 단축키를 하나씩 외우자.

▶ 단축키를 외울 때는 연상기억법을 활용하자.

4. 나만의 단축키를 사용하자.

▶ 상용구와 블록을 사용하면 모든 개체를 약어로 등록해 사용할 수 있다.

▶ 자주 사용하는 특수문자, 표, 도형 등을 상용구로 등록해 활용하자.

5. 마우스 오른쪽 버튼과 친해지자.

▶ 텍스트, 표, 도형, 차트 등 문서에 삽입된 다양한 요소를 마우스 오른쪽 버튼으로 클릭하면 그에 맞는 메뉴를 바로 선택할 수 있다.

보고서 작성
Skill-up

보고서의 첫인상은
글꼴이 좌우한다

숫자를 포함한 모든 텍스트에 어떤 글꼴[1]을 사용하느냐는 보고서의 비주얼과 가독성에 큰 영향을 미칩니다. 글꼴은 정보 전달을 넘어 수많은 형태를 가진 그래픽 요소로 보고서의 전체 분위기를 좌우하는 데 매우 중요한 역할을 합니다. 다음 예시를 보세요. 같은 내용인데 차이가 느껴지나요? 어떤 글에 시선이 쏠리나요?

[명조 계열 글꼴] 사용	[고딕 계열 글꼴] 사용
사람의 첫인상은 3초 만에 결정됩니다. 그 첫인상을 바꾸는 데는 3년이 걸립니다. 보고서의 첫인상은 글꼴이 좌우합니다. 글꼴도 디자인입니다. 어떤 글꼴을 사용하느냐가 보고서의 첫인상을 결정합니다.	사람의 첫인상은 3초 만에 결정됩니다. 그 첫인상을 바꾸는 데는 3년이 걸립니다. 보고서의 첫인상은 글꼴이 좌우합니다. 글꼴도 디자인입니다. 어떤 글꼴을 사용하느냐가 보고서의 첫인상을 결정합니다.

1) 글꼴, 서체, 글씨체, 폰트 등이 비슷한 의미로 사용되나 여기서는 글꼴이라고 통일해 부르겠습니다.

먼저 글꼴 이름과 특징에 대해 살펴보겠습니다. 고딕, 돋움, 명조, 바탕 등 글꼴은 매우 다양합니다. 비슷해 보이는데 무엇이 다를까요?

명조체는 중국 명나라 서체를 어원으로 하고 있습니다. 종이와 먹이 발명되기 이전, 쪼개진 대나무의 끝을 가늘게 깎아 옻을 묻혀 죽편 등에 글자를 쓴 데서 기원한 것으로 알려져 있습니다. 한글의 명조체는 가로획이 약간 가늘고 그 끝에 강조점이 있으며 붓의 느낌을 살리고 있는 것이 특징입니다. 또한 서양의 세리프체는 삐침이 있는 유려함이 특징인 서체로 신문, 잡지, 서적 등의 본문에서 가장 많이 사용하고 있습니다. 고딕체는 고딕 시대에 유럽에서 사용한 글씨체라는 의미인데, 고딕 계열 글꼴은 선의 굵기가 일정하며 장식적 요소 없이 묵직한 것이 특징입니다.

하지만 명조와 고딕 둘 다 외국어인 관계로 국립국어원에서 바탕, 돋움과 같이 한글 명칭을 붙였습니다. 아직은 모두 혼용되고 있으므로 명조체=바탕체, 고딕체=돋움체라고 기억하면 됩니다.

명조 계열 글꼴(=바탕체)	고딕 계열 글꼴(=돋움체)
신명조 / **궁서체** / 휴먼명조	나눔스퀘어 / **HY견고딕** / 맑은 고딕

"그렇다면 어떤 글꼴이 좋나요? 어떤 글꼴이 이쁜가요? 어떤 글꼴이 눈에 더 잘 띄나요? 더 세련된 글꼴은 무엇인가요?" 이런 질문을 많이 받습니다만 정확하게는 "각 글꼴은 어떤 특징이 있나요?", "어떤 상황에서 어떤 글꼴이 적합한가요?" 이렇게 질문하는 것이 적절합니다.

글꼴도 디자인입니다. 디자인이기에 시대적으로 유행하는 트렌드가 있습니다. 또한 개인 취향이란 게 있어서 좋다, 나쁘다로 평가할 수 없기에 답은 없습니다. 그러나 팁은 있습니다. 절대적인 기준은 없습니다만 글꼴의 모양에 따라 시각적인 특징을 고려해 선택하는 기준을 논할 수 있습니다. 글꼴 선택과 사용에서 기억하면 도움이 될 만한 몇 가지 원리를 적어봅니다.

잘 보여야 할 곳엔 고딕체를! 잘 읽혀야 할 곳엔 명조체를!

명조 계열(=바탕) 글꼴은 삐침이 있습니다. 그래서 시작점, 중간점, 끝나는 점의 두께가 다릅니다. 획의 두께가 조금씩 다른 점이 자연스러움과 부드러운 느낌을 주어 글을 읽을 때 글씨에서 운율이 느껴집니다. 자연스럽고 부드러운 운율과 흐름이 느껴지기에 많은 글을 읽어도 눈의 피로감이 적습니다. 지금 책장에 꽂힌 자기계발서, 역사서, 인문/사회서, 소설책을 살펴보세요. 거의 모든 책이 본문은 명조 계열 글꼴을 사용합니다. 그래서 명조 계열 글꼴은 한글과 워드를 활용해 작성한 텍스트가 많은 읽는 보고서에 적합합니다. 한글과 워드를 주로 사용해 보고서를 작성하는 정부, 공공기관, 연구소, 일반 기업 및 대학(논문) 등에서 명조 계열 글꼴을 많이 사용하는 이유입니다.

텍스트가 많은 본문은 읽기 편한 명조 계열 글꼴을 추천합니다.

고딕 계열(=돋움) 글꼴은 반듯하고 간격이 일정해서 공간감이 크게 느껴집니다. 그래서 같은 크기라도 명조 계열보다 좀 더 선명하게 보입니다. 40~50명이 모인 회의장에서 발표하는 슬라이드에 텍스트가 많다면 청중이 다 읽어볼까요? 발표자가 띄운 빔프로젝터 화면 글씨가 안 보이는 경우도 많습니다. 그래서 핵심 키워드나 단문을 사용하되, 글씨는 반듯하고 좀 더 크게 보이는 고딕 계열 글꼴을 사용하는 것이 좋습니다. 요약하자면 제목이나 헤드라인 타이틀 등 강조하거나 잘 보여야 하는 곳에는 획이 두껍고 반듯한 고딕 계열 글꼴을 추천합니다. 파워포인트에서는 본문도 고딕 계열 글꼴을 추천합니다. 파워포인트는 다양한 개체를 이용해 직관적으로 이해되는 보는 보고서 작성에 유리합니다. 보는 보고서에서는 본문 텍스트도 장문이 아닌 단문이나 키워드 중심으로 작성해야 눈에 잘 띕니다. 그래서 고딕 계열을 사용해 가독성을 높이는 걸 추천합니다. 다만 설명이 필요해 많은 양의 텍스트를 입력해야 하는 경우엔 자연스럽고 부드러운 느낌의 명조 계열 글꼴을 사용하는 것도 한 방법입니다.

추천	읽는 보고서(문서용)		보는 보고서(발표용)
	한글	워드	파워포인트
강조가 필요한 제목	고딕 계열 글꼴		
설명이 필요한 본문	명조 계열 글꼴		고딕 계열 글꼴

글꼴 패밀리는 좋은 대안이다

대목차-중목차-소목차-본문으로 구성된 목차 계층별로 글꼴을 다르게 적용해 하나의 보고서에서 5종 이상의 글꼴을 사용하는 경우도 있습니다. 위상별로 글꼴을 다르게 사용해 직관적으로 목차 계층을 파악할 수 있도록 한 것은 가독성을 높이기 위해 추천하지만, 지나치게 다양한 글꼴을 사용할 경우 보고서의 통일성이 떨어집니다. 또한 목차 계층별로 사용했던 글꼴을 작성자가 헷갈리면 순서가 뒤죽박죽될 우려도 있습니다.

글꼴 가운데 하나의 글꼴에서 Bold, Medium, Light 등 굵기나 장평이 조금씩 다른 것을 모은 묶음을 글꼴 패밀리[2]라고 합니다. 하나의 보고서에서 글꼴 패밀리를 사용해 변화를 주는 것은 전체적인 통일감을 높이는 좋은 방법입니다.

필자는 고딕 계열 글꼴의 경우 네이버에서 무료로 배포한 나눔스퀘어체를 자주 사용합니다. 굵기와 장평이 다른 여러 개의 글꼴을 글꼴 패밀리로 제공하고 있어 정보 계층을 표현하는 데도 문제없고, 전체적인 통일감을 유지하는 데도 좋아 자주 사용합니다.

....
2) 혹은 '폰트 패밀리'라고도 부릅니다.

[나눔체] 글꼴 패밀리	정보 위계 표현(예시)
나눔스퀘어ExtraBold	**제목 글꼴로 사용 28pt**
나눔스퀘어Bold	**헤드라인 글꼴로 사용 22pt**
나눔스퀘어	본문 내용 글꼴로 사용 16pt
나눔스퀘어Light	주석 등 추가 설명 글꼴로 사용 12pt

너무 튀면 튕겨져 나간다!

한글, 워드, 파워포인트를 설치하면 기본적으로 제공하는 글꼴을 사용할 수 있습니다. 그런데 인터넷에 글꼴 혹은 폰트를 검색하면 정말 다양한 글꼴을 만날 수 있습니다. 예를 들어 네이버 소프트웨어[3]를 검색해서 들어가면 최신 유료 및 무료 폰트를 만날 수 있습니다.

이런 글꼴을 다운로드해 설치하고 사용할 때는 주의해야 합니다. 예를 들어 최근 인기있는 예능 자막으로 자주 등장하는 글꼴이라고 해서 무턱대고 사용하면 낭패를 볼수 있습니다. 무료로 배포된다고 해서 아무 제약 없이 사용할 수 있는 것은 아닙니다. 제작자가 사용 권한에 대해 일부 제약조건을 걸어둔 경우도 있으니 꼼꼼히 확인하고 사용해야 합니다.

새로운 글꼴을 다운로드해 내 PC에서 문서를 열거나 작업할 때는 문제가 없습니다. 그런데 다른 PC에서 문서를 열거나 작업할 때는 사용한 글꼴을 별도로 설치하지 않으면 글꼴을 인식할 수 없기 때문에 기본 글꼴로 자동 변환됩니다. 같은 크기라도 글꼴마다 획 두께, 자간, 장평이 모두 달라 편집이 흐트러지기 때문에 주의해

---

3) https://software.naver.com

야 합니다.

공무원, 공공기관, 기업, 연구소, 학술학회, 학교 등 각 조직에서 주로 사용하는 글꼴이 있습니다. 이를 무시해선 안 됩니다. 필자도 컨설턴트 초기에 정부 부처에 보고서를 제출한 적이 있는데, 글꼴이 양식에 맞지 않아 전체를 재편집하기도 했습니다. 해당 기관에서 통일된 글꼴을 사용하는 문서 양식이 있다면 이를 반드시 지켜야 합니다. 통일된 양식이 없더라도 업종별로 주로 사용하는 일반적인 서식이 있으므로 이를 사전에 확인하는 것이 좋습니다. 이를 무시하고 너무 튀는 글꼴을 사용하면 반감을 줄 수 있기 때문입니다.

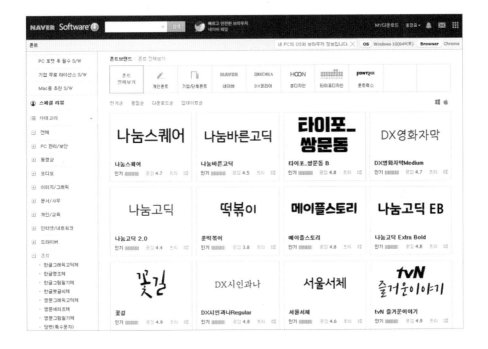

글꼴 사용은 어디까지나 기본 원리를 설명한 것으로 반드시 지켜야 할 원칙은 아닙니다. 예를 들어 인용문이나 인터뷰 내용을 요약해서 제시할 때는 손글씨를 흉내 낸 색다른 글꼴을 사용해도 좋습니다. 필자는 파워포인트 강의자료를 준비하면서 독립운동가인 김구 선생님의 글을 인용할 때 김구 서체4)를 이용한 적도 있습니다.

---

4) GS칼텍스에서 만들어 배포한 서체. 백범 김구 독립서체 https://bit.ly/30nkI1R

가독성 높은 텍스트
편집 기술

보고(또는 발표)는 보고자의 음성, 제스처, 표정 등이 어우러진 시청각 커뮤니케이션으로 이루어집니다. 그러나 보고서는 화면이나 종이 위에 텍스트라는 한정된 시각 정보로 커뮤니케이션이 이루어집니다. 그래서 보고는 3D 기술이고, 보고서는 2D 기술입니다. 물론 2D보다 3D 기술이 훨씬 복잡하고 어렵기 때문에 보고서만으로 설득해야 한다면 2D 기술로 최대한 3D 효과를 내야 합니다.

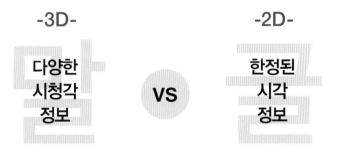

한정된 지면에 담긴 텍스트만으로 누군가를 설득하고 또 누군가에게 설명하는 것은

쉬운 일이 아닙니다. 더욱이 보고서는 텍스트 중심으로 이루어져 있어 텍스트를 어떻게 가공하여 편집하느냐가 설득하고 설명하는 데 있어서 중요한 기술입니다.

문단 간격만 조절해도 가독성이 높아진다

인간은 어떤 사물이나 개념을 바라볼 때 묶어서 이해하는 그룹화(Grouping)를 좋아합니다. 무언가를 묶어서 바라보는 것은 생존을 위해 불가피한 선택이었습니다. 초기 인류는 생존을 이어가기 위해서 먹을 수 있는 것과 먹을 수 없는 것을 나누는 것부터 그룹화를 시도했을 겁니다. 이제는 고차원적인 철학적 개념도 그룹화가 가능한 수준으로 진화를 거듭했습니다. 이런 진화의 산물 때문에 그룹화는 인식 수준을 결정하는 중요한 요소가 되었습니다. 보고서에 쓰인 길고 많은 양의 글을 보면 사람들은 어떤 생각을 할까요? '이것을 읽고 무슨 내용인지 파악해야지!'라고 생각하는 사람이 얼마나 될까요? 여러분이 직접 실험해보세요.

다음 글을 읽어보세요. [5]

[예시 ①] 내부 협력을 제대로 실행하는 것은 말처럼 쉬운 것이 아니다. 조직 간에 협력을 방해하는 여러 가지 내부 장벽들이 존재하기 때문이다. 첫째는 타 부문으로부터 정보, 조언이나 도움을 구하려 하지 않는 NIH(Not Invented Here) 장벽 때문에 협력이 잘 이루어지지 않는다. NIH 장벽이 발생하는 주요 원인으로는 부문 중심의 폐쇄적인 조직문화, 타 부문에 문제나 약점을 보이는 것에 대한 두려움, 자신의 문제는 남의 도움 없이 스스로 해결해야 한다는 고정 관념 등을 들 수 있다. 둘째는 보유하고 있는 정보나 지식을 타 부문에 제공하는 것을 꺼리는 독점(Hoarding) 장벽 때문에 협력이 잘 이루어지지 않는다. 독점 장벽이 발생하는 주요 원인은 부문 간의 과도한 경쟁, 부문이나 개인 성과 중심의 평가/보상 제도, 파워 상실에 대한 두려움, 과중한 업무로 인한 시간 부족 등을 들 수 있다. 셋째는 필요한 정보나 적합한 사람을 찾지 못하는 검색(Searching) 장벽 때문에 협력이 잘 이루어지지 않는다. 검색 장벽이 발생하는 주요 원인으로는 큰 조직 규모, 부문 간에 멀리 떨어져 있는 물리적인 거리, 정보의 과부하, 타 부문 구성원들과의 빈약한 인적 네트워크 등을 들 수 있다. 특히, 검색 장벽은 중소기업보다는 대기업일수록, 로컬기업보다는 글로벌 기업일수록 크게 나타날 가능성이 높다.

---

[5] 출처 : 조직 내 협력, 과정보다 결과가 중요하다. LG경제연구소 2014.11.17.

글을 읽으면서 어떤 생각이 들었나요? 이제 다음 글을 읽어보세요!

[예시 ②] 내부 협력을 제대로 실행하는 것은 말처럼 쉬운 것이 아니다. 조직 간에 협력을 방해하는 여러 가지 내부 장벽들이 존재하기 때문이다.

첫째는 타 부문으로부터 정보, 조언이나 도움을 구하려 하지 않는 NIH(Not Invented Here) 장벽 때문에 협력이 잘 이루어지지 않는다. NIH 장벽이 발생하는 주요 원인으로는 부문 중심의 폐쇄적인 조직문화, 타 부문에 문제나 약점을 보이는 것에 대한 두려움, 자신의 문제는 남의 도움 없이 스스로 해결해야 한다는 고정 관념 등을 들 수 있다.

둘째는 보유하고 있는 정보나 지식을 타 부문에 제공하는 것을 꺼리는 독점(Hoarding) 장벽 때문에 협력이 잘 이루어지지 않는다. 독점 장벽이 발생하는 주요 원인은 부문 간의 과도한 경쟁, 부문이나 개인 성과 중심의 평가/보상 제도, 파워 상실에 대한 두려움, 과중한 업무로 인한 시간 부족 등을 들 수 있다.

셋째는 필요한 정보나 적합한 사람을 찾지 못하는 검색(Searching) 장벽 때문에 협력이 잘 이루어지지 않는다. 검색 장벽이 발생하는 주요 원인으로는 큰 조직 규모, 부문 간에 멀리 떨어져 있는 물리적인 거리, 정보의 과부하, 타 부문 구성원들과의 빈약한 인적 네트워크 등을 들 수 있다. 특히, 검색 장벽은 중소기업보다는 대기업일수록, 로컬기업보다는 글로벌 기업일수록 크게 나타날 가능성이 높다.

앞서 제시한 두 예시는 완전히 같은 내용입니다. 시각적으로 차이가 있다면 [예시 ①]은 문단을 나누지 않았고, [예시 ②]는 문단을 나눴다는 것입니다. 텍스트는 일단 읽을 맛이 나야 합니다. 내용 파악은 그다음이죠.

[예시 ①]의 글은 텍스트가 빼곡히 들어차 '읽기 싫다!'는 생각까지 한 사람도 있을 것입니다. [예시 ②]는 4개의 문단으로 나뉘어 있다는 것이 먼저 보입니다. 글에 숨통이 트여 읽는 데 부담감이 훨씬 덜합니다. 두 번째 문단을 읽어내려갈 때는 '앞으로 문단 2개를 더 읽으면 되겠구나!'란 추측도 할 수 있습니다.

인간은 진화의 산물로 그룹화하는 습성을 지니고 태어났기 때문에 하나의 큰 묶음보다는 여러 개의 묶음으로 나뉘어 있는 것에 시각적·인지적으로 더 빠르게 반응합니다. 내용이 아무리 쉽더라도 문장이나 글이 길어 '읽기 싫다!'는 생각이 먼저 들게 해선 안 됩니다.

글에서 내용을 파악할 수 있는 최소 단위가 바로 문단(혹은 단락)으로 하나하나의 짧은 이야기를 토막으로 나눈 것입니다. 텍스트가 많다면 가독성을 높이기 위해 문단을 나누어 정렬하는 것은 기본 중의 기본입니다.

한글, 워드, 파워포인트에서 줄 바꿈이 일어나는 원리를 알면 문단 편집이 쉬워집니다. 텍스트를 입력하다 한 줄에 내용이 가득 차면 문서 오른쪽 끝에서 자동으로 줄이 바뀝니다. 이렇게 생긴 간격이 줄 간격입니다. 또한 Enter 를 눌러 강제로 줄 바꿈을 하는 경우가 있습니다. 이렇게 생긴 간격이 문단 간격입니다. 바로 문단 간격만 명확히 구분해도 앞선 [예시 ②]처럼 글의 가독성이 높아집니다.

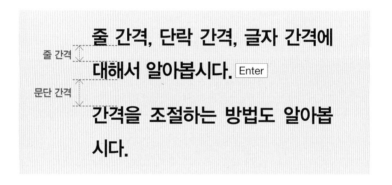

한글, 워드, 파워포인트에서는 [줄 간격]과 [문단(단락) 간격]6)을 조절하는 옵션이 있습니다. 한글은 [편집] 탭-[문단 모양]을 클릭하면 나타나는 [문단 모양] 대화상자(단축키 : Alt + T)의 [간격]에서 조절하고, 워드와 파워포인트는 [홈] 탭-[단락] 그룹-[줄 간격]-[줄 간격 옵션]을 클릭하면 나타나는 [단락] 대화상자의 [간격]에서 조정합니다.

---

6) 한글에서는 문단, 워드와 파워포인트에서는 단락이라고 부릅니다. 여기서는 문단 간격으로 통일해서 부르겠습니다.

한글 [문단 모양] 대화상자   워드, 파워포인트 [단락] 대화상자

 컨설턴트의 조언

한글은 글꼴별 줄 높이가 모두 동일합니다. 그래서 글꼴을 바꿔도 줄 간격은 차이가 나지 않습니다. 워드와 파워포인트는 한 글자가 차지하는 기본 줄 높이가 글꼴별로 다릅니다. 글꼴의 줄 높이를 그대로 적용해 줄 높이가 되기 때문에 줄 간격과 글자 크기의 값이 같아도 줄 간격의 실제 높이는 서로 다르게 적용됩니다.

 컨설턴트의 조언

문단 간격 옵션을 보면 문단 위아래를 개별적으로 조절할 수 있습니다.

문단 위(단락 앞)	커서가 위치한 문단과 앞 문단의 간격을 조절할 때
문단 아래(단락 뒤)	커서가 위치한 문단과 뒤 문단의 간격을 조절할 때

문단 간격을 둘로 나눈 이유는 특정 문단만 간격을 조절하고 싶을 때 사용하기 위함입니다. 해당 문단에 커서를 두고 그 커서가 위치한 문단 기준으로 위(앞)나 아래(뒤) 단락과 간격을 조절하기 위해서 나눠놓은 것입니다.

필자의 경우 보고서 작성 시 특정 문단 간격만 조절하는 경우는 거의 없었습니다. 대부분은 문단 아래(단락 뒤) 옵션만 조절해서 사용하고 있습니다.

본문 내용은 슬림하게

한글, 워드, 파워포인트에는 글자의 장평과 자간을 조절하는 기능이 있습니다. 장평은 글자 너비를 말하고 자간은 글자 사이 간격을 말합니다.

내용을 입력하다 보면 장평이나 자간을 줄이거나 늘려야 할 때가 있습니다. 예를 들어 문장에서 한두 글자가 다음 줄로 넘어갔을 때 장평이나 자간을 줄여서 한 줄에 넣는 경우가 있습니다.

한글 [편집] 메뉴−[글자 모양](단축키 : Alt + L)

워드 [홈] 탭−[글꼴] 그룹−[글꼴 ⬛](단축키 : Ctrl + D)

장평과 자간 조절이 어려운 일은 아니나 여기서 소개하는 이유는 가독성에 미치는 영향 때문입니다. 보고서를 읽는 사람들은 내용을 빨리 파악하고 싶은 마음에 단어 단위로 읽지 않습니다. 문장[8]이나 문단[9] 단위로 훑으며 내용을 파악합니다. 그래서 문장

---

7) 워드의 문자 간격 옵션에서 간격이 자간을 의미합니다.

8) 이때 시선은 좌에서 우로 이동합니다.

9) 이때 시선은 왼쪽 상단에서 오른쪽 하단, 즉 대각선(↘) 방향으로 이동합니다.

과 문단이 한눈에 들어오도록 작성하는 게 중요합니다.

장평과 자간이 넓으면 공간을 차지하는 면적이 넓어져 한눈에 들어오는 글자 수가 적어집니다. 한눈에 들어오는 글자 수가 적어지면 그만큼 눈을 좌우로 더 움직여야 합니다. 손가락을 펴서 바라본 뒤 주먹을 쥐고 바라보세요. 주먹을 쥐면 바라보는 면적이 줄어들어 집중되는 느낌이 듭니다. 같은 원리로 텍스트가 슬림해지면 좀 더 많은 양의 텍스트가 한눈에 들어와 집중도가 높아집니다. 미세한 차이지만 장평과 자간을 줄여 글자를 슬림하게 만들면 한눈에 들어오는 글자 수가 더 많아져 속독에 도움을 줍니다.

글자 크기가 같더라도 글꼴마다 자간과 장평이 다릅니다. 정답은 없지만, 자간과 장평이 슬림한 글꼴이 좀 더 세련되어 보입니다.

글자 너비　　　글자 사이 간격

〈나눔스퀘어〉
장평과 자간을 알아두세요

〈HY견고딕〉
장평과 자간을 알아두세요

집중도를 높이기 위해서 더 많은 양의 텍스트를 한눈에 보여주는 슬림한 글꼴을 선택하거나 장평과 자간을 줄여서 슬림하게 보이도록 하는 방법을 권합니다.

다음 예시는 한글 기준 장평 100%, 자간 0%로 작성한 보고서입니다.

✏ **다음 예시를 보세요**[10)]

---

3 **자활기업 문호개방, 규모화 지원 및 부처간 칸막이 제거**

□ **자활기업 문호 개방 및 사회적경제조직간 협력 강화**

○ **(문호개방)** 사회적기업 또는 사회적협동조합으로 종사자 요건(1/3 이상 수급자)을 지속적으로 유지시 자활기업 인정

 - 지역자활센터를 중심으로 선행 기업의 동료컨설팅(peer consulting), 사회적경제 조직간의 협력성장 모델(우수기업 포상 등) 추진

○ **(민간위탁)** 지자체(자활센터)가 수행하고 있는 집수리·간병사업 등 자활근로사업을 자활기업에 위탁할 수 있도록 개선('18.下 지침개정)

 * 특별한 사정이 없는 한 지역자활센터에 위탁하나, 자활기업의 신청이 있는 경우 공모절차 없이 사업성 검토 후 자활기업에 위탁

□ **동일·유사 업종 간 규모화 지원**

○ **(규모화)** 각 권역별 동종·유사업종 간 네트워크화, 규모화 추진

 - 전국 자활기업화에 적합한 사회서비스·재활용·커피 도소매·외식업 프렌차이즈 사업 등을 집중 지원*하여 매출액 및 고용확대 유도

 * 자활기금 투입, 지자체 부지 활용으로 공동 브랜드 개발, 공동작업장 설치 등 지원

□ **자활기업의 공공사업 유치 지원**

○ **(도시재생 등)** 매입임대주택·도시재생 사업(국토부·LH)과 자활기업 집수리·청소·관리사업 등을 연계

 * 중앙자활센터-LH간 업무협약('18.6월)을 통해, 매입임대주택 사업 관련 입주청소, 공가관리, 매입대상물건 상태 확인 등 업무에 자활기업을 투입할 예정이며, 협력분야를 향후 도시재생사업 전반으로 확대 계획

---

10) 출처 : 자활기업 활성화 대책(2018. 7), 보건복지부, https://bit.ly/3cWqpbt

같은 보고서를 □ 위계는 그냥 두고 ○ 위계 이하를 한글 기준 장평 92%, 자간 −7%
로 편집했습니다.

---

3 **자활기업 문호개방, 규모화 지원 및 부처간 칸막이 제거**

□ **자활기업 문호 개방 및 사회적경제조직간 협력 강화**

○ **(문호개방)** 사회적기업 또는 사회적협동조합으로 종사자 요건(1/3 이상 수급자)을
지속적으로 유지시 자활기업 인정

- 지역자활센터를 중심으로 선행 기업의 동료컨설팅(peer consulting), 사회적경제
조직간의 협력성장 모델(우수기업 포상 등) 추진

○ **(민간위탁)** 지자체(자활센터)가 수행하고 있는 집수리·간병사업 등 자활근로사업을
자활기업에 위탁할 수 있도록 개선('18.下 지침개정)

* 특별한 사정이 없는 한 지역자활센터에 위탁하나, 자활기업의 신청이 있는 경우
공모절차 없이 사업성 검토 후 자활기업에 위탁

□ **동일·유사 업종 간 규모화 지원**

○ **(규모화)** 각 권역별 동종·유사업종 간 네트워크화, 규모화 추진

- 전국 자활기업화에 적합한 사회서비스·재활용·커피 도소매·외식업 프랜차이즈 사
업 등을 집중 지원*하여 매출액 및 고용확대 유도

* 자활기금 투입, 지자체 부지 활용으로 공동 브랜드 개발, 공동작업장 설치 등 지원

□ **자활기업의 공공사업 유치 지원**

○ **(도시재생 등)** 매입임대주택·도시재생 사업(국토부·LH)과 자활기업 집수리·청소·
관리사업 등을 연계

* 중앙자활센터-LH간 업무협약('18.6월)을 통해, 매입임대주택 사업 관련 입주청소,
공가관리, 매입대상물건 상태 확인 등 업무에 자활기업을 투입할 예정이며, 협력
분야를 향후 도시재생사업 전반으로 확대 계획

같은 글꼴이라도 장평과 자간을 좁혀[11] 슬림하게 만들어 세련미와 집중도를 높여보
세요.

....
11) '얼마나 좁혀야 된다'고 단언할 수 없습니다. '적당히'가 중요합니다. 글자끼리 겹치거나 뾰족한 느낌이 들 때까지
좁히면 오히려 가독성이 떨어집니다.

한글에는 자간과 장평을 조절하는 단축키가 있습니다. 아쉽게도 워드에는 단축키가 없습니다.

단축키	자간	
	늘리기	줄이기
한글	Alt + Shift + W (1%씩 넓어짐)	Alt + Shift + N (1%씩 좁아짐)

단축키	장평	
	늘리기	줄이기
한글	Alt + Shift + K (1% 넓어짐)	Alt + Shift + J (1% 줄어듦)
워드	Ctrl + D - [고급] 탭 - [장평], [간격] 조절	

필자는 파워포인트로 보고서를 작성할 경우 문자 간격을 조절한 적이 거의 없습니다. 파워포인트는 텍스트 중심의 보고서가 아니기 때문에 자간과 장평을 일일이 조절할 시간에 보고서 내용에 충실할 것을 권합니다.

한글이나 워드에서는 스타일이라는 기능을 활용해서 장평이나 자간을 설정해 사용하면 편리합니다. 스타일 기능은 PART 04 보고서 작성 Make-up에서 알아보겠습니다.

파워포인트에는 문자 간격, 즉 '자간'을 조절하는 기능은 있습니다만 장평을 조절하는 옵션은 없습니다. 이런 점을 봐도 파워포인트는 한글과 워드처럼 많은 양의

텍스트를 입력하는 보고서가 아니기에 글꼴 조절 옵션에서도 차이가 있다는 점이 엿보입니다.

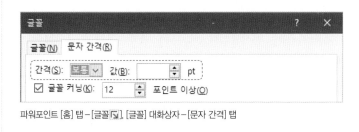

파워포인트 [홈] 탭–[글꼴] , [글꼴] 대화상자–[문자 간격] 탭

텍스트의 강약을 조절하자

텍스트가 많은 보고서일수록 세부 내용 파악이 어렵습니다. 강조할 내용이나 중요 키워드는 굵게(Ctrl + B)하거나 밑줄(Ctrl + U)로 표현해 가독성을 높여봅시다.

✏ 다음 예시를 보세요[12]

> **[3] 창작 지원 │ 기초 문화예술 · 콘텐츠 창작 지원**
>
> ○ (전통 · 공예) △**전통예술 신진 발굴·멘토링·공연·국내외 잔출** 등
> 단계별 성장 지원(40팀/신진 국악실험무대, 청년 국악인 첫 무대 '청춘민받' 등),
> △대학생·종사자 등 대상 **공예 전문인력 양성**(230명), 청년 인턴십(200명)
> * 대학생 전통공예·디자인 접목 교육(5개 대학, 100명), 예비창업자·종사자 대상
> 공예디자인 사업 · 경영 교육(80명) 및 공예 전시·유통·교육 등 전문인력 양성(50명)
>
> ○ (문학) △**창작** 지원(80명), **온라인 창작 지원**(1천여 편/웹진 매월 발간,
> 글 쓰는 청소년 프로그램 등), △**집필 공간**(지역문학관 등 5개소), △**공공
> 도서관**·지역문학관 상주작가(67명) 및 작은서점 작가 프로그램 지원(70명)

---

12) 출처 : 사람이 있는 문화, 함께 행복한 문화국가, 2019 문화체육관광부 업무보고(2019.3.11.), https://bit.ly/3hm
PZJv

○ (공연) △창작 단계별 지원(창작·쇼케이스·초연·재공연 등 140개, 63억원), △공연예술단체 중장기 창작 지원(연간 최대 2억원, 최대 3년/55억원/신규), △연습공간 운영(신규 3·기존 17/생활예술단체까지 활용 확대, 약 25만명/56억원)

○ (시각예술) △미술 전시(62건)·공간(29건)·비평 등 지원 △예비 전속작가제(80명/신규), 전시해설사(80명/신규), △미술은행 작품구입(32.5억원), △「서예진흥법」 시행(6.12), 실태조사·기본계획 수립

○ (인디음악) 우수 음악인 성장단계별 지원(뮤직비디오 제작 → 앨범 제작·멘토링 → 공연 개최 → 온라인 홍보 → 해외 쇼케이스, 총 60팀, 30억원)

○ (독립·예술영화) △독립예술영화전용관 통합예매시스템 구축(신규), △다양한 영화 제작지원(60편), 상영지원(컨설팅, 공공상영 연계 등)

✎ 다음 예시를 보세요[13]

II. 미흡한 측면

① '협업'과 '경쟁' 저해 규제가 잔존 → 혁신의 질적 성장 제약

□ 환전·송금 서비스에 대한 규제는 자본유출입 모니터링을 위해 불가피한 점 있으나, 혁신적 시도를 충분히 담지 못하는 한계

○ 은행, 환전영업자, 소액송금업자*에게만 제한적으로 허용하고 위탁을 불허 → 협업을 통한 융복합 서비스** 출현 제약

  * 건당 5천불 이하 송금서비스 취급가능한 증권·카드사, 저축은행, 소액해외송금업자
  ** (예) 증권사(송금신청)와 핀테크 기업(무인기기로 대금입금)의 소액송금 서비스 협업

○ 핀테크 회사 진입은 허용하면서도, 업무방법·범위를 은행 대비 과도하게 제한*하여 경쟁력 제고·비대면 영업 활성화 제약

---

13) 출처 : 외환서비스 혁신방안(2020.6.4.), 기획재정부, https://bit.ly/32eV563

* (예) 소액해외송금업자는 고객의 송금대금 수납 또는 고객에게 송금되온 대금 전달시 계좌를 통해서만 가능 → ATM 등 다양한 비대면 플랫폼 활용 불가

☐ 기존 법령 해석·개정 절차로는 혁신적 서비스에 대한 **규제 해당 여부 판단** 및 면제 등 <mark>규제 불확실성의 신속한 해소가 미흡</mark>

☐ 금융회사간 업무 칸막이가 상존하고, **핀테크 기업**은 업무범위가 은행과 다름에도 일부 **진입요건·절차**가 은행과 동일 → <mark>경쟁 제한</mark>

글자색을 다르게 하거나 <mark>형광펜으로 표시한 듯한 효과</mark>를 넣는 것도 좋습니다. 다만 과유불급(過猶不及)을 기억하세요.

컨설턴트의 조언

텍스트를 강조하기 위한 단축키 3개를 세트로 외워두면 좋습니다.
한글, 워드, 파워포인트의 단축키가 같습니다.

원본	단축키	적용
진하게 AAA	Ctrl + B (볼드체 B)	**진하게 AAA**
밑줄 BBB	Ctrl + U (밑줄 Under line U)	<u>밑줄 BBB</u>
기울기 CCC	Ctrl + I (이탤릭체 I)	*기울기 CCC*

글머리 기호 잘 쓰면 약, 잘못 쓰면 독

글 앞에 기호를 넣어 시각적으로 문단을 나누고 계층을 구분하면 가독성이 높아집니다. 이런 기능을 한글에서는 글머리표, 워드와 파워포인트에서는 글머리 기호라고 부릅니다. 여기서는 글머리 기호라고 통일해서 부르겠습니다.

하지만 글머리 기호를 잘못 활용해 어설프게 편집하면 오히려 가독성이 떨어집니다. 아래 예시는 파워포인트에서 글머리 기호를 사용한 것입니다. 글머리 기호 뒤에 텍스트를 시작하는 시점에서 바르게 정렬하는 것이 중요합니다.

[글머리 기호] 잘못 사용 예시

■ 글머리 기호 및 눈금자만 잘 활용해도 텍스트가 깔끔하게 정리됩니다.

■ 글머리 기호 및 눈금자만 잘 활용해도 텍스트가 깔끔하게 정리됩니다.

[글머리 기호] 바른 사용 예시

■ 글머리 기호 및 눈금자만 잘 활용해도 텍스트가 깔끔하게 정리됩니다.

■ 글머리 기호 및 눈금자만 잘 활용해도 텍스트가 깔끔하게 정리됩니다.

정렬합시다!

글머리 기호를 제대로 활용하려면 눈금자를 다룰 줄 알아야 합니다. 한글, 워드, 파워포인트의 눈금자는 그 원리가 같습니다.[14] 보고서 작성 시 텍스트 편집을 많이 하므로 평소 작업 창에서 [(가로) 눈금자]를 활성화해두고 사용하는 것이 좋습니다.

한글	워드, 파워포인트
[보기] 메뉴 - [문서창]	[보기] 탭 - [표시] 그룹

한글

문서 탭(D)
☑ 상황 선(B)
☑ 가로 이동 막대(H)
☑ 세로 이동 막대(V)
☑ 가로 눈금자(R)
☐ 세로 눈금자(T)

워드, 파워포인트

☑ 눈금자
☐ 눈금선
☐ 탐색 창

---

14) 한글에서는 가로 눈금자와 세로 눈금자를 각각 지정할 수 있고, 워드와 파워포인트에서는 하나로 통합되어 있는 점만 다릅니다.

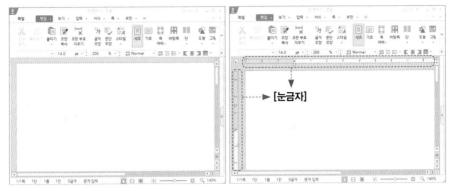

한글에서 [눈금자]를 활성화한 모습

[눈금자]를 활성화하면 작업 창 상단에 눈금자가 나타납니다. 아주 작기 때문에 자세히 봐야 합니다.

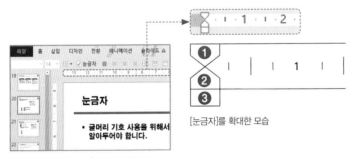

파워포인트에서 [눈금자]를 활성화한 모습

[눈금자]를 확대한 모습

눈금자를 자세히 보면 모래시계 모양의 표식을 확인할 수 있습니다. 모래시계 모양 표식은 3개의 도형으로 이루어져 있습니다. 설명을 위해 편의상 모래시계 ❶, ❷, ❸으로 부르겠습니다. ❶, ❷, ❸을 눈금자 위에서 좌우로 움직이면 글머리 기호와 문단(텍스트) 왼쪽의 여백 위치를 조절할 수 있습니다.

모래시계 ❶은 단락의 첫 줄을 맞추는 역할을 합니다.

[글머리 기호]가 없을 때

글머리 기호 및 눈금자만 잘 활용해도
텍스트가 깔끔하게 정리됩니다.

글머리 기호 및 눈금자만 잘 활용해도
텍스트가 깔끔하게 정리됩니다.

▪**[글머리 기호]가 있을 때**

▪글머리 기호 및 눈금자만 잘 활용해도
텍스트가 깔끔하게 정리됩니다.

▪글머리 기호 및 눈금자만 잘 활용해도
텍스트가 깔끔하게 정리됩니다.

모래시계 ❶을 클릭해 왼쪽으로 드래그하면 단락의 첫 줄이 움직이는 것을 볼 수 있습니다.

[글머리 기호]가 없을 때

글머리 기호 및 눈금자만 잘 활용해도
텍스트가 깔끔하게 정리됩니다.

글머리 기호 및 눈금자만 잘 활용해도
텍스트가 깔끔하게 정리됩니다.

▪ **[글머리 기호]가 있을 때**

▪ 글머리 기호 및 눈금자만 잘 활용해도
텍스트가 깔끔하게 정리됩니다.

▪ 글머리 기호 및 눈금자만 잘 활용해도
텍스트가 깔끔하게 정리됩니다.

모래시계 ❷는 단락의 둘째 줄을 맞추는 역할을 합니다. 특히 글머리 기호를 활용할 때는 글머리 기호를 기준으로 텍스트를 왼쪽으로 정렬하는 기능을 수행합니다. 글머리 기호를 활용한 텍스트 편집 시 자주 사용합니다.

[글머리 기호]가 없을 때

글머리 기호 및 눈금자만 잘 활용해도
텍스트가 깔끔하게 정리됩니다.

글머리 기호 및 눈금자만 잘 활용해도
텍스트가 깔끔하게 정리됩니다.

- [글머리 기호]가 있을 때

- 글머리 기호 및 눈금자만 잘 활용해도
  텍스트가 깔끔하게 정리됩니다.

- 글머리 기호 및 눈금자만 잘 활용해도
  텍스트가 깔끔하게 정리됩니다.

모래시계 ❸은 단락 전체를 이동하는 역할을 합니다.

[글머리 기호]가 없을 때

글머리 기호 및 눈금자만 잘 활용해도
텍스트가 깔끔하게 정리됩니다.

글머리 기호 및 눈금자만 잘 활용해도
텍스트가 깔끔하게 정리됩니다.

- [글머리 기호]가 있을 때

- 글머리 기호 및 눈금자만 잘 활용해도
  텍스트가 깔끔하게 정리됩니다.

- 글머리 기호 및 눈금자만 잘 활용해도
  텍스트가 깔끔하게 정리됩니다.

글머리 기호는 목차나 제목의 위계나 단락 나눔을 직관적으로 표현하는 수단으로 자주 활용합니다. 다만 글머리 기호와 텍스트 사이의 공간을 어느 정도 띄우느냐는 가독성에 영향을 미칩니다. 여백이 없으면 답답해 보이고, 너무 넓으면 허전한 느낌이 듭니다. 사용하는 텍스트 크기를 기준으로 한 글자 정도의 여백이 적정합니다.

적정 여백(한 글자 정도)

☐ 글머리 기호 및 눈금자만 잘 활용해도
   텍스트가 깔끔하게 정리됩니다.

☐ 글머리 기호 및 눈금자만 잘 활용해도
   텍스트가 깔끔하게 정리됩니다.

- 글머리 기호 및 눈금자만 잘 활용해도
  텍스트가 깔끔하게 정리됩니다.

- 글머리 기호 및 눈금자만 잘 활용해도
  텍스트가 깔끔하게 정리됩니다.

☐ 글머리 기호 및 눈금자만 잘 활용해도 텍스트가 깔끔하게 정리됩니다.

☐ 글머리 기호 및 눈금자만 잘 활용해도 텍스트가 깔끔하게 정리됩니다.

▪ 글머리 기호 및 눈금자만 잘 활용해도 텍스트가 깔끔하게 정리됩니다.

▪ 글머리 기호 및 눈금자만 잘 활용해도 텍스트가 깔끔하게 정리됩니다.

허전한 느낌

☐ 글머리 기호 및 눈금자만 잘 활용해도 텍스트가 깔끔하게 정리됩니다.

☐ 글머리 기호 및 눈금자만 잘 활용해도 텍스트가 깔끔하게 정리됩니다.

▪ 글머리 기호 및 눈금자만 잘 활용해도 텍스트가 깔끔하게 정리됩니다.

▪ 글머리 기호 및 눈금자만 잘 활용해도 텍스트가 깔끔하게 정리됩니다.

1. 보고서의 첫인상은 글꼴이 좌우한다.

▶ 텍스트가 많은 본문에는 명조 계열 글꼴을 추천하고, 제목이나 헤드라인 등 강조해야 하는 부분에는 고딕 계열 글꼴을 추천한다.

▶ 하나의 보고서에서 여러 가지 글꼴 사용을 자제하고 글꼴 패밀리를 사용해 문서의 통일감을 높이자.

2. 항상 문서의 가독성을 생각하자.

▶ 문단 간격을 이용해 문서의 가독성을 높일 수 있다. 적절한 줄 간격과 문단 간격으로 문서를 읽는 흐름을 조절할 수 있다.

▶ 장평과 자간을 조절해 본문을 슬림하게 만들면 한눈에 들어오는 정보량이 많아진다.

▶ 강조해야 할 텍스트의 굵기, 기울기, 음영을 조절해 가독성을 높이자.

▶ 글머리 기호를 활용하면 문단을 나누고 계층을 구분할 수 있어 가독성이 높아진다. 하지만 잘못 사용하면 어설퍼 보일 수 있으므로 사용 방법을 잘 익히고 활용하자.

▶ 강조해야 할 텍스트의 굵기, 기울기, 음영을 조절해 가독성을 높이자.

가독성 높은 표와 도형 편집 기술

많은 양의 텍스트나 데이터를 일목요연하게 정리할 때 표는 최고의 선택입니다. 또한 도형을 이용해 글로 설명하기 어려운 내용을 도식화해서 간략히 표현하는 것도 효과적입니다. 그런데 표와 도형을 제대로 사용하는 사람이 의외로 많지 않습니다. 편집하는 데 많은 시간이 걸려 번거롭다고 말하는 사람들도 있습니다. 그건 사용법을 잘 몰라서 그렇습니다.

또한 표나 도형을 사용해도 가독성이 별로 높아지지 않는다고 말하는 사람들이 있습니다. 그건 활용법을 잘 몰라서 그렇습니다. 표와 도형을 사용해 텍스트를 정렬하거나 도식화하면 가독성을 높이고 표현의 한계를 극복할 수 있는 여지가 많습니다. 또한 단조롭고 평평한 느낌의 보고서에 입체감을 부여하는 효과가 있습니다. 보고서를 쓸 때는 작성하는 사람의 손이 편한 건 중요치 않습니다. 읽는 사람의 눈이 편해야 합니다. 표와 도형을 제대로 다루기 위해선 그 특성을 제대로 파악하는 게 먼저입니다. 한글과 워드는 문서를 열면 왼쪽 상단에 커서가 깜빡입니다. 텍스트를 입력할 준비가 되었다고 알리는 신호입니다. 텍스트를 입력해 한 줄이 꽉 차면 다음 줄로 넘어갑니다. 눈에 보이지 않는 가상의 줄에 맞춰 텍스트를 입력하는 구조입니다. 즉, 가상의 줄에 맞춰 순서대로 텍스트를 입력하는 데 최적화되어 있습니다. 그런데 표와 도형은 그렇지 않습니다. 문서 어느 위치든 그려 넣을 수 있고, 심지어 다른 표나 도형과 겹쳐놓을 수도 있습니다. 즉, 한글과 워드에서는 표, 도형을 텍스트와 다른 독립적인 개체로 인식합니다. 독립적인 개체로 인식하므로 텍스트와 다르게 특정 줄에 맞춰 넣을 수 있고, 또 작성자가 원하는 어느 위치에든 그려 넣을 수 있습니다. 그러나 파워포인트는 텍스트도 개체로 인식하므로 입력하려면 '텍스트 상자'를 그려 넣고 그 안에 텍스트를 입력해야 합니다.

구분	한글, 워드	파워포인트
텍스트	개체로 인식하지 않음	개체로 인식함
표, 도형, 그림	개체로 인식함	

이런 특징 때문에 개체 편집이 익숙하지 않은 사람은 표나 도형 활용을 꺼려합니다. 하지만 몇 가지 원칙과 방법만 확인한다면 크게 어렵지 않습니다.

컨설턴트의 조언

개체(표, 도형, 그림)를 넣을 때는 이를 문서에 어떻게 배치할 것인지 지정해야 합니다. 예를 들어 한글의 경우 입력한 개체를 더블클릭하면 개체 속성을 조절하는 대화상자가 열립니다. [위치]를 보면 어떻게 배치할 것인지 조절하는 옵션이 있습니다.

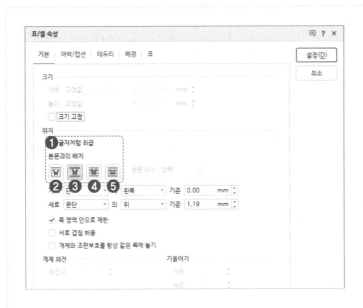

❶ 글자처럼 취급	• 표를 글자로 취급해 문단, 줄에 추가함 • 문단 서식을 적용할 수 있음(왼쪽 정렬, 가운데 정렬 등)
❷ 어울림	• 글자를 둘러싸고 배치하는 방법 • 마우스로 개체를 이동할 수 있음
❸ 자리 차지	• 한 문단을 모두 차지하는 방법 • 개체 옆에 글자가 올 수 없음
❹ 글 앞으로	• 개체를 글자 위로 배치하는 방법
❺ 글 뒤로	• 개체를 글자 아래로 배치하는 방법

한글, 워드, 파워포인트 각각 개체를 복사해서 붙여 넣을 때 개체 속성과 본문과의 배치를 지정하는 옵션이 있으므로 이를 확인해야 개체 편집을 수월하게 할 수 있습니다.

표의 가독성은 선에 달려 있다

표는 누구나 만들 수 있을 정도로 쉽지만[15], 가독성 높은 표는 누구나 만들지 못합니다. 표는 테두리 선에 따라 가독성에 큰 차이를 보입니다. 한글, 워드, 파워포인트에서 기본 제공하는 표의 테두리 선을 그대로 사용하는 것보다 테두리 선 설정을 조금만 바꾸면 가독성이 한층 좋아집니다. 그런데 표를 만들어놓고 테두리 선의 색, 두께, 모양 등을 바꾸려면 매우 번거롭습니다. 그래서 자주 사용하는 표 편집 도구를 [빠른 실행 도구 모음]에 세팅하는 것을 적극 추천합니다.

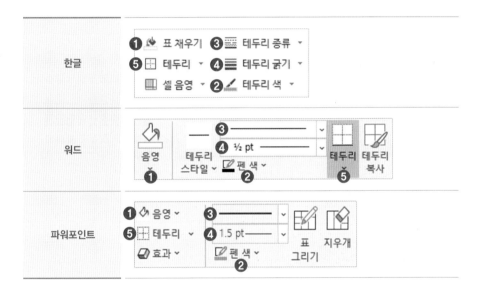

자주 사용하는 기능	한글	워드	파워포인트
셀 색 조절	❶ 표 채우기	음영	음영
선 색 조절	❷ 테두리 색	펜 색	펜 색
선 종류 조절	❸ 테두리 종류	펜 스타일	펜 스타일

---

15) 표 삽입 방법은 자세히 다루지 않겠습니다. 표를 삽입하는 단축키는 한글 기준 Ctrl + N, T 입니다.

자주 사용하는 기능	한글	워드	파워포인트
선 두께 조절	❹ 테두리 굵기	펜 두께	펜 두께
조정할 선 지정	❺ 테두리	테두리	테두리

문서 작성 도구별로 표 편집 도구와 기능의 이름은 조금씩 다르지만 편집 원리는 비슷합니다. 여기서는 한글 기능 이름을 기준으로 설명하겠습니다.

❶ [표 채우기]를 이용해서 셀 색상을 조절할 수 있습니다.

표는 여러 개의 셀로 이루어져 있어 어떤 셀을 편집할 것인지 지정하고 옵션을 적용해야 합니다. 예시는 가운데 행을 마우스로 드래그해서 블록을 지정한 후 [표 채우기]에서 회색으로 변경한 모습입니다.

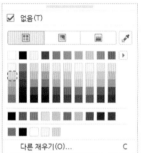

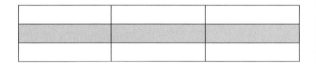

❷ [테두리 색]과 ❺ [테두리]를 이용해서 선 색상을 조절할 수 있습니다.

표의 선을 회색으로 바꿔봅시다. 표 전체를 선택한 후 [테두리 색]을 회색으로 지정합니다. 그런데 여기서 색상을 선택했다고 해서 바로 색상이 적용되는 것은 아닙니다. 표는 선이 여러 개라 어떤 선에 적용할지 선택해야 합니다.

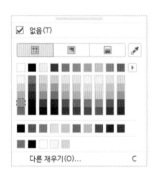

[테두리 색]에서 방금 클릭한 선 색상을 어떤 선에 적용할 것인지 지정해야 합니다. 표 전체를 바꿔야 할 때는 [모든 테두리]를 클릭하면 됩니다.

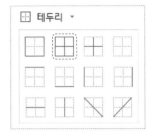

이와 같은 원리로 표에서 선 종류나 두께도 조절할 수 있습니다. 심지어 선이 보이지 않게 할 수도 있습니다.

표 전체를 선택한 후 ❸ [테두리 종류]에서 [없음]을 클릭하고 ❺ [테두리]에서 [왼쪽 테두리]와 [오른쪽 테두리]를 클릭합니다.

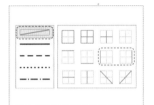

표를 만드는 것은 어려운 일이 아니지만 어떻게 표현하느냐에 따라 가독성과 세련미에 큰 차이가 발생합니다. 좀 더 가독성 높고 세련된 표로 탈바꿈하는 몇 가지 팁을 설명하겠습니다.

검은색, 두꺼운 선보다는

구분	OOO	OOO
△△△	−−	−−
△△△	−−	−−

얇은 회색 선으로

구분	OOO	OOO
△△△	−−	−−
△△△	−−	−−

얇은 회색 선은 검은색 글씨를 도드라져 보이게 합니다.
표의 선보다 글씨가 도드라져 보이기 때문에 입체감이 생깁니다.

좌/우에 선이 있는 것보다

구분	OOO	OOO
△△△	──	──
△△△	──	──

좌/우에 선 없는 것이

구분	OOO	OOO
△△△	──	──
△△△	──	──

표 좌/우에 선이 없으면 개방감이 높아집니다.
특히 행과 열이 많은 표일수록 더욱 그렇습니다.

배경 색이 없는 것보다

구분	OOO	OOO
△△△	──	──
△△△	──	──

구분 행 또는 열은 회색으로

구분	OOO	OOO
△△△	──	──
△△△	──	──

표에서 가장 중요한 것은 바로 구분 기준입니다.
구분 기준을 나타내는 행 또는 열은 색상으로 구분하면 입체감이 생겨 가독성이 더욱 높아집니다.

똑같은 선 두께보다

구분	OOO	OOO
△△△	──	──
△△△	──	──

상/하단 선은 두껍게

구분	OOO	OOO
△△△	──	──
△△△	──	──

표 상하단 선을 두껍게 하면 표가 좀 더 입체감 있게 보입니다.
또한 시선이 표 안쪽으로 모여 집중도를 높여주는 효과도 있습니다.

한글, 워드, 파워포인트에서 이같이 테두리 선만 잘 조절해도 가독성 높고 세련된 표를 만들 수 있습니다.

필자의 빠른 실행 도구 모음 중 표 편집 관련 부분만 설명합니다.

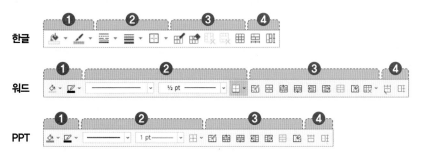

❶ 셀이나 선 색상 지정 옵션
❷ 선 지정 옵션
❸ 셀 또는 행 추가/삭제 옵션
❹ 셀 또는 행 간격 맞추는 옵션 순서로 배치해서 사용합니다.

표를 그린 뒤 ❶ → ❷ → ❸ → ❹ 순서를 반복해 표 옵션을 조절하면서 가독성을 높여나갑니다.

필자의 경우 한글의 빠른 실행 도구 모음 숫자가 워드나 파워포인트보다 적습니다. 한글은 워드나 파워포인트보다 단축키가 매우 세분화되어 있습니다. 한글에서 셀이나 행 추가는 단축키를 사용하므로 워드나 파워포인트보다 빠른 실행 도구 모음의 숫자가 적습니다.

✎ **다음 예시를 보세요**[16)]

의료기관 현황 및 문제점

1️⃣ **매뉴얼 개정 배경**

가. 밀양세종병원 화재를 계기로 의료기관의 화재안전 취약성에 대한 문제가 부각되었으며 의료기관에서의 대형 인명사고로 국민적 불안감 고조

나. 의료기관은 인적, 물적, 환경적 요인 등으로 인해 고위험군으로 분류되며 화재 예방 및 안전관리 활동과 화재 시 신속하고 체계적인 초기대응·피난 요구

〈표 1〉 의료기관 대규모 화재사건

발생 시기	기관명	입원환자 /시설규모	종사지수 (현원/정원)		피해현황	
			의사	간호사, 간호조무사	사망	부상
'18.1.26	밀양세종병원	83명/95병상	2/5	간호사 6, 간무사 20/38	55	137
'14.5.28	장성 효사랑 요양병원	324명/397병상	9/10	간호사 46, 간무사 35/66	21	14

2️⃣ **의료기관 현황**

가. 전국 의료기관은 총 69,135개로 조사('19.11. 기준)

나. 병원급 이상 의료기관이 4,015개소이며 의원급은 65,120개소임
  – 규모별로 보면, 100~299병상이 49.5%, 100병상 미만이 42.0% 점유
   * 100병상 미만(1,685), 100~299병상(1,987), 300~499병상(214), 500~999병상(112), 1,000병상 이상(17)

〈표 2〉 의료기관 전체 현황('19.11. 기준)

구 분	계	병원급 의료기관						의원	
		소계	종합 병원	병원	요양 병원	치과 병원	한방 병원	입원실 보유	입원실 미보유
개소수	69,135	4,015	356	1,489	1,583	239	348	5,085	60,035
병상수	700,273	642,638	152,806	162,781	304,130	452	22,469	57,635	–

* (병원) 병상수 30병상 이상 병원급 의료기관, (의원) 병상수 29병상 이하 의원 · 치과의원 · 한의원 · 조산원

---

16) 출처 : 의료기관 화재안전 매뉴얼(2020.1), 보건복지부, https://bit.ly/2Ywfe5s

구분 행과 선 색을 회색으로 지정해 표가 지나치게 튀지 않고 자연스럽습니다. 또한 표 좌우에 선을 없애 개방감을 높였습니다.

여백은 괜찮지만 공백은 최소로

텍스트나 숫자를 입력했을 때 셀 안쪽 공백은 가능한 한 최소로 하는 것이 좋습니다. 이런 점을 고려해 행과 열을 몇 개로 나눌지 구분기준을 잘 정해야 합니다. 아래 표의 구분기준을 보면 추진 내용을 분기별로 잘 정리했습니다.

✎ 다음 예시를 보세요[17]

구분	추진 내용(왼쪽 정렬)
1/4분기	○ 요양병원 상한제 사전급여 지급방식 개선 시행(1월) ○ 타 의료비 지원사업 시스템 연계 추진(2월) ○ 재난적 의료비 지원사업 홍보 실시(연중)
2/4분기	○ 의료비 지원사업 간 연계 · 통합 방안 검토(4월) ○ 본인부담상한제 적용방안 연구용역 계획 마련 및 추진(6월) ○ 재난적의료비 지원사업 홍보 실시(연중)
3/4분기	○ 병원 환자지원팀 간담회 실시(7월) ○ 본인부담상한액 초과금액 사후환급 실시(8월) ○ 재난적의료비 지원사업 홍보 실시(연중)
4/4분기	○ 본인부담상한제 적용방안 연구용역 완료(12월) ○ 재난적의료비 지원사업 홍보 실시(연중)

다만, 분기별 추진 내용의 분량 차이 때문에 셀 오른쪽 공백이 눈에 띄어 추진 내용이 왼쪽으로 쏠린 느낌입니다. 이점을 해소한다고 추진 내용을 가운데 정렬하면 자칫 가독성이 더 떨어질 수 있습니다.

----

17) 출처 : 제1차 국민건강보험종합계획 2020년 시행계획(2019.12, 보건복지부), https://bit.ly/3gajkGf

구분	추진 내용(가운데 정렬)
1/4분기	요양병원 상한제 사전급여 지급방식 개선 시행(1월) 타 의료비 지원사업 시스템 연계 추진(2월) 재난적 의료비 지원사업 홍보 실시(연중)
2/4분기	의료비 지원사업 간 연계 · 통합 방안 검토(4월) 본인부담상한제 적용방안 연구용역 계획 마련 및 추진(6월) 재난적의료비 지원사업 홍보 실시(연중)

추진 내용을 보면 세부 내용별로 일정이 표시되어 있습니다. 이를 분리해 세부 일정을 별도 구분기준으로 만들어 오른쪽 공백을 채우면 좋습니다.

구분	추진 내용(왼쪽 정렬)	세부 일정
1/4분기	○ 요양병원 상한제 사전급여 지급방식 개선 시행(1월) ○ 타 의료비 지원사업 시스템 연계 추진(2월) ○ 재난적 의료비 지원사업 홍보 실시(연중)	1월 2월 연중
2/4분기	○ 의료비 지원사업 간 연계 · 통합 방안 검토(4월) ○ 본인부담상한제 적용방안 연구용역 계획 마련 및 추진(6월) ○ 재난적의료비 지원사업 홍보 실시(연중)	4월 6월 연중
3/4분기	○ 병원 환자지원팀 간담회 실시(7월) ○ 본인부담상한액 초과금액 사후환급 실시(8월) ○ 재난적의료비 지원사업 홍보 실시(연중)	7월 8월 연중
4/4분기	○ 본인부담상한제 적용방안 연구용역 완료(12월) ○ 재난적의료비 지원사업 홍보 실시(연중)	12월 연중

표에 많은 내용을 채워야 한다는 얘기가 아닙니다. 한 셀에 포함될 내용 분량의 균형을 고려해 구분기준을 세워야 한다는 뜻입니다.

구분기준 없이도 이해된다면 삭제

보통 표에서 1열과 1행은 구분기준을 표시합니다.

	← →	열과 행을 나누는 구분기준	

그런데 설명하지 않아도 기준이 명확할 때는 차라리 없는 게 깔끔해 보일 수 있습니다. 특히 한 장에 많은 표를 삽입할 때 그렇습니다.

아래 표는 문화예술 활동이나 생활체육 분야에서 생애주기(유아, 청소년, 직장인·중년)별로 지원하겠다는 내용입니다. 생애주기별 세부 내용을 읽어보면 어떤 내용인지 파악할 수 있습니다.

✏️ 다음 예시를 보세요[18]

○ (문화예술 활동) 수요자 맞춤형 지원으로 문화 체험·참여·교육 확대	
유·아동	◦ 유·아동 보육시설로 찾아가는 문화놀이 프로그램(200개)
청소년	◦ 학교예술강사(8천여개교), 소외지역 예술꽃 씨앗학교 지원(45개교) ◦ 소외 아동·청소년 오케스트라 교육 지원(49개소)
직장인·중년	◦ 직장에 음악, 연극 등 문화프로그램 배달(100여 곳) ◦ 중년층 생애전환 문화예술교육(7개소) 및 예술동아리 교육(900개)
○ (생활체육) △생애주기별 체육활동 지원, △생활체육지도자 배치…(중략)…	
유아	◦ 체육 프로그램·용품 지원(420개소, 국공립 어린이집·유치원 등)
청소년	◦ 일반학생 대상 유·청소년 축구클럽 리그(800여개팀) ◦ 여학생 스포츠교실(800개 교실/여학생 선호종목 반영)
직장인·중년	◦ 생애주기 여성(임신, 출산 등) 체육활동 지원(65개소) ◦ 축구 전국 리그(5부) 신설, 동호인 클럽리그와 프로리그 연계(~'22년)

---

18) 출처 : 사람이 있는 문화, 함께 행복한 문화국가, 2019 문화체육관광부 업무보고(2019.3.11.), https://bit.ly/3eRLh5G

비교를 위해 1열에 구분과 추진 내용을 추가했습니다. 넣는다고 문제될 여지는 없지만 삭제해도 이해하는 데 문제없다면 굳이 넣을 필요가 없습니다. 구분과 추진 내용을 삭제하면 두 줄의 여유가 생깁니다. 혹시 더 넣어야 할 내용이 있다면 추가하거나 간격을 좀 더 여유 있게 조절해 가독성을 높이는 것이 좋습니다.

○ (문화예술 활동) 수요자 맞춤형 지원으로 문화 체험·참여·교육 확대

구분	추진내용
유·아동	◦ 유·아동 보육시설로 찾아가는 문화놀이 프로그램(200개)
청소년	◦ 학교예술강사(8천여개교), 소외지역 예술꽃 씨앗학교 지원(45개교) ◦ 소외 아동·청소년 오케스트라 교육 지원(49개소)
직장인·중년	◦ 직장에 음악, 연극 등 문화프로그램 배달(100여 곳) ◦ 중년층 생애전환 문화예술교육(7개소) 및 예술동아리 교육(900개)

○ (생활체육) △생애주기별 체육활동 지원, △생활체육지도자 배치...(중략)...

구분	추진내용
유아	◦ 체육 프로그램·용품 지원(420개소, 국공립 어린이집·유치원 등)
청소년	◦ 일반학생 대상 유·청소년 축구클럽 리그(800여개팀) ◦ 여학생 스포츠교실(800개 교실/여학생 선호종목 반영)
직장인·중년	◦ 생애주기 여성(임신, 출산 등) 체육활동 지원(65개소) ◦ 축구 전국 리그(5부) 신설, 동호인 클럽리그와 프로리그 연계(~'22년)

문장은 왼쪽, 단어는 가운데, 숫자는 오른쪽 정렬

표에서 긴 문장은 왼쪽 정렬(혹은 양쪽 정렬)이 기본입니다. 여기에 글머리 기호까지 활용하면 가독성이 좀 더 높아집니다.

✏️ **다음 예시를 보세요**[19]

---

[2] 문화 · 체육 활동 | 생활 속 문화예술 · 체육활동 촉진

○ (동호회 활성화) 지역 · 유형별 **생활문화동호회(70개)**, 주민 문화 공동체(35개) 활동 지원, **전국생활문화축제 개최**(9월) 등

○ (문화예술 활동) 수요자 맞춤형 지원으로 문화 **체험 · 참여 · 교육** 확대

유 · 아동	• 유 · 아동 보육시설로 찾아가는 문화놀이 프로그램(200개)
청소년	• 학교예술강사(8천여개교), 소외지역 예술꽃 씨앗학교 지원(45개교) • 소외 아동 · 청소년 오케스트라 교육 지원(49개소)
직장인 · 중년	• 직장에 음악, 연극 등 문화프로그램 배달(100여곳) • 중년층 생애전환 문화예술교육(7개소) 및 예술동아리 교육(900개)

○ (생활체육) △생애주기별 **체육활동** 지원, △**생활체육지도자** 배치 (2,740명/공공체육시설 등), △종목별 시 · 군 · 구/시 · 도/전국 대회 개최 지원, △**국민체력인증센터**(50개소)와 **출장전담반**(2개) 운영

유아	• 체육 프로그램 · 용품 지원(420개소, 국공립 어린이집 · 유치원 등)
청소년	• 일반학생 대상 유 · 청소년 축구클럽 리그(800여개 팀) • 여학생 스포츠교실(800개 교실/여학생 선호종목 반영)
성인	• 생애주기 여성(임신, 출산 등) 체육활동 지원(65개소) • 축구 전국 리그(5부) 신설, 동호인 클럽리그와 프로리그 연계(~'22년)

유아~청소년~성인별 문화 및 체육 활동 촉진을 위한 정책을 표로 정리했습니다. 표 안에 넣어야 할 내용이 길고 많다면 글머리 기호를 이용해 왼쪽 정렬하는 것이 기본입니다. 반면 '유아~성인' 구분기준은 단어(키워드)라서 가운데 정렬이 기본입니다.

---

19) 출처 : 2019 문화체육관광부 업무보고(2019.3), 문화체육관광부, https://bit.ly/3dRyFu0

다음 예시를 보세요[20]

〈표 2-3-8〉 교통법규 위반 단속실적(2018년)

(단위 : 건, %)

❶ 구　　　분		❷ 2018	구성비
총　　　계		16,096,714	–
운전자 단속	소계	15,984,584	100
	음주운전	163,060	1.0
	무면허운전	45,352	0.3
	신호위반	1,949,019	12.2
	중앙선 침범	91,908	0.6
	과속	12,097,852	75.7
	안전띠미착용	402,525	2.5
	기타	1,234,868	7.7
보 행 자 단 속		112,130	–

❶과 같이 단어(키워드)는 가운데 정렬이 어색하지 않습니다. 그런데 ❷ 숫자는 가운데 정렬이 어색합니다. 자릿수가 같을 때는 '가운데 정렬'도 괜찮습니다. 그러나 자릿수가 다를 때는 오른쪽 정렬이 기본입니다.

다음 예시에서 숫자는 자릿수가 같기 때문에 가운데 정렬도 괜찮습니다.

---

20) 출처 : 2019 교통안전연차보고서(2019.8), 국토교통부, https://bit.ly/2BQWcOa

〈표 2-3-7〉 자동차 종류별 단속건수(운전자)

구 분	총 계	승용차	승합차	화물차	이륜차	건설기계 등 기타
2014년	13,872,901	10,768,736	695,292	1,944,065	263,816	200,992
2015년	14,851,129	11,282,442	672,333	2,132,257	528,154	235,943
2016년	14,934,288	11,360,942	643,852	2,262,943	419,809	246,742
2017년	17,459,027	13,835,084	702,050	2,412,424	327,868	181,601
2018년	15,984,584	12,790,244	633,068	2,155,369	247,039	158,864

다음 예시에서 특별 교통 안전 교육의 세부 구분은 단어로 되어 있어 가운데 정렬이 어울립니다. 연도별 교육실적은 자릿수가 다르기 때문에 오른쪽 정렬이 기본입니다. 숫자는 상대적인 크기 여부를 직관적으로 파악할 수 있도록 오른쪽으로 정렬하는 것이 좋습니다.

〈표 2-3-19〉 운전자 교통안전 교육실적

(단위:명)

구분	연도	'16년 실적	'17년 실적	구분	연도	'18년 실적
특별 교통 안전 교육	계	333,940	319,631	특별 교통 안전 교육	계	261,227
	교통법규	16,158	19,491		벌점감경	15,399
	법규	21,366	19,028		법규준수	31,301
	사고	9,656	6,185			
	법규취소	9,449	4,155		음주 1회	136,589
	법규준수	–	16,315		음주 2회	19,257
	음주 1회	176,315	150,922		음주 3회이상	1,199
	음주 2회	14,123	16,885			
	음주 3회이상	219	588		배려운전	1,125
	배려운전	989	3,205		현장참여	56,357
	교통참여	85,665	82,857			

표를 활용한 도식화 기술

앞서 표 테두리 선을 조절하는 옵션을 소개했습니다. 표 편집을 빠르게 하기 위해 관련 기능을 [빠른 실행 도구 모음]에 넣고 숙달하는 게 필요합니다. 그 이유를 다음 예시를 통해서 추가로 설명하겠습니다.

✏ 다음 예시를 보세요[21]

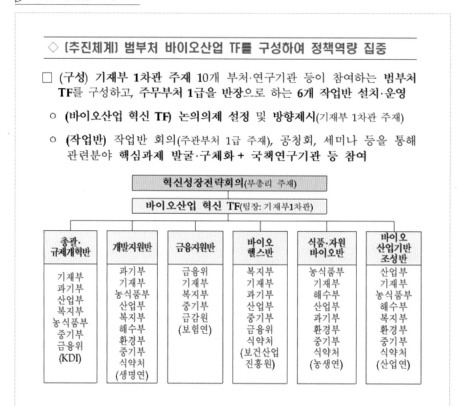

21) 출처 : 바이오산업 혁신 정책방향 및 핵심과제(2020.1), 기획재정부, https://bit.ly/2NDUoL3

바이오산업 활성화를 위해 혁신 TF를 구성했다는 내용입니다. 이런 조직도는 사업소개서, 업무보고서 등 다양한 보고서에 자주 등장합니다. 이와 같은 조직도를 그려야 한다면 어떻게 해야 할까요? 원본 문서에서 조직도를 클릭하면 아래처럼 보입니다.

혁신성장전략회의(부총리 주재)					
바이오산업 혁신 TF(팀장: 기재부1차관)					
총괄·규제개혁반	개발지원반	금융지원반	바이오헬스반	식품·자원바이오반	바이오산업기반조성반
기재부 과기부 산업부 복지부 농식품부 중기부 금융위 (KDI)	과기부 기재부 농식품부 산업부 복지부 해수부 환경부 중기부 식약처 (생명연)	금융위 기재부 복지부 중기부 금감원 (보험연)	복지부 기재부 과기부 산업부 중기부 금융위 식약처 (보건산업 진흥원)	농식품부 기재부 해수부 산업부 과기부 환경부 중기부 식약처 (농생연)	산업부 기재부 농식품부 해수부 복지부 환경부 중기부 식약처 (산업연)

조직도의 빈 부분에 빨간색 점선이 나타납니다. 한글에서는 선이 있지만 보이지 않는 일종의 숨은 선[22]을 빨간색 점선으로 표시합니다. 위 조직도는 표를 그린 뒤 테두리 선이 보이지 않도록 설정하고 일부에만 테두리를 적용해 복잡한 형태로 만든 것입니다.

표에서 선 조절 옵션을 자유자재로 빠르게 다룰 수 있어야 한다고 말한 이유가 여기에 있습니다. 도형으로 그린 것보다는 제한적이지만 표를 활용해서 일정 수준의 도식 표현이 가능합니다. 표 테두리 편집을 능숙하게 한다면 텍스트 중심의 보고서보다 한층 입체감을 살려 표현할 수 있습니다.

---

22) 참고로 워드나 파워포인트에서는 '빨간색' 선이 보이지 않습니다.

✏ 다음 예시를 보세요[23]

Ⅳ. 5대 추진전략 10대 핵심과제 주요 내용

◇ (전략 1) 글로벌 경쟁력 강화를 위한 R&D 혁신

① 바이오 연구자원 빅데이터 인프라 구축

ㅇ 바이오 소재·데이터는 바이오 기술혁신의 원천이나, 수입의존도 (67%)가 높고 소규모·산발 운영으로 현장 맞춤형 보급이 어려움

⇨ 소재·데이터 자립화와 현장 R&D 수요에 부응하기 위한 양질의 바이오 연구자원 빅데이터 축적·관리·활용 체계 마련

예시 보고서에서 'Ⅳ. 5대 추진전략…', '◇ (전략 1) 글로벌…', '① 바이오…' 제목도 표를 이용해서 만들었습니다. 아래에는 정부 정책 보고서에 자주 등장하는 제목 템플릿을 모아봤습니다. 모두 표를 이용해서 만들었습니다.

Ⅰ. 제목을 입력합니다

| Ⅰ | 제목을 입력합니다 |

| Ⅰ | 제목을 입력합니다 |

| Ⅰ | 제목을 입력합니다 |

| Ⅰ | 제목을 입력합니다 |

| Ⅰ | 제목을 입력합니다 |

| Ⅰ | 제목을 입력합니다 |

| Ⅰ | 제목을 입력합니다 |

1. 제목을 입력합니다

23) 출처 : 바이오산업 혁신 정책방향 및 핵심과제(2020.1), 기획재정부, https://bit.ly/2NDUoL3

✏️ 다음 예시를 보세요[24]

□ **(경과)** 바이오산업 혁신 TF 출범 후('19.11.8일), 범부처 차원의 집중 논의를 통해 **5대 추진전략 분야**를 선정하고, **핵심과제**를 발굴
  * 총 30회 차례 이상의 TF 전체회의, 작업반별 회의, 간담회 등 개최

<5대 추진전략 분야>	
① 글로벌 경쟁력 강화들 위한 **R&D 혁신**	② 바이오 분야 **전문 인력 중점 육성**
③ 시장성장 촉진을 위한 **규제제도 선진화**	④ 바이오 **생태계 조성 및 해외진출 지원**
⑤ 바이오기반 **기술융합 사업화 지원**	

내용 중 '〈5대 추진전략 분야〉'를 강조하기 위해 사각형 모양의 상자로 표현했습니다. 역시 표를 이용해 만들었습니다.

<5대 추진전략 분야>	
① 글로벌 경쟁력 강화를 위한 **R&D 혁신**	② 바이오 분야 **전문 인력 중점 육성**
③ 시장성장 촉진을 위한 **규제제도 선진화**	④ 바이오 **생태계 조성 및 해외진출 지원**
⑤ 바이오기반 **기술융합 사업화 지원**	

아래에는 정부 정책 보고서에 자주 등장하는 유사 템플릿을 모아봤습니다. 모두 표를 이용해 만들었습니다.

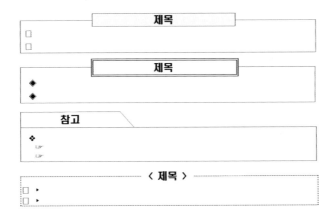

---

24) 출처 : 바이오산업 혁신 정책방향 및 핵심과제(2020.1), 기획재정부, https://bit.ly/2NDUoL3

✎ 다음 예시를 보세요[25)]

| 2 | 기초가 튼튼한 과학기술 강국 |

◇ 젊은 과학자들이 도전적으로 연구하며 성장하고, 핵심기술 개발에 대한 연구 성과를 축적, 확산해 나가는 연구환경 조성

4만명
혁신인재양성
('18년~'22년)

2.03조원
연구자주도 기초연구
R&D예산('20년)

18조원이상
신약 기술이전 수출액
('18년~'20년)

(1) 과학하기 좋은 나라 구현

☐ 과학자를 꿈꾸는 미래인재

○ (보편교육) '학교 안' 수·과학 전문가 보조교사 확대, '학교 밖' 체험·캠프 프로그램 등 탐구·체험 중심의 'STEM 심화교실'을 5,000여명 대상으로 신설·운영

○ (영재교육) 대학과목 선이수제 온라인과정을 개설하고, 우수 과학 영재 프로그램을 일반 학교에 적용하여 과학영재교육 기회를 확대

'과학기술 강국'으로 나아가기 위한 목표를 제시하고 있습니다.

표 안에 목표치를 넣은 표를 삽입했습니다.

4만명	**2.03조원**	**18조원** 이상
혁신인재양성	연구자주도 기초연구	신약 기술이전 수출액
('18~'22년)	R&D예산('20년)	('18~'20년)

목표치를 넣은 표는 아래와 같이 외곽 테두리 선을 표시하지 않도록 조절해서 표 안에 넣어 입체감을 높였습니다.

4만명	**2.03조원**	**18조원** 이상
혁신인재양성	연구자주도 기초연구	신약 기술이전 수출액
('18~'22년)	R&D예산('20년)	('18~'20년)

---

25) 출처 : 2020년 업무계획(2020.1), 과학기술정보통신부, https://bit.ly/2BJwMSM

✎ 다음 예시를 보세요[26]

Ⅱ. 2020년 업무추진 방향

2020 비전
흔들리지 않는 산업강국

❶ 튼튼한 소재부품장비 협력과 상생으로 "확실한 자립" 실현

- ○ **(기술자립)** 소재·부품·장비 기술자립 및 공급안정화
- ○ **(협력생태계)** 외부요인에 흔들리지 않는 튼튼한 생태계 구축
- ○ **(전문기업 육성)** 자립화를 넘어 글로벌 플레이어로 육성

❷ 역동적 신산업 과감한 도전·혁신으로 "포스트 반도체" 육성

- ○ **(Big3+α)** 미래차·시스템반도체·바이오 등을 '제2의 반도체'로 육성
- ○ **(투자 촉진)** 지원제도 개편, 규제개혁 등을 통한 투자 촉진 생태계 조성

❸ 혁신적 주력산업 스마트화 · 친환경화 · 융복합화로 구조 혁신

- ○ **(산업혁신)** 친환경차·선박, OLED 등 고부가 유망품목 중심으로 전환
- ○ **(산업지능화)** AI·빅데이터 기반 산업지능화로 제품·서비스 공정 혁신

2020년 '비전'과 3대 업무추진 방향을 표를 활용해 작성했습니다.

❶ 튼튼한 소재부품장비 협력과 상생으로 "확실한 자립" 실현

- ○ **(기술자립)** 소재·부품·장비 기술자립 및 공급안정화
- ○ **(협력생태계)** 외부요인에 흔들리지 않는 튼튼한 생태계 구축
- ○ **(전문기업 육성)** 자립화를 넘어 글로벌 플레이어로 육성

---

26) 출처 : 흔들리지 않는 산업강국(2020.2), 산업통상자원부, https://bit.ly/37YNMR2

물론 다음과 같이 글머리 기호를 이용해서 작성할 수도 있습니다.

□ **[튼튼한 소재부품장비] 협력과 상생으로 "확실한 자립" 실현**
    ○ (기술자립) 소재 · 부품 · 장비 기술자립 및 공급안정화
    ○ (협력생태계) 외부요인에 흔들리지 않는 튼튼한 생태계 구축
    ○ (전문기업 육성) 자립화를 넘어 글로벌 플레이어로 육성
□ **[역동적 신산업] 과감한 도전 · 혁신으로 "포스트 반도체" 육성**
    ○ (Big3+α) 미래차 · 시스템반도체 · 바이오 등을 '제2의 반도체'로 육성
    ○ (투자 촉진) 지원제도 개편, 규제개혁 등을 통한 투자 촉진 생태계 조성
□ **[혁신적 주력산업] 스마트화 · 친환경화 · 융복합화로 구조 혁신**
    ○ (산업혁신) 친환경차 · 선박, OLED 등 고부가 유망품목 중심으로 전환
    ○ (산업지능화) AI · 빅데이터 기반 산업지능화로 제품 · 서비스 공정 혁신

비교해보면 표를 이용해 입체감을 부여한 앞 페이지 예시가 가독성이 한층 높음을 알 수 있습니다.

✏️ **다음 예시를 보세요**[27]

Ⅲ. 추진방향

비전	수출입 물류 스마트화를 통한 국가 경쟁력 제고

목표	▸ 세계 수출입 물류 경쟁력 순위 **10위권 진입**(~'30년)
	     ㆍ World Bank 수출입 물류 경쟁력지수 기준('18년, 25위)
	 ▸ 물류 데이터 기반 비즈니스 생태계 구축 및
	     물류 스타트업 **300개 창업**(~'25년)

추 진 전 략	추 진 과 제
1. 수출입 물류 인프라 연계 강화	1. 항만 자동화·지능화 2. 항만 내 터미널 간 연계 효율화 3. 항만-선박-육상 연계운송 효율화
2. 데이터 기반 물류 스마트화	1. 공공 물류 데이터 신뢰도 및 활용도 제고 2. 공공 물류 데이터 간 연계 활용 3. 공공·민간 물류 데이터 플랫폼 구축
3. 스마트 물류 인력 · 기업 양성	1. IT 융합형 물류인력 및 선원인력 양성 2. 종합적인 창업지원 체계 구축 3. 영세 물류 기업의 디지털화 지원
4. 국제적인 디지털 물류 환경 주도	1. 종합적인 민·관 협력체계 구축 2. 국제표준 및 국제법·제도 수립 참여 3. 국제적인 첨단 물류 인프라 테스트베드 구축

---

27) 출처 : 수출입 물류 스마트화 추진방안(2020.2), https://bit.ly/2VwWWiw

예시 보고서의 '비전', '목표', '추진전략'과 '추진과제'를 표현한 틀을 보면 모두 사각형 상자에 들어 있습니다. 이 역시 표를 이용해 틀을 만들고 그 안에 내용을 넣은 것입니다. 같은 보고서에 담긴 '참고—전후 비교표'도 표를 이용해서 틀을 만들고 내용을 넣었습니다.

참 고	전후 비교표	
구 분	현 행	개 선 (~'25)
터미널 간 환적비용	• 연간 약 500억원 소요 • 환적항만으로서 경쟁력 약화 오인	• 연간 약 300억원 소요(40%감소) • 환적항만으로서 경쟁력 강화 → 물동량 증가, 부가가치 증가 기대
선박의 항만대기	• 연간 평균 1시간 대기 • 불필요한 가속으로 인한 연료비, 다음 운항 스케줄을 위한 추가 가속 필요	• 평균 30분 이내 대기(50%감소) • 선박-항만 연계 작업 30% 효율화 시 빠른 작업으로 연 200억원 편익 증대
트럭의 화물 반출입 시간	• 평균 30분(혼잡 시간 기준) • 혼잡시 항만 외 도로에서의 대기시간은 산정 곤란 → 총 소요시간은 더 오래걸림	• 평균 15분 이내(50%감소) • 빠른 화물 반출입 및 물량 분산으로 대기시간 및 처리시간 최소화
공공 물류 데이터 활용	• 항만 물류 데이터 활용도 저조 • 공공 부분 간 연계 미흡	• 항만 물류 데이터 신뢰도 제고, 추가 데이터 수집으로 활용도 제고 • 공공 부분 간 데이터 연계 * 해상물류 데이터 + 육상물류 데이터
민간 물류 데이터 활용	• 업체별, 부분적 데이터 활용 • 공동의 데이터 플랫폼 부재	• 공공 + 민간 물류 데이터 플랫폼을 중심으로 데이터 수집·활용
물류 데이터 기반 비즈니스	• 공공, 민간 데이터 활용 곤란에 따른 비즈니스 개발 어려움	• 공공 + 민간 물류 데이터 플랫폼을 활용한 다양한 비즈니스 개발
신규 인력 및 일자리	• IT 인력의 물류 분야 진입 어려움 • 단절적인 창업 지원사업	• 스마트 물류 일자리 1,000개 • IT 인력의 물류분야 유입 및 아이템 개발과 창업지원을 연계
자율운항 선박 상용화	• 선박의 자율운항 기술은 개발 중이나, 항만이용, 실제운항 등 준비는 미흡	• 자율운항선박의 항만 하역, 항만 간 이동, 해사서비스 이용 등 연계 통합 테스트베스 구축 • '25년 이후 구축 완료 예상
자율주행 차량 상용화	• 자율주행차량은 개발되었으나, 항만이용 불가, 선박으로 자동 하역 불가	• 자율주행 트럭의 항만이용 • 수출입되는 자율주행차량의 항만 내 이동 및 선박 자동하역

✏️ 다음 예시를 보세요[28]

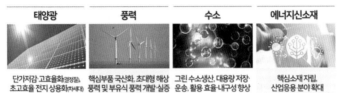

'〈R&D 추진전략〉' 역시 표를 이용해 틀을 만들고 사진과 내용을 채웠습니다.

태양광	풍력	수소	에너지신소재
사진	사진	사진	사진
내용	내용	내용	내용

이처럼 사진 등 여러 개체를 삽입할 때도 표를 만들어 그 안에 개체를 넣으면 맞춤과 편집이 수월합니다.

---

28) 출처 : 제4차 에너지기술개발계획(안) (2019~2028), (2019.12), 산업통상자원부, https://bit.ly/386OT10

✎ **다음 예시를 보세요**[29)]

---

① 미디어 복지 실현으로 디지털 포용 국가 지원

○ 장애인의 TV 시청 접근권 제고, 시청자미디어센터 구축 확대, 소상
공인 방송광고 제작 지원 신설 등으로 미디어 복지 강화

저소득층 시청각장애인용
TV 보급률 90% 달성

시청자미디어센터 구축
(19년 8개→'20년 10개)

소상공인 방송광고 제작
지원 제도 신설

② AI 시대 통신서비스 이용자 편익 증진 및 개인정보 보호 강화

○ 통신분쟁 처리상황 실시간 조회, 결합상품 해지절차 간소화 등 통신
서비스 이용자 편익 증진 및 스마트홈 등 신산업 분야 개인정보 보호 강화

통신분쟁 처리조회
시스템 구축

결합상품 가입해지
원스톱 서비스 실시

신산업분야 개인정보 보호

③ 방송의 공정성, 신뢰성, 투명성을 제고

○ 방송사 재허가·재승인시 국민참여, 재난방송 수어통역 확대, 방송출연
아동·청소년 방송제작 가이드라인 마련으로 방송의 공적책임 제고

방송사 재허가·재승인시
국민 참여

재난방송 수어통역 확대

방송출연 아동·청소년
방송제작 가이드라인 마련

동일한 크기의 개체를 다수 넣어야 한다면 표를 이용하는 게 좋습니다. 표가 개체 크기와 너비를 맞추는 가이드라인 역할을 하기에 정렬과 맞춤이 쉽고 편합니다.

....

29) 출처 : 2020년도 업무보고(2020. 1), 방송통신위원회, https://bit.ly/31fByly

✏️ **다음 예시를 보세요**[30)]

참고3 **주요국 R&D 투자동향**

□ **(미국)** '18년도 정부R&D예산은 전년대비 7.7% 증가한
　1,687억달러('18년 예산안 미확정, 국회 심의 증간결과(* 美 AAAS)

　ㅇ 당초 R&D예산 요구액은 전년대비 4.6% 감소하였으나, 국회
　　심의과정에서 전년대비 7.7% 증가

　ㅇ 단계별 예산비중은 전년대비 개발연구(10.5%), 시설장비(7.1%),
　　응용연구(5.8%), 기초연구(3.5%) 순으로 증가

□ **(일본)** '18년도 일본 과학기술관계예산은 전년대비
　22.2% 증가한 4조 2,613억엔

　ㅇ 선진기술 도입 및 실용화를 촉진하여 경제사회 발전에 공헌하기
　　위해 「과학기술이노베이션전환」 범위를 신규 도입

　　• 동 범위로 특정된 사업은 예산편성과정에서 소요예산이 확보될 수 있도록
　　　재무성과 연계하여 중점 지원

　ㅇ 부처별 R&D 예산규모는 문부과학성 2조 5,883억엔(60.7%), 경제
　　산업성(15.1%), 후생노동성(4.4%), 농림수산성(4.1%), 환경성(3.8%) 順

□ **(독일)** '18년도 연방교육연구부의 전체 예산안은 전년
　수준인 **176억 유로**('18년 예산안 미확정, 국회 제출 예산안 근거)

　ㅇ '18년도 범부처 정부예산 중 "교육 및 연구개발" 분야 투자
　　예산은 약 5.2%

　　• '18년 독일정부 총 예산(안)은 3,370억 유로로 '17년 3,291억 대비 79억
　　　유로 증가

　ㅇ 연방정부의 중점 R&D 투자('17년 기준)는 보건의료(14.1%), 에너지·
　　환경(16.9%), 우주항공(9.7%), 대형연구장비(7.4%) 順

주요 국가별 R&D 투자동향을 분석(벤치마킹)한 내용입니다. □ 레벨의 제목을 보면
미국, 일본, 독일의 R&D 투자동향을 설명하면서 국기를 넣어 직관적으로 국가를 알

---

30) 출처 : 2019 정부연구개발 투자방향 및 기준(안)(2018.3), 과학기술정보통신부, https://bit.ly/38knsRh

수 있도록 가독성을 높였습니다. 같은 위치에 같은 크기의 개체(그림, 아이콘 등)를 배치할 때도 표를 활용하면 좋습니다.

☐ **(미국)** '18년도 정부R&D예산은 전년대비 **7.7%** 증가한 1,687억달러('18년 예산안 미확정, 국회 심의 중간결과(* 美 AAAS)	🇺🇸
☐ **(일본)** '18년도 일본 과학기술관계예산은 전년대비 **22.2%** 증가한 4조 2,613억엔	●
☐ **(독일)** '18년도 연방교육연구부의 전체 예산안은 전년 수준인 **176억 유로**('18년 예산안 미확정, 국회 제출 예산안 근거)	

✎ **다음 예시를 보세요**[31]

---

1 추진 개요

☐ **근거 법령**
○ 행정효율과 협업촉진에 관한 규정(§49~56) 및 시행규칙(§35~42)

☐ **적용 대상**
○ **(포괄 정책연구)** 기조실에서 관리, 정책연구심의위원회 심의를 거쳐 과제를 선정한 이후에 과제 소관부서에서 연구용역 수행
○ **(사업별 정책연구)** 사업부서에서 관리, 특정사업 관련 정책연구 목적으로 예산편성 된 경우로, 부서 자체적으로 연구과제 선정·수행

☐ **예산 편성** (2020년 기준) * '99년 ~ 계속
○ 포괄 정책연구(정책연구개발·연구용역비, 7032-300-260) : 1,100백만원
○ 사업별 정책연구(사업별 예산, 260) : 2,357백만원

☐ **관리 체계**

정책연구심의위원회 (위원장: 기조실장)	관리·운영	정책평가담당관 (간사)		
↓ (위임) ↑ (보고)		↓(총괄·조정) ↑ (신청)		
소위원회 (위원장: 과제소관 실·국장)	관리·운영	과제담당 과장 (과제담당관)	협조	계약부서 (운영지원과)

---

31) 출처 : 2020년 정책연구용역 추진 및 관리계획(2020.1), 행정안전부, https://bit.ly/2A7kcvV

□ 추진 절차

과제선정	⇨	연구자선정	⇨	진행상황 점검	⇨	연구결과 평가	⇨	연구결과 활용	⇨	관리실태 점검
위원회 심의 (포괄연구)		계약부서 (수의계약: 소위심의)		과제담당관		완료보고→ 소위원회 심의		소위원회 심의		자체점검(부서) 종합점검(정책평가)

도식화된 '관리 체계'나 '추진 절차'를 글로 표현했다면 어떨까요? 추진 절차는 '① 과제 선정 → ② 연구자선정 → ③ 진행상황 점검…'식으로 정리하고 내용을 넣으면 될 것 같은데, '관리 체계'를 글로 표현한다는 것이 엄두가 나지 않습니다. 이처럼 잘 표현된 도식화는 보고서의 가독성을 획기적으로 높여줍니다.

□ 관리 체계

정책연구심의위원회 (위원장: 기조실장)	관리·운영	정책평가담당관 (간사)		
↓ (위임)　↑ (보고)		↓(총괄·조정)　↑ (신청)		
소위원회 (위원장: 과제소관 실·국장)	관리·운영	과제담당 과장 (과제담당관)	협조	계약부서 (운영지원과)

□ 추진 절차

과제선정	⇨	연구자선정	⇨	진행상황 점검	⇨	연구결과 평가	⇨	연구결과 활용	⇨	관리실태 점검
위원회 심의 (포괄연구)		계약부서 (수의계약: 소위심의)		과제담당관		완료보고→ 소위원회 심의		소위원회 심의		자체점검(부서) 종합점검(정책평가)

'관리 체계'나 '추진 절차' 역시 표를 이용해서 만들었습니다. 비교적 간단한 도식화부터 '관리 체계'와 같은 좀 더 복잡하고 구조적인 표현도 가능합니다.

도형 편집 마스터를 위한 3대 스킬

다수의 개체를 정렬할 때 표를 활용하면 테두리 선이 가이드라인 역할을 해서 정렬하기 쉽습니다.

✎ 다음 예시를 보세요[32]

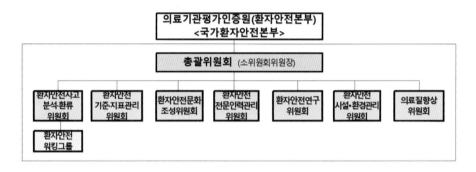

앞선 예시를 통해 봤지만 표를 이용해서 구현할 수 있습니다.

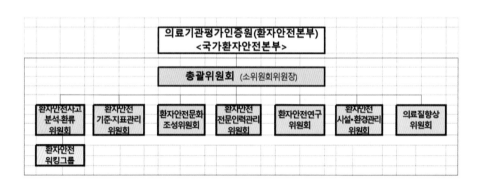

그런데 막상 표를 이용해 구현하려고 하면 편집이 쉽지 않음을 알 수 있습니다. 표는 선으로 연결되어 있기에 하나의 선을 이동하면 전체가 움직이는 특징이 있습니다. 이

----

32) 출처 : 제1차 환자안전종합계획(2018~2022),(2019.5), 보건복지부, https://bit.ly/3g9lwxC

것은 장점이 될 수도, 단점이 될 수도 있습니다. 전체 정렬과 편집에는 유리하지만, 개별적으로 움직이기는 쉽지 않습니다. 예를 들어 위와 같은 조직도에서 위원회 하나를 삭제하거나 새로운 위원회를 추가해야 한다면, 표를 편집하는 일이 만만치 않습니다. 편집이 다소 복잡할 뿐만 아니라 시간도 꽤 걸립니다. 이럴 때는 도형을 이용해 그리는 것이 훨씬 효율적이며 효과적입니다. 그렇다면 표와 도형의 특징을 정확히 알아야 어떤 상황에서 어떤 개체(표, 도형)로 표현하는 게 좋을지 판단할 수 있습니다. [33)]

다음 예시는 같은 보고서에 있는 '중대한 환자안전사고 보고 · 환류 체계 구축'에 관한 내용입니다. 이를 표로 만들기는 상당히 복잡합니다. 연결선 전체를 생각하며 셀을 만들고 테두리 선을 편집해야 하고, 선 하나를 움직이면 전체가 움직이기 때문에 수정도 쉽지 않습니다. 오른쪽에 있는 '보건복지부'를 다른 위치로 이동하거나 새로운 조직을 추가해야 한다면, 이를 수정하는 것보다 새로 그리는 것이 더 빠를 수 있습니다.

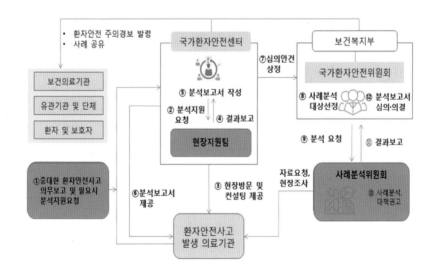

---

33) 필자가 조직도를 한글에서 표로 구현했을 때는 9분이 소요되었습니다. 그런데 도형을 이용해 구현했을 때는 1분이 채 걸리지 않았습니다.

앞과 같은 도식은 도형과 연결선을 이용해 그리는 것이 훨씬 빠릅니다. 뿐만 아니라 수정과 편집도 쉽습니다. 그래서 도형을 다룰 줄 알아야 복잡한 도식 표현까지 가능합니다.

구분	표	도형
특징	수직과 수평 맞춤에 특화되어 편집이 용이함.	다수 개체의 수정과 편집이 용이함.
단점	개체가 다수일수록 도식화가 어렵고, 수정과 편집이 불편함. 개별 개체를 이동하고 추가하기가 쉽지 않음.	도형 편집 스킬을 모르면 정렬과 맞춤이 어려움.

표는 수직/수평 정렬이 용이합니다. 이 기능을 이용하면 데이터나 텍스트를 구분해서 정렬하기 좋습니다. 테두리 선을 조절해서 간단한 형태의 도식화 표현도 가능합니다. 그러나 전체가 하나의 개체라서 다수 개체를 표현하기에는 편집이 어렵습니다. 반면 도형은 다수 개체를 표현하기에 유리합니다. 개체별 이동, 수정 등 편집도 쉽습니다. 표뿐만 아니라 도형을 활용한 편집은 한글, 워드, 파워포인트에서 모두 가능하지만 그중 파워포인트는 도식화 표현에 특화된 소프트웨어입니다.

한글, 워드	파워포인트
텍스트 중심의 읽는 보고서 작성에 유리	개체 중심의 보는 보고서 작성에 유리

한글과 워드에서 도형을 활용해 도식화 작업을 할 수 있지만, 파워포인트에서 작업한 후 복사(화면 캡처)해서 한글과 워드에 붙여 넣는 방법도 있습니다. 필자는 후자를 선호합니다. 파워포인트가 도형을 활용한 편집과 수정이 훨씬 쉽기 때문입니다. 따라서 도형을 활용한 편집과 수정은 파워포인트를 기준으로 설명하고, 한글 및 워드 메뉴와 차이점은 중간중간 비교해 설명하겠습니다.

우선 표와 도형 편집 차이를 알아야 합니다. 도형을 여러 개 삽입했다면 표와 달리 각각을 독립적인 개체로 인식합니다. 이는 표와 도형 편집에 큰 차이를 가져옵니다.

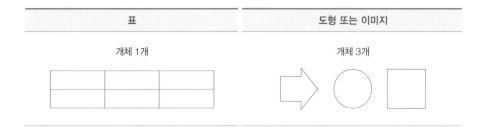

표	도형 또는 이미지
개체 1개	개체 3개

표는 전체가 하나의 개체입니다. 표 자체가 수직 · 수평 정렬이 용이하도록 설계되어 있어 정렬과 맞춤이 쉽습니다. 그러나 크기와 모양이 같거나 다른 여러 개체(도형)를 그려놓고 이를 편집하려면 다수의 개체를 잘 다룰 줄 알아야 합니다. 다수의 개체를 자유자재로 다루기 위해선 다음 세 가지 기술을 완벽하게 숙달해야 합니다.

❶ Ctrl 과 Shift 활용 편집
❷ 맞춤(정렬)
❸ 그룹(혹은 그룹 해제)

❶ 첫째는 Ctrl 과 Shift 를 활용해 도형을 자유자재로 삽입하고, 복사하고, 이동하는 기능을 숙달합니다. 이때는 마우스와 함께 Ctrl 과 Shift 를 활용하는 것이 가장 빠르고 편리합니다. 다행스럽게도 한글, 워드, 파워포인트의 기능이 같습니다.

구분	Ctrl	Shift
도형을 그릴 때	클릭한 위치가 중심	너비와 높이가 같은 도형
개체를 클릭할 때	(개체 선택)	개체 선택

구분	Ctrl	Shift
개체 클릭 후 드래그	복사 이동	수직/수평 이동
도형 위에서 Ctrl + Shift	복사한 개체를 수직/수평 이동	

Shift 를 누른 상태에서 도형을 그리면 너비와 높이가 같은 정다각형(또는 정원) 도형을 그릴 수 있습니다.

여러 개체가 있을 때 Shift 를 누른 상태에서 개체를 클릭하면 누른 개체만 선택됩니다. 여러 개체 가운데 특정 개체만 선택하고 싶을 때 사용합니다.

Shift 를 누른 상태에서 사각형과 원을 클릭한 모습

Shift 를 누른 상태에서 도형을 클릭해 드래그하면 수직/수평으로 이동합니다.

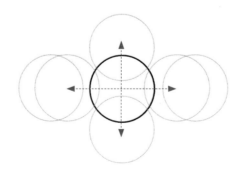

Ctrl 을 누른 상태에서 도형을 드래그하면 복사/이동합니다.

Ctrl 과 Shift 를 동시에 누른 상태에서 도형을 드래그해 움직이면 복사된 도형이 수직/수평으로 이동합니다.

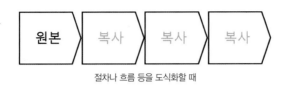

절차나 흐름 등을 도식화할 때

❷ 둘째, 맞춤(정렬) 기능을 활용합니다. 도형을 활용해 도식화할 때 다수의 개체를 삽입하고 편집하는 경우가 많습니다. 다수의 개체를 정렬할 때 [맞춤] 기능을 사용합니다.

한글	워드, 파워포인트
맞춤 ⊫ 왼쪽 맞춤(L) ╪ 가운데 맞춤(C) ╢ 오른쪽 맞춤(R) ┰ 위쪽 맞춤(T) ┿ 중간 맞춤(M) ▫ 아래쪽 맞춤(B) **배분** ┬┬ 가로 간격을 동일하게(H) ⊨ 세로 간격을 동일하게(V)	⊫ 왼쪽 맞춤(L) 몸 가운데 맞춤(C) ⊣ 오른쪽 맞춤(R) ┰ 위쪽 맞춤(T) ┿ 중간 맞춤(M) ▫ 아래쪽 맞춤(B) ┨╢ 가로 간격을 동일하게(H) 움 세로 간격을 동일하게(V)

한글, 워드, 파워포인트의 [맞춤] 기능은 같습니다. [맞춤] 기능별 아이콘도 직관적으로 이해되도록 구성되어 있습니다. 정렬하고 싶은 개체를 모두 선택한 뒤 정렬하고 싶은 [맞춤] 기능을 클릭합니다. [맞춤] 기능은 직관적이라서 각각을 자세히 설명하지 않겠습니다만 여러 개의 도형을 그려놓고 각 기능을 꼭 실습해보기 바랍니다.

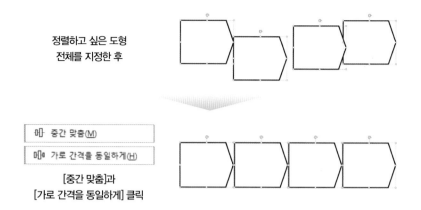

정렬하고 싶은 도형
전체를 지정한 후

미ŀ 중간 맞춤(M)

미ɒ미 가로 간격을 동일하게(H)

[중간 맞춤]과
[가로 간격을 동일하게] 클릭

❸ 셋째, 그룹(혹은 그룹 해제) 기능을 활용합니다. 여러 개의 도형으로 이뤄진 개체를 하나의 개체로 묶는 기능이 [그룹(한글에서는 개체 묶기)]입니다. 반대로 묶여 있는 개체를 푸는 기능이 [그룹 해제(한글에서는 개체 풀기)]입니다.

한글	워드, 파워포인트
개체 묶기(G) G 개체 풀기(Q) U	그룹(G) 그룹 해제(U)

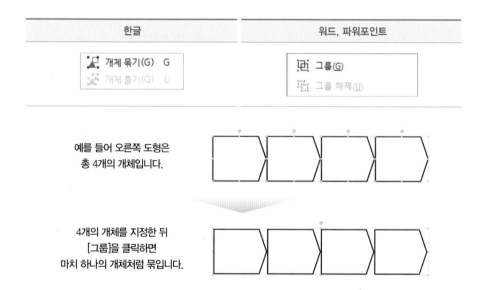

예를 들어 오른쪽 도형은
총 4개의 개체입니다.

4개의 개체를 지정한 뒤
[그룹]을 클릭하면
마치 하나의 개체처럼 묶입니다.

개체를 묶거(그룹)나 푸는(그룹 해제) 기능을 사용하는 경우는 크게 세 가지입니다. 첫째, 많은 개체를 복사(붙여넣기)하거나 편집을 위해 단체로 이동할 때 하나의 개체처럼 묶는 게 좋습니다. 전체를 하나로 묶지 않으면 이동할 때 편집이 흐트러질 수 있기 때문입니다.

둘째, 전체 도식을 확대하거나 축소해야 할 경우 개체를 묶는 게 필요합니다. 예를 들어 도형을 활용해 3단계 절차를 점선 상자에 꼭 맞게 넣었다고 가정해봅시다.

그런데 절차에서 '4단계'를 추가해야 하는 상황이라면 어떻게 수정해야 할까요?

일단 도형 하나를 복사해서 오른쪽 끝에 붙여 넣습니다. 이제 1~4단계까지 도형을 점선 상자에 꼭 맞게 줄여야 합니다.

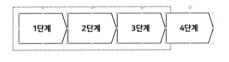

예를 들어 '4단계' 도형을 클릭해서 줄이면 모든 도형이 동일하게 줄어듭니다. 작성자가 원하는 것은 전체 모양이 유지된 상태로 점선 상자에 꼭 맞게 줄이는 것이죠.

바로 이런 상황에서 4개의 개체를 하나의
개체처럼 [그룹]으로 묶어서 줄이면 됩니다.

묶인 개체를 클릭하고 드래그해 점선 상자
에 꼭 맞게 줄여봅니다. 전체 모양이 유지
된 상태에서 개체를 줄이거나 늘릴 수 있
습니다.

끝으로 셋째, 정렬하기 위해서 도형을 묶는 작업이 필요합니다.

회사 조직도를 그린다고 가정하면 대표이
사를 중심선에 맞추는 게 보기 좋겠지요.
어떻게 맞춰야 할까요? 어림잡아 도형을
이동시켜 맞출 수도 있겠지만, 정확히 맞
춰야 하는 상황이라면 그렇게 해선 안 됩
니다.
앞서 다룬 [정렬] 기능을 이용합니다. 우선
4개의 '본부장' 도형을 [그룹]으로 묶어 하
나의 개체로 묶습니다.
'대표이사' 개체와 '본부장' 개체를 클릭한
후 [가운데 맞춤]을 클릭합니다.

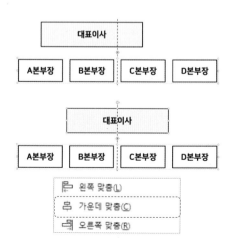

만약 네 명의 '본부장' 개체를 [그룹]으로 묶지 않고 [가운데 맞춤]을 하면 어떻게 될까요?

4명의 '본부장' 개체가 중심선을 기준으로 가운데 맞춤이 됩니다. 모든 개체가 중심선을 기준으로 [가운데 맞춤]이 되기 때문입니다.

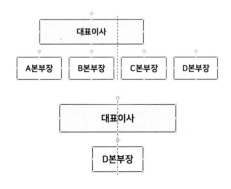

연결선을 활용하자

✏ 다음 예시를 보세요[34]

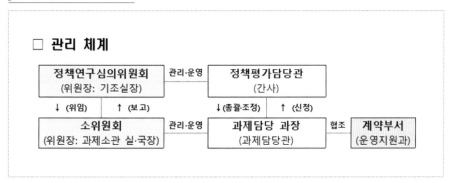

위 도식은 표를 이용해 만들었습니다. 수직, 수평선이 일치해 표를 이용해 제작해도 괜찮지만 제작 속도와 편집의 용이성 측면에서 볼 때 도형을 이용해 제작하는 것이 훨씬 좋습니다. 도형을 활용한 도식화에 적합한 파워포인트를 기본으로 설명하겠습니다.

---

34) 출처 : 2020년 정책연구용역 추진 및 관리계획(2020.1), 행정안전부, https://bit.ly/2A7kcvV

파워포인트의 [삽입] 탭-[일러스트레이션] 그룹-[도형]에 들어가서 그리고 싶은 도형(여기서는 [사각형])을 클릭합니다. 대략적인 틀을 잡고 사각형을 그려봅니다. 사각형을 하나 그리고 Shift 와 Ctrl 을 활용해서 수직/수평 복사하면 빠르게 틀을 잡을 수 있습니다.

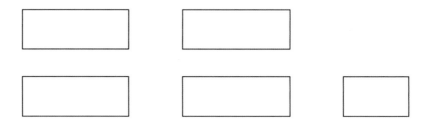

이렇게만 해도 어느 정도 기본 틀이 잡혔습니다. 이제 도형과 도형을 연결하면 됩니다.

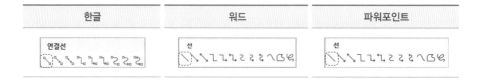

[삽입] 탭-[일러스트레이션] 그룹-[도형]-[선]에서 [직선]을 클릭합니다. 그러면 마우스 포인터가 +모양으로 바뀝니다. ❶번 도형과 ❷번 도형을 연결하기 위해 ❶번 도형 근처로 마우스 포인터를 위치시키면 도형 위에 4개의 점이 표시됩니다.

❶번 도형 왼쪽에 나타나는 점 위에서 클릭하면 선이 그려지는 시작점이 됩니다. ❷번 도형 오른쪽 점 위에서 클릭하면 마치 자석처럼 선이 연결됩니다.

자석처럼 연결된다고 설명한 이유가 있습니다. ❷번 도형을 클릭한 뒤 상하좌우로 움직여보세요. 방금 연결한 선이 도형과 함께 움직입니다.

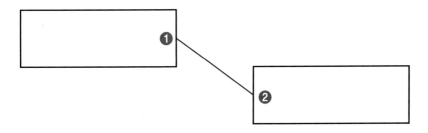

도형을 상하좌우로 움직이더라도 선이 연결되어 있어 별도로 편집할 필요가 없습니다. 만약 선을 제대로 연결하지 않았다면 도형만 움직입니다.

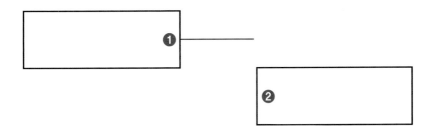

한 가지 아쉬운 점은 한글과 파워포인트는 이런 연결선 기능이 있지만, 워드는 없습니다. 도형과 도형 사이에 직선을 그려놓은 것과 같습니다. 그래서 바로 위의 예시처럼 도형을 이동하면 직선의 끝을 클릭한 후 드래그해서 ❷번 도형의 원하는 위치에 붙여야 합니다. 한 번 그려놓고 편집하지 않는다면 모를까 도식화하다 보면 상하좌우로 도형을 움직여야 하는 경우가 많습니다. 또 새로운 도형을 추가할 때도 있는데 다른 도형을 이동해야 하는 경우 모든 선을 일일이 다시 조정해야 하는 번거로움이 있습니다. 앞서 표로 그린 조직도[35]를 다시 보겠습니다.

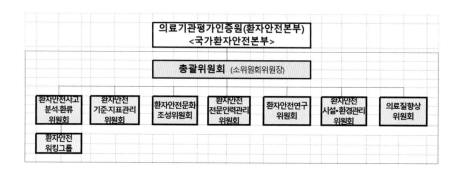

이제 도형, 연결선, 정렬 기능을 이용하면 더욱 간난히 그릴 수 있습니다. 우선 사각형을 이용해 아래와 같이 전체 틀을 잡아봅니다.

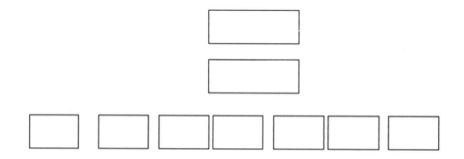

---

35) 출처 : 제1차 환자안전종합계획(2018~2022), (2019.5), 보건복지부, https://bit.ly/3g9lwxC

처음에는 도형의 정렬과 간격을 정확히 맞추기 어렵습니다. 이때 [정렬] 기능을 이용합니다. '총괄위원회' 아래 들어갈 7개 위원회의 정렬이 필요합니다.

하단의 7개 도형을 선택한 뒤 [가로 간격을 동일하게]와 [개체 가운데 정렬]을 클릭해서 정렬합니다. 그런 다음 7개 도형을 하나의 그룹으로 묶어줍니다. 그리고 전체 도형을 선택한 후 [개체 가운데 맞춤]을 클릭하면 정확히 정렬됩니다.

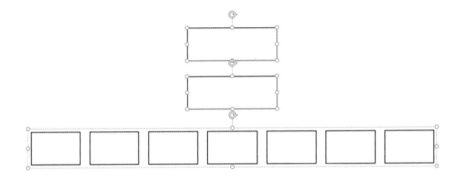

연결선 가운데 [연결선:꺾임][36]을 클릭한 후 각각의 도형을 연결합니다.

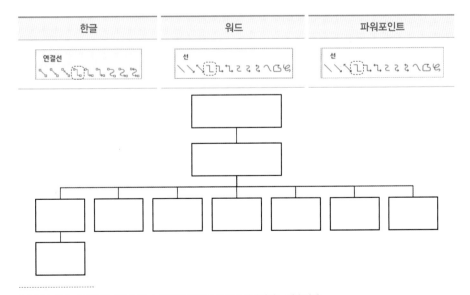

----

36) 워드에서는 [꺾인 선]으로 그릴 수 있지만 도형과 도형이 연결되지는 않습니다.

앞서 설명한 Shift 와 Ctrl 의 사용법과 [정렬] 기능을 숙달한다면 더욱 다양한 도식화 표현을 빠르게 구현할 수 있습니다.

한 페이지 분량의 내용을 단 몇 개의 도형과 선으로 표현할 수도 있습니다. 그런데 이를 표현하기 어렵다고 생각해서 포기하는 경우가 많습니다. 디자이너가 만든 것처럼 포토샵 등을 이용해서 도식화하는 수준까지 도달하기는 어렵습니다. 그러나 몇 가지 기술만 익히면 심플하고 가독성 높은 도식화 표현이 충분히 가능합니다.

한글이나 워드에서도 조금만 연습하면 이 정도 수준은 충분히 구현할 수 있습니다. 그러나 좀 더 복잡하고 세밀한 편집은 파워포인트가 더욱 편리합니다. 그래서 파워포인트에서 그린 다음 화면을 캡처해 한글이나 워드에 붙여 넣는 방법을 추천합니다.

학습 정리

1. 표를 잘 활용할 줄 알아야 가독성을 높일 수 있다.

▶ 표의 가독성은 선에 달려 있다. 얇은 회색 선을 사용하되 좌우 선은 없애고, 구분 행 또는 열은 회색으로 표시하고, 상하단 선은 두껍게 만드는 등 기본적인 편집 방법만 알아도 훨씬 좋은 표를 만들 수 있다.

구분	○○○	○○○
△△△	― ―	― ―
△△△	― ―	― ―

▶ 여백은 주되, 공백은 적절히 최소화하도록 구분기준을 세워야 한다.

▶ 문장은 왼쪽, 단어는 가운데, 숫자는 오른쪽으로 정렬해 가독성을 높인다.

▶ 데이터 정리는 물론 제목, 강조 내용, 도식 등도 표를 활용해 입체감을 높일 수 있다.

2. 복잡한 도식은 도형을 활용하면 편리하다.

▶ 도형을 활용해 도식화하면 입체감을 높이고 표현의 한계를 극복할 수 있다.

▶ Ctrl , Shift 를 이용한 편집, 그룹화, 정렬 등 도형과 관련된 기능을 적절히 활용하면 도형 편집이 훨씬 쉽다.

▶ 연결선을 활용해 도형과 도형을 연결하는 작업으로 도식을 만들면 이동과 개체 관리가 쉽다.

가독성 높은
그래프 편집 기술

공신력 있는 출처가 뒷받침된다면 데이터는 어떤 설명보다 명확하게 현상을 보여주는 힘이 있습니다. 이런 데이터를 다루는 보고서에서 그래프는 보고서의 꽃이라고 부릅니다. 그런데 데이터를 수집해 정리하는 일은 시간이 걸리고 이를 그래프로 표현하는 일은 다소 번거롭기까지 합니다. 또 열심히 만든 그래프가 오히려 보고서의 가독성을 떨어뜨리기도 합니다. 여기서는 가독성 높은 그래프를 좀 더 쉽고 빠르게 편집하는 기술에 대해 다루겠습니다.

한글	워드	파워포인트	엑셀
[입력] 메뉴 – [차트]	[삽입] 탭 – [일러스트레이션] 그룹 – [차트]		[삽입] 탭 – [차트] 그룹

한글	워드 / 파워포인트	
› 가로 막대형	세로 막대형	방사형
› 세로 막대형	꺾은선형	트리맵
› 꺾은선/영역형	원형	선버스트
› 원형	가로 막대형	히스토그램
› 분산형	영역형	상자 수염
› 기타	분산형	폭포
	지도	깔때기형
	주식형	혼합
	표면형	

한글, 워드, 파워포인트에서 그래프를 그리고 편집할 수 있습니다.

모든 그래프의 기본이며 자주 사용하는 3대 그래프인 막대·선·원 그래프를 비롯해 다양한 그래프를 제공[37]하고 있습니다. 여기서 주목할 소프트웨어가 있습니다. 바로 엑셀입니다.

엑셀은 데이터를 다루는 데 최적화된 소프트웨어입니다. 평소에 그래프를 자주 사용하지 않는다면 각각의 소프트웨어(한글, 워드, 파워포인트)에서 기본 제공하는 그래프를 사용하면 됩니다. 그런데 데이터를 자주 편집, 가공해서 제공해야 한다면 엑셀 사용을 권합니다. 많은 공공기관 및 기업들이 데이터를 엑셀로 관리하며 제공하기에 이를 활용하는 것이 정확하고 효율적이기 때문입니다. 엑셀에서 데이터를 관리하고 편집하여 그래프를 그린 뒤 복사해서 한글, 워드, 파워포인트에 붙여 넣는 방법을 추천합니다.

---

37) 소프트웨어별 버전에 따라 제공하는 그래프 종류가 조금씩 차이가 있고, 버전에 따라 특수 목적 그래프가 추가되고 있습니다.

워드, 파워포인트, 엑셀은 모두 마이크로소프트에서 만들어 호환성이 좋고 제공하는 기능이나 옵션 조절 방법도 유사합니다. 그래프 역시 각 소프트웨어에서 비슷한 방식으로 제공됩니다.

 컨설턴트의 조언

엑셀에서 작성한 표를 복사해서 워드나 파워포인트에 붙여 넣으면 아래와 같이 여러 가지 [붙여넣기 옵션]을 지정할 수 있습니다.

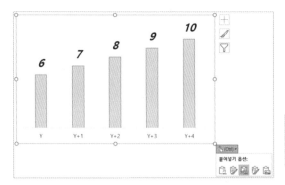

❶	대상 테마 사용 및 통합 문서 포함	파워포인트의 테마와 서식을 사용하고, 엑셀 데이터를 파워포인트에 함께 저장
❷	원본 서식 유지 및 통합 문서 포함	엑셀에서의 그래프 원본 서식을 유지한 채 엑셀 데이터를 파워포인트에 함께 저장
❸	대상 테마 사용 및 데이터 연결	파워포인트의 테마와 서식을 사용하고, 그래프를 엑셀 원본 문서의 데이터와 연결
❹	원본 서식 유지 및 데이터 연결	엑셀에서의 그래프 원본 서식을 유지한 채 그래프를 엑셀 원본 문서의 데이터와 연결

❺	그림	그래프를 이미지 형태로 붙여 넣기. 그림으로 붙여 넣기 때문에 추가적인 데이터 편집 등 불가능

마이크로소프트에서 개발한 소프트웨어끼리는 호환도 잘되고 위의 옵션도 공통적으로 적용됩니다. 엑셀에서 작성한 그래프를 한글에 붙여 넣으면 그림(이미지) 형태가 되므로 그래프나 데이터 편집은 불가능합니다.

그래프는 심플하게 무채색으로

그래프는 핵심 정보만 남기고 데이터 중심으로 최대한 심플하게 표현하는 것이 좋습니다. 왼쪽은 워드, 파워포인트, 엑셀에서 제공하는 기본 서식 막대그래프입니다.

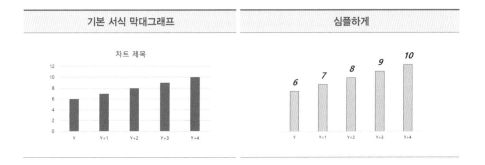

일단 그래프에서 제공하는 시각적 이미지를 통해 증가, 감소를 직관적으로 파악할 수 있도록 불필요한 정보는 지우고 데이터가 잘 보이도록 편집하는 것이 중요합니다. 그래프는 색상 선택도 중요합니다. 기본 서식으로 제공하는 누적 막대그래프를 보면 색상이 자동으로 선택됩니다. 유채색은 모니터 화면으로 봤을 때는 문제없지만, 흑백 인쇄물은 그래프를 구분하기 어려울 수 있습니다. 이런 점을 고려해서 무채색 그래프를 추천합니다.

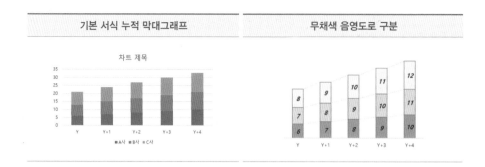

막대그래프 편집 기술

막대그래프는 사용 빈도가 가장 높은 그래프입니다. 심플하고 가독성 높은 그래프로 바꿔보겠습니다. 기존 그래프에는 ❶ 세로축, ❷ 가로 눈금선, ❸ 차트 제목 등이 있는데, 불필요하다고 판단되면 삭제합니다.

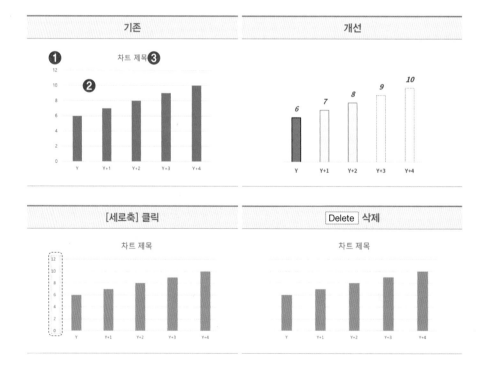

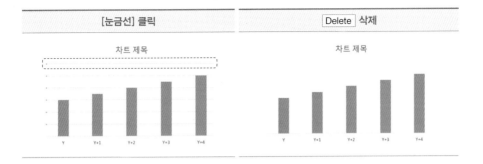

❶ 세로축, ❷ 가로 눈금선, ❸ 차트 제목은 클릭하면 각각 선택하거나 Delete 를 눌러 삭제할 수 있습니다. 막대그래프 위쪽에 데이터를 넣어보겠습니다. 막대그래프를 클릭한 후 마우스 오른쪽 버튼을 클릭하면 옵션 메뉴가 나타납니다. [데이터 레이블 추가]를 클릭하면 데이터 레이블이 표시됩니다.

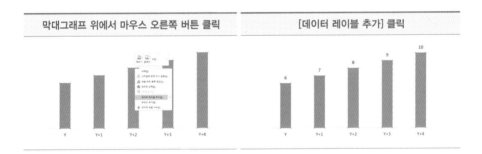

추가된 데이터 레이블을 클릭한 후 마우스 오른쪽 버튼을 클릭하면 옵션 메뉴가 나타납니다. [데이터 레이블 서식]을 클릭합니다. 막대그래프 색상을 바꿔보겠습니다.

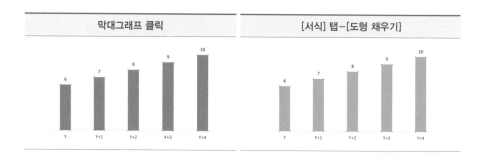

여러 개의 막대그래프 중 아무 막대나 클릭하면 전체 그래프가 선택됩니다. 이렇게 선택된 막대그래프는 파워포인트에서 도형과 같은 개체로 인식해 색상이나 테두리 선 등을 바꿀 수 있습니다. [서식] 탭-[도형 스타일] 그룹-[도형 채우기]에서 회색을 선택하면 막대의 색이 바뀝니다. 막대그

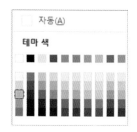

래프 위에 있는 데이터도 마찬가지입니다. 아무 데이터나 클릭하면 데이터 전체가 선택됩니다. 파워포인트에서 텍스트를 수정하듯 숫자의 글꼴, 색상, 크기 등을 조절할 수 있습니다.

이제 특정 데이터나 막대만 수정해보겠습니다. 데이터나 막대를 클릭하면 전체가 선택됩니다. 이 상태에서 수정하고 싶은 데이터나 막대를 한 번 더 클릭하면 해당 개체만 선택됩니다.

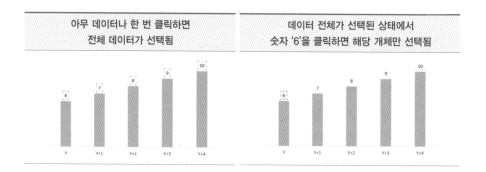

데이터나 막대그래프를 개체로 인식하기
에 두 번 클릭하면 해당 개체만 선택됩니
다. 그럼 파워포인트에서 텍스트나 도형
을 수정하듯이 색상, 테두리 선, 글꼴 모양
및 크기 등을 조절할 수 있습니다.

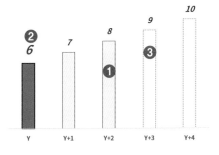

요약하자면 막대그래프 색상은 ❶ 회색 계
열을 추천합니다. 보고서에서 그래프 색상만 튀는 것을 방지해 전체적인 통일성을 높
일 수 있고 글자 색상인 검은색과도 자연스레 어울립니다. 또한 흑백 인쇄 출력도 문
제없으며 색상 선택에 대한 고민도 덜어줍니다. ❷ 강조해야 할 포인트가 있다면 막대
그래프와 데이터를 눈에 띄게 조절합니다. ❸ 예외 사항이 있다면 테두리 선 모양을
바꿔 표현할 수도 있습니다. 예를 들어 계열 'Y+3'과 'Y+4'는 실측치가 아닌 예측치라
는 느낌을 주기 위해 테두리 선을 점선으로 표현했습니다.

막대그래프는 계열이 추가된 누적 막대그래프도 자주 사용합니다. 표현하는 기본 원
리는 막대그래프와 같습니다. 계열이 많기 때문에 이를 고려해 조금 다른 점만 소개
하겠습니다.

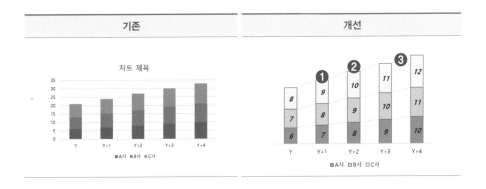

막대 길이로 계열값이 표시되므로 데이터를 ❶ 막대 안에 표시하는 것이 좋습니다. 흑

백 인쇄까지 고려해서 색상은 ❷ 회색 계열로 선택하는 것을 추천합니다. 명암을 조절하면 5~6단계까지 표현이 가능합니다. 다수의 막대가 계열값을 표시하므로 계열값의 변동사항을 직관적으로 파악할 수 있도록 ❸ 계열선을 넣는 것이 좋습니다. 실습을 통해서 하나씩 살펴보겠습니다.

범례 표시를 보면 'A사', 'B사', 'C사'가 그래프에서 어떤 순서로 표시되었는지 알 수 있습니다. 회색의 'C사'가 상단에 있습니다. 막대를 클릭하면 계열별로 선택됩니다. 예를 들어 상단에 있는 회색 막대를 클릭하면 'Y~Y+4'까지 'C사' 막대만 선택됩니다. 'C사' 막대를 선택한 상태에서 마우스 오른쪽 버튼을 클릭하고 [채우기]-[회색]을 선택합니다.

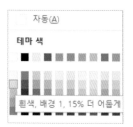

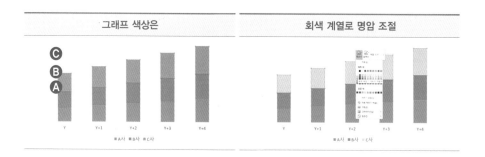

'A사'와 'B사'도 명암을 달리한 회색 계열로 바꿔봅니다. 아래쪽 그래프일수록 진한 회색을 사용해 안정감을 더했고, 전체적인 통일성도 높아졌습니다.

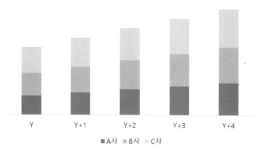

데이터는 계열별로 막대 안에 넣는 것이 좋습니다.

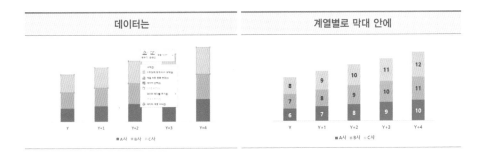

데이터를 넣고 싶은 계열을 클릭한 뒤 마우스 오른쪽 버튼을 클릭하고 [데이터 레이블 추가]를 클릭하면 해당 계열 막대 안에 데이터 레이블이 표시됩니다. 같은 방식으로 다른 계열에도 데이터를 넣습니다. 추가한 데이터는 [데이터 레이블 서식]에서 숫자 크기, 색상 등을 변경할 수 있습니다. 예를 들어 'A사' 데이터의 경우 진한 회색 막대로 인해 검은색 숫자가 잘 보이지 않아 흰색으로 바꾼 것입니다.

마지막으로 계열별로 값의 변동사항을 직관적으로 파악하기 쉽도록 [계열선]을 넣어서 표시합니다. 아무 막대나 클릭한 상태에서 [차트 디자인] 탭-[차트 레이아웃] 그룹-[차트 요소 추가]-[선]-[계열선]을 클릭하면 됩니다.

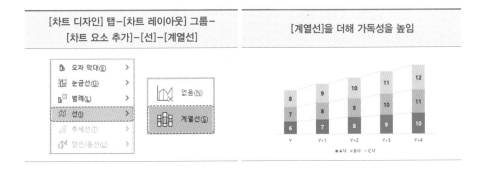

계열선은 삽입하면 최초에 '실선'으로 표시되는데, 연한 회색 '점선'으로 바꾸어 전체 색상 균형을 맞췄습니다.

 컨설턴트의 조언

누적 막대그래프는 다수의 계열이 존재합니다. 계열이 그래프에 수직으로 쌓이는 구조입니다. 그렇다 보니 계열 순서를 조정하고 싶을 때가 있습니다.

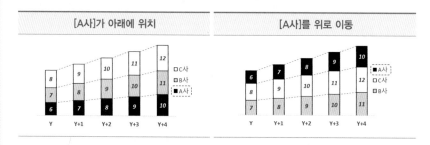

그래프를 선택한 상태에서 [차트 디자인] 탭–[데이터] 그룹–[데이터 선택]을 클릭하면 [데이터 원본 선택] 대화상자가 열립니다. 그림에서처럼 ❶ [A사]를 클릭하고 ❷ [아래로 이동]을 클릭해서 위치를 ❸과 같이 이동합니다. 그럼 누적 막대그래프에서 하단에 있던 'A사' 계열이 그래프 가장 위로 이동합니다.

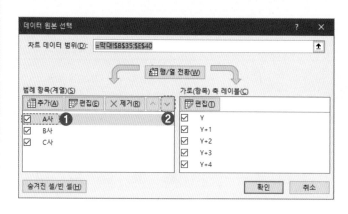

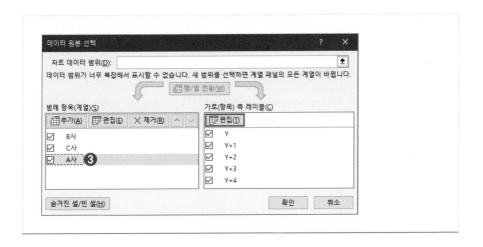

선그래프 편집 기술

선그래프는 막대그래프와 더불어 가장 많이 사용하고, 여러 계열의 추세를 비교하기에 최적화된 그래프입니다. 그런데 다수의 계열을 표시하다 보면 데이터값이 역전되거나 비슷한 경우 선이 겹치기 마련입니다. 그래서 선 가독성이 매우 중요합니다. 인쇄 출력을 고려하지 않는다면 선 색상으로 구분하는 것도 좋습니다. 선이 차지하는 시각적 면적이 크지 않기 때문에 원색을 사용해도 보고서의 통일성을 크게 해치지 않습니다. 그러나 출력까지 고려한다면 상황이 달라집니다.

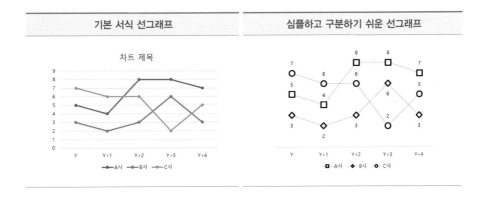

'기본 서식 선그래프'는 흑백으로 출력했을 때 선을 구별할 수 없습니다. 또한 계열의 개수와 계열별 세로값 차이(즉, 선이 얼마나 중첩되는지) 등을 고려해야 합니다. 만약 주식 차트와 같이 표시해야 할 데이터값이 많을 때 그래프 위에 값을 표시하면 가독성 이 떨어지므로 별도의 표를 이용해서 데이터를 제시하는 것이 좋습니다.

선그래프 역시 몇 가지 편집을 통해 가독성 높은 그래프로 탈바꿈시킬 수 있습니다. 데이터보다 추세를 보여주는 것이 목적이라면 [눈금선] 삭제를 추천합니다. 다수의 계 열선과 눈금선이 교차해 시각적으로 혼동을 줄 수 있기 때문입니다. 이때 계열에 따른 데이터값은 가늠할 수 있도록 [세로축]을 표시합니다.

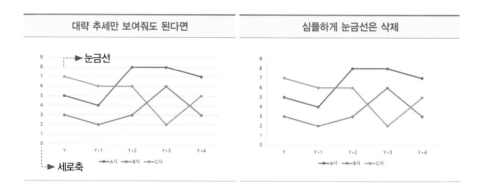

흑백 인쇄 출력까지 고려한다면 그래프 색상 구분은 의미 없습니다. 이때는 표식 옵션 을 조절해서 그래프를 구분합니다.

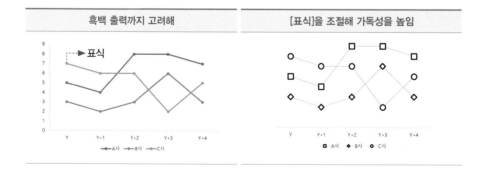

'표식'은 데이터의 세로축 위치를 말합니다. 계열별 데이터 위치를 표시하는 '표식' 모
양을 ㅁ, △, ○ 등으로 구분해 가독성을 높일 수 있습니다. 'C사' 표식을 바꿔보겠습
니다. 'C사' 표식을 클릭한 뒤 마우스 오른쪽 버튼을 클릭합니다.

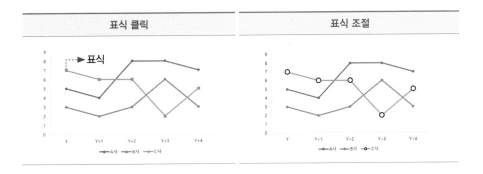

[데이터 계열 서식]을 클릭합니다. [데이터 계열 서식] 작업 창에서 [채우기 및 선]
의 [표식]에 서식을 조절하는 옵션이 있습니다. 각각의 메뉴에서 다음과 같이 설정
할 수 있습니다.

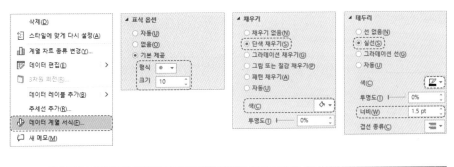

[표식 옵션]	[채우기]	[테두리]
표식 모양, 크기 조절	표식 안 색상 조절	테두리 선 색, 두께 조절
ex) ■ ▲ ● ◆ 등	ex) 흰색 선택	ex) 너비 0.5pt ⇒ 1.5pt
	■▲●◆ ⇒ ㅁ△○◇	ㅁ ○ ⇒ ㅁ ○

다른 [표식]도 [형식]과 [채우기], [테두리] 두께를 조절합니다.

다른 표식도	조절을 통해 가독성을 높이고
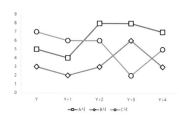	

이렇게 표식을 조절하면 흑백으로 출력해도 그래프를 구별하
는 데 문제가 없습니다. 물론 표식과 표식을 연결하는 '선' 색
도 얼마든지 바꿀 수 있습니다.

이제 그래프에 데이터를 넣어보겠습니다. 데이터를 넣고 싶
은 그래프를 클릭하고 마우스 오른쪽 버튼을 클릭한 후 [데이
터 레이블 추가]를 클릭합니다. 아래 왼쪽 예시처럼 [표식] 오
른쪽에 데이터가 표시됩니다. 하지만 기본 서식은 그래프 선과 데이터가 겹쳐서 가
독성이 떨어집니다. 이때 데이터를 그래프 선과 겹치지 않도록 조정할 수 있습니다.

표식 오른쪽에 데이터가 표시됨	그래프 선과 겹치지 않도록 데이터 위치 조정
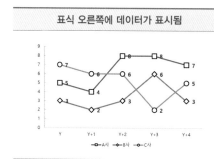	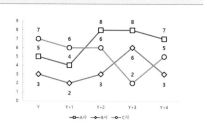

이동하고 싶은 데이터 레이블을 클릭한 후 마우스 오른쪽 버튼 클릭합니다. [데이
터 레이블 서식]을 클릭하면 [데이터 레이블 서식] 작업 창이 나타납니다. [레이블 옵

션]−[레이블 위치]가 [오른쪽]으로 체크되어 있습니다. 즉, 표식 오른쪽에 데이터가 표시된다는 뜻입니다. 그래프 선 모양을 고려해서 원하는 위치로 [레이블 위치]를 체크하면 됩니다.

 컨설턴트의 조언

선그래프의 경우 세로축의 값 범위에 따라 그래프가 겹쳐 보일 수 있습니다. 아래 예시의 경우 'A사'와 'B사' 그래프가 중첩되어 보입니다. 두 그래프에는 큰 차이가 없다고 볼 수도 있지만, 사안에 따라 유의미한 차이일 수도 있습니다.

'A사'와 'B사'의 격차를 명확히 표현하고 싶을 때는 세로축 값의 최솟값과 최댓값을 조절하면 됩니다. 세로축 값을 클릭한 상태에서 마우스 오른쪽 버튼을 클릭하고 축 서식을 클릭하면 [축 옵션] 작업 창이 열립니다. 아래 그래프의 세로축 값의 최솟값은 200이고 최댓값은 300입니다.

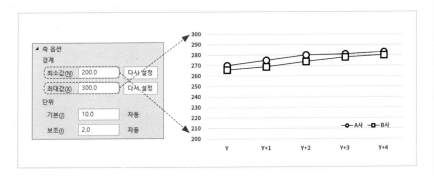

두 그래프의 차이를 명확히 보여줄 수 있도록 최솟값과 최댓값을 적절히 조절합니다.

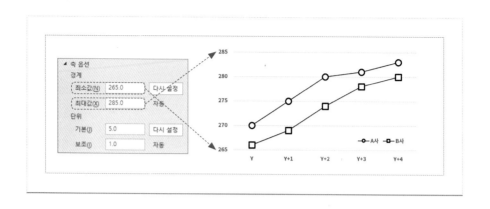

원그래프 편집 기술

원그래프는 비중을 비교하는 데 최적화된 그래프입니다. 어린 시절 방학 때 그렸던 일일 계획표를 생각해보면 각각의 활동이 하루에 차지하는 시간 비중을 쉽게 비교할 수 있습니다.

원그래프는 기본 모양보다는 가운데가 뚫린 도넛형 그래프를 추천합니다.

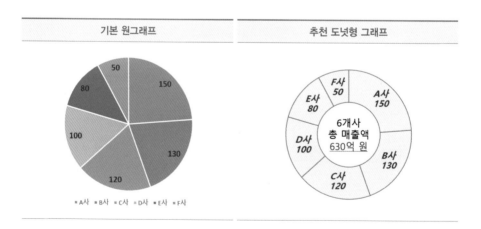

도넛형 그래프는 가운데가 뚫려 있어 시원하고 깔끔해 보입니다. 또 그래프 가운데의 빈 곳을 활용해 전체 총합이나 그래프 제목을 넣을 수 있습니다. 데이터값뿐만 아니라 계열(혹은 항목) 이름까지 그래프 안에 넣는다면 회색 계열 그래프로 만들어도 인쇄하는 것은 문제없습니다. 물론 범례 표시도 필요 없으니 삭제해도 됩니다.

그래프를 편집해보겠습니다. 우선 그래프 가운데 구멍 크기를 조절할 수 있습니다.

그래프를 마우스 오른쪽 버튼으로 클릭하면 나타나는 메뉴에서 [데이터 계열 서식]을 클릭합니다. [데이터 계열 서식] 작업창이 나타나면 [계열 옵션]–[도넛 구멍 크기]를 조절하면 됩니다.

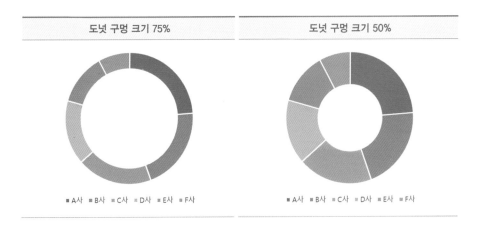

흑백 인쇄 출력까지 고려한다면 그래프 색상을 고민해야 합니다. 회색 계열로 바꾼다고 해도 계열 수가 많다면 명암 표현에 한계가 있습니다. 또한 범례가 하단에 위치해서 가독성이 좋지 않습니다. 이런 점을 극복하기 위해 그래프 위에 계열 이름과 데이터를 표시하는 것을 추천합니다.

그래프 색상을 바꿔봅니다. 이미 막대그래프에서 설명한 원리와 똑같습니다. 그래프를 클릭하면 도형과 같은 개체로 인식합니다. 도형을 편집하듯 그래프 색상과 테두리 선을 편집할 수 있습니다. 자세한 설명은 생략하겠습니다.

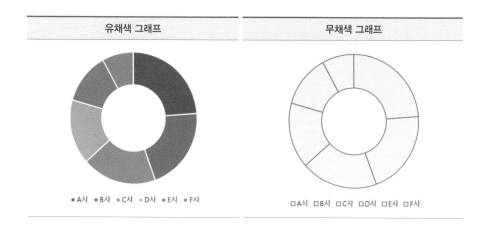

데이터를 그래프 위에 넣어보겠습니다. 그래프를 선택한 상태에서 마우스 오른쪽 버튼으로 클릭하고 [데이터 레이블 추가]를 클릭하면 그래프 위에 데이터가 표시됩니다.

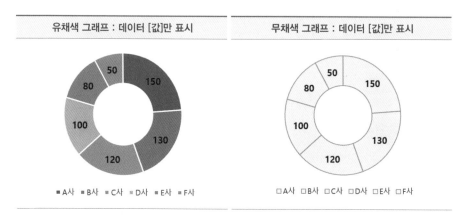

원그래프는 데이터값 외에 항목 이름까지 그래프 안에 넣는 것이 좋습니다. 데이터를 마우스 오른쪽 버튼으로 클릭하고 [데이터 레이블 서식]을 클릭하면 [레이블 옵션] 작업 창

이 나타납니다. 여기서 [항목 이름], [값]에
체크하고 [구분 기호]에서 [(줄 바꿈)]을 차
례로 선택합니다. 이제 그래프 안에 항목
이름과 값이 동시에 표시됩니다.

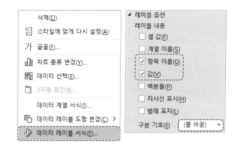

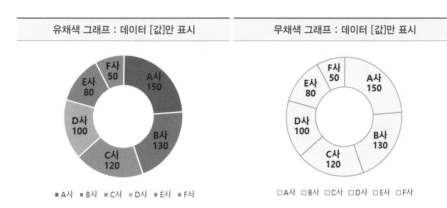

이 상태면 출력은 문제없습니다. 그래프 안에 항목 이름과 데이터값이 동시에 표시되
어 가독성도 높아졌습니다. 이제 그래프 아래에 범례 표시도 필요 없기에 클릭하고
Delete 를 눌러 삭제합니다.

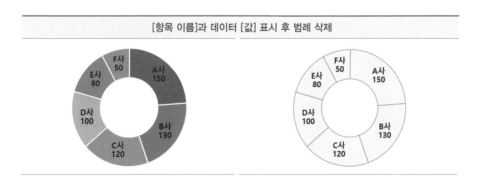

원그래프는 데이터를 어떻게 배열하는 게 좋을까요? 특별한 순서가 없다면 12시를 기준으로 큰 데이터에서 작은 데이터 순서로 보이도록 시계 방향으로 정렬하는 게 좋습니다. 위쪽을 기준으로 오른쪽 방향으로 시선을 돌리는 데 익숙함을 고려한 것입니다.

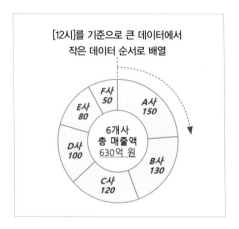

학습 정리

1. 가독성 높은 그래프 편집 기술을 익히자.

▶ 데이터를 관리하고 그래프를 삽입, 편집하는 작업은 엑셀을 활용하는 것이 훨씬 편리하다.

▶ 그래프는 시각적인 정보를 통해 증가, 감소 등 데이터를 직관적으로 확인할 수 있는 핵심 정보만 남기고 최대한 깔끔하게 만드는 것이 좋다.

▶ 유채색 그래프는 모니터 화면으로 봤을 때는 괜찮지만, 흑백 인쇄물에서는 구분하기 어려울 수 있다. 따라서 보고서를 위한 차트라면 이러한 점도 고려해 무채색 그래프를 사용하는 편이 좋다.

2. 막대그래프 편집 기술

▶ 세로축, 가로 눈금선, 차트 등 불필요한 부분은 삭제한다.

▶ 명확한 값을 보여주려면 데이터(레이블)는 막대 위쪽에 표시한다.

▶ 실측값이 아닌 예측값을 보여줘야 할 때 테두리 점선 등을 활용하면 더욱 좋다.

▶ 누적 막대그래프에서 데이터(레이블)는 막대 안에 표시하고, 계열선을 추가하면 조금 더 명확해진다.

3. 선그래프 편집 기술

▶ 선그래프는 흑백 출력을 고려해서 표식 기호를 설정해 서로 구분한다.

▶ 그래프 선과 데이터(레이블)가 겹치지 않도록 적절한 위치에 배치한다.

4. 원그래프 편집 기술

▶ 일반 원그래프보다 도넛형 그래프를 삽입하면 그래프 가운데에 제목과 전체 총합을 추가할 수 있어 유용하다.

▶ 그래프 안에 계열과 데이터를 동시에 표시하면 색상을 별도로 구분할 필요가 없다.

보고서 작성
Make-up

보고서 작성에 필요한 3대 역량

보고서(報告書)의 한자를 풀어보면 '알릴 보(報)', '고할 고(告)', '글 서(書)'입니다. 풀어 보면 설명하고, 설득하기 위한 글이란 뜻입니다. '보고서'의 뜻을 제대로 이해하려면 두 가지를 알아야 합니다.

첫째, 설명하고 설득하는 대상이 누구인가를 제대로 파악해야 합니다. 보고서는 내(I)가 작성하지만 네(You)가 읽습니다. 내(I)가 아니라 보고서 읽는 네(You)가 주어입니다. 보고서 작성에 몰입하다 보면 세상의 중심이 내가 됩니다. 내가 필요한 자료를 수집하고, 논리를 전개하고, 결론을 맺습니다. 내 관점에서 편한 방향으로 작성하고 만족하게 됩니다. 그러나 보고서는 내 눈높이가 아니라 읽는 사람의 눈높이에 맞춰야 합니다. 내 관점에서 읽는 게 아니라 네 관점에서 읽히도록 작성해야 합니다.

둘째, 알리고 설득하기 위해 말(言)이 아닌 글(書)을 사용합니다. 그렇다면 글을 제대로 다룰 줄 알아야 합니다. 커뮤니케이션에서 말은 음향, 음색, 음정이 결합된 3D로 경험하는 것과 같습니다. 그에 반해 오롯이 종이 위에 쓰인 글로 알리고 설득하는 일은 2D로 보는 것과 같습니다.

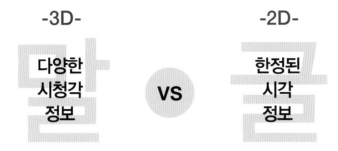

보고서 작성이 어려운 이유가 바로 여기에 있습니다. 사람들에게 알리고, 그것을 이해시키고, 때론 설득한다는 게 쉬운 일이 아닙니다. 말로 설득하는 것도 쉽지 않은데 글로 설득하는 것은 더욱 어려운 일입니다.

뮤지컬은 연기, 음악, 춤이 결합된 종합예술입니다. 어느 한 가지 역량만으론 완벽할 수 없기에 종합예술로 불립니다. 보고서 역시 종합예술입니다. 문장력, 구성력, 표현력이 절묘하게 어우러져야 합니다. 이 3대 역량이 고도의 밸런스를 이뤄야 논리적이며 설득력 높은 보고

서가 탄생합니다. 보고서 작성에 필요한 3대 역량에 대해 살펴보겠습니다.

[문장력] 생각과 사고를 글로 **표현**할 수 있는 역량
[구성력] 생각과 사고를 **논리적으로 조직**해낼 수 있는 역량
[표현력] 생각과 사고를 **가독성 높게** 만들 수 있는 역량

첫째, 문장력이 필요합니다. 생각과 사고를 글로 표현할 수 있어야 합니다. 사람에게 인격이 있듯이 보고서에는 품격이 존재합니다. 보고서의 품격은 글이 좌우합니다. 보

고서의 품격에 맞는 글을 쓸 줄 알아야 합니다. 보고서의 힘은 문장력이 좌우합니다. 누군가의 생각을 붙잡고 싶다면 문장력을 키워야 합니다.

둘째, 구성력이 필요합니다. 생각과 사고의 결과물로 나온 글을 조립해 하나의 완결된 문서로 만드는 것이 구성력입니다. 모든 글은 여러 문장과 문단의 조립으로 이뤄집니다. 어떻게 조립하느냐에 따라 상품이 될 수도, 반품이 될 수도 있습니다. 누군가를 이해시키고 설득하려면 문장력만으론 불충분합니다. 설득할 수 있는 논리가 필요한데 글의 논리는 구성력이 좌우합니다. 누군가의 생각을 바꾸고 싶다면 구성력을 키워야 합니다.

셋째, 표현력이 필요합니다. 설득력 있게 논리적으로 쓴 글을 제대로 전달할 수 있어야 합니다. 최적의 문서 작성 도구를 선택해 적확하게 표현할 줄 알아야 합니다. 보고서의 가독성은 표현력이 좌우합니다. 누군가의 시선을 붙잡고 싶다면 표현력을 키워야 합니다.

문장력	누군가의 생각을 붙잡고 싶다면 문장력을 키워야 함
구성력	누군가의 생각을 바꾸고 싶다면 구성력을 키워야 함
표현력	누군가의 시선을 붙잡고 싶다면 표현력을 키워야 함

문장력, 구성력, 표현력은 보고서 작성에 꼭 필요한 3대 핵심 역량입니다. 삼각대와 같아서 하나만 부족해도 수평이 맞지 않습니다. 이번 PART에서는 3대 핵심 역량을 다룹니다. 하나씩 살펴보면서 자신의 보고서와 비교해보고 부족한 점을 채우는 기회가 되길 바랍니다.

보고서용
문장은 따로 있다

문장력이란 자신이 하고자 하는 이야기를 명확하게 전달할 수 있고, 읽는 이가 어떤 사람이든 특별한 노력을 기울이지 않고도 끝까지 읽어내려갈 수 있게끔 문장을 작성하는 능력을 말합니다. 결국 보고서는 글로 이뤄져 있습니다. 잘 쓴 보고서와 못 쓴 보고서를 나누는 기준이자 출발점이 문장력입니다.

연말에 권위 있는 시상식장에서 레드 카펫을 밟는 배우들은 그에 걸맞은 의상을 준비합니다. 공식 행사인 만큼 시상식이라는 품위와 품격에 맞는 의상을 준비합니다. 정부나 기업에서 작성하는 보고서도 공신력이 중요한 만큼 품위와 품격에 맞는 의상을 갖춰야 합니다. 보고서에서 의상은 글입니다. 그렇다면 보고서용 글은 어떤 품위와 품격을 갖춰야 할까요? 글은 크게 문학적인 글과 실용적인 글로 나눌 수 있습니다.

문학적인 글(문장)	비교	실용적인 글(문장)
공감하는 글, 감동과 재미	목적	**설득하는 글**, 설명과 설득

문학적인 글(문장)	비교	실용적인 글(문장)
시, 소설, 희곡 등	대표글	보고서, 논문, 칼럼 등
예술 영역 → 공감, 감각 중요	특징	기술 영역 → 논리, 촉각 중요
글(문장)의 리듬과 운율 중요 → 장문~단문~장문	문체	글(문장)의 힘과 속도 중요 → 단문 중심
형용사, 부사, 조사 중요	글맛을 살리는 어휘	주어, 서술어, 목적어 중요

문학적인 글과 실용적인 글은 차이가 큽니다. 일반적으로 문학적인 글은 감성을 자극합니다. 비유법, 반어법, 대구법 등을 두루 활용해 글의 리듬(운율)을 살리고, 형용사, 부사, 조사를 활용해 글의 감칠맛을 살립니다. 이에 반해 실용적인 글은 이성을 자극합니다. 사실(데이터)에 기반해 비교(대비), 흐름(연결) 등 논리적인 구성이 중요합니다. 장문보다는 단문을 사용해 글의 힘과 속도감을 높인 것이 특징입니다.

문학적인 글과 실용적인 글은 형태가 다르기 때문에 쓰임에 맞게 써야 합니다. 보고서는 실용적인 글의 대표 격입니다. 초·중·고 시절 국어 시간에 읽고 배운 글을 떠올려보세요. 보고서와 같은 실용적인 글보다 시, 소설, 수필 등 문학적인 글이 훨씬 많습니다. 학교 졸업 후 정작 사회생활에서는 실용적인 글을 훨씬 많이 쓰는데 체계적으로 배워본 적이 거의 없습니다. 보고서용 글은 무엇이 다르고, 어떻게 써야 하는지 살펴보겠습니다.

나는 보고서의 품격과 품위에 맞는 문장력을 갖추고 있는가?
나는 보고서용 글과 문장을 쓰기 위해 어떤 노력을 기울였는가?

제목이 제 몫을 다해야 한다

장사가 잘되는 길목을 '장삿목'이라 합니다. 유동인구가 많고, 대로변에서 잘 보이는 큰 사거리 교차점은 어김없이 임대료가 비쌉니다. 사람이 모이고 이목을 집중시키는 곳을 '목'이라고 합니다. 장사는 사람들의 발길을 멈추게 하는 목이 9할입니다. 보고서도 목이 중요합니다. 목이 찾기 쉽고 읽기 쉽다면 내용이 3고(많고, 복잡하고, 어렵고)라도 자연스레 읽힙니다. 보고서도 시선을 멈추게 하는 목이 9할입니다. 보고서에서 목은 바로 '제목'입니다.

그럼 목 좋은 곳에 있는 제목은 어떤 역할을 해야 할까요?

첫째, 내비게이션 역할을 해야 합니다. 보고서에서 허우적대지 않도록 길을 안내하는 역할을 해야 합니다. 그래야 보고서를 읽다가 길을 잃지 않습니다.

둘째, 신호등 역할을 해야 합니다. 보고서를 막힘없이 읽어내려갈 수 있도록 녹색등 역할이 가장 중요합니다. 때론 주의를 기울이고 긴장감을 높이는 황색등 역할도 필요합니다. 중요한 내용이나 결론에서는 시선을 멈추게 할 적색등 역할도 해야 합니다. 목적지에 신속하고 안전하게 도착하도록 신호수 역할을 제대로 해야 합니다.

셋째, 표지판 역할을 해야 합니다. 길을 알려주는 방향 표지판 역할은 기본이고 상황을 알려주는 안내 표지판 역할도 해야 합니다. 표지판은 멀리서도 잘 보입니다. 직관성이 뛰어나 자세히 설명하지 않아도 보는 즉시 알 수 있어야 합니다. 제목도 그래야 합니다.

제목만 읽어도 내용이 파악된다면

보고서 작성자는 내용 채우기에 급급해 제목을 신경 쓰지 못하는 경우가 많습니다. 심지어 내용을 다 채우고 마지막에 제목을 적당히 채우는 경우도 종종 봤습니다. 고백하건대 필자도 주니어 컨설턴트 시절에는 그랬습니다.

"어떤 제목이 좋은 제목인가요?"는 좋은 질문이 아닙니다. 답변자에 따라 주관적인 판단이 개입할 여지가 많습니다. "어떤 상황에서 어떤 제목을 사용하는 게 좋을까요?"가 좋은 질문입니다. 상황에 따라 적확한 제목을 찾아서 쓸 줄 알아야 합니다. 어떤게 '적확한 제목'인지를 설명하기 위해 제목을 역할 기준으로 나누겠습니다.

구분형 제목	설명형 제목
내용(문단)을 구분하는 역할	내용(문단)을 요약하고 설명하는 역할
(예시) 추진배경, 추진경과, 추진결과	(예시) 정책 공감대 확산 및 시너지 창출 위해 유관기관과 교류 확대

구분형 제목은 내용을 나누고 정렬하는 역할에 충실한 제목을 말합니다. 주로 단문이나 키워드 형태이고, 내용을 분류하는 역할에 충실합니다. 그렇다 보니 제목이 간결한 것이 특징입니다. 제목만으로 전체 구성을 대략 파악할 수 있지만 내용까지 파악하기는 어렵습니다.

설명형 제목은 내용을 요약하거나 설명하는 역할에 충실한 제목을 말합니다. 구분형 제목에

비해 장문이고, 제목만으로 핵심 내용 파악도 가능합니다.

> Ⅰ. 종합
> Ⅱ. 부문별 재정동향
>   1.재정운용동향
>   1) 총수입
>   2) 총지출   3) 재정수지
>   4) 국가채무
>   2.주요 관리대상사업 집행실적
>   1) 중앙부처
>   2) 공공기관 ...(후략)...

---

① 100조원 투자프로젝트 추진 및 민간ㆍ민자ㆍ공공부문 투자 촉진

❶ **(민간)** 대규모 기업투자 프로젝트 **25조원** 수준 발굴 추진

- 투자 애로요인 해소, 제도개선 등을 통해 **10조원 규모의 4단계 기업투자 프로젝트** 지원 및 신규 프로젝트 추가 발굴(15조원 목표)

  * 울산 석유화학공장(7조원), 인천 복합쇼핑몰(1.3조원), 여수 석유화학공장(1.2조원), 인천 글로벌 전자상거래 물류센터(GDC)(0.2조원), 포항 이차전지 소재공장(0.2조원)

- **민간투자 촉진 세제 3종세트** 를 본격 가동하고, 「**설비투자 촉진 금융 지원 프로그램** 」을 신설(4.5조원, '20.2월 출시)해 기업 투자를 촉진

  * 생산성향상시설 투자세액공제율 상향(대/중견/중소 1/3/7% → 2/5/10%), 투자세액 공제 일몰연장(19년말 → 21년말), 가속상각특례 확대 6개월 연장(19년말 → '20.6월)
  ** 중소ㆍ중견기업 신증설 투자, 최대 15년 대출, 최저 1.5% 금리 적용 (1년 한시적용)

❷ **(민자)** '20년 중 **15조원** 수준의 민자사업 발굴ㆍ집행

- 전년대비 1조원 이상 증가한 **5.2조원 규모의 민자사업을 차질없이 집행**하고, **10조원 이상의 신규 민자사업 발굴** 도 추진

  * 민자사업 대상에 대한 포괄주의 도입으로 완충저류시설 등 필수 산업기반시설 민자투자 (2조원) 확대 노후 환경시설 개량투자(1.5조원), 민자활성화 추진협의회 발굴 신규사업(5조원) 등 추진

- 민자사업 촉진을 위해 'BTO+BTL' 혼합형 민자방식 등 **새로운 민간 투자 방식을 도입**하고, 제안비용 보상 및 최초제안자 우대 강화

❸ **(공공)** 일자리 창출 및 성장동력 확충을 위해 주요 공공기관 **60조원** 규모의 투자 추진

  * 신도시 건설(세종ㆍ위례 등), 공공주택 공급 철도(서해선 등) 및 고속도로 건설(서울-세종 등) 등 SOC분야, 안정적 전력공급을 위한 송배전설비, 발전소 건설 등 에너지 분야에 중점 투자 예정

'① 100조원 투자프로젝트 추진…'을 비롯해 ❶, ❷, ❸ 제목 모두 설명형 제목을 사용해 제목만 읽어도 내용을 대략 파악할 수 있습니다.

....
1) 출처 : 2020 업무보고서(2020.2), 기획재정부, https://bit.ly/30dqpAA

그렇다면 어떤 상황에서 어떤 제목을 사용하는 게 좋을까요? 제목 사용에도 원칙은 없지만 원리는 있습니다. 예를 들어 다양한 내용을 많이 담아야 하는 보고서라면 일단 대제목은 구분형 제목으로 카테고리를 나누는 것이 좋습니다. 대제목만으로 분류가 어려워 세부 분류가 필요하다면 중제목에서도 구분형 제목을 사용하면 됩니다. 즉, 대제목−중제목은 간결한 구분형 제목을 사용하고 소제목에서 내용을 요약하는 설명형 제목을 사용하는 것입니다. 반면 메일 제목, 공문 제목, 2~3페이지 분량의 요약 및 결과보고서 제목은 설명형 제목을 사용하는 게 바람직합니다. 제목만 보고도 내용을 빨리 파악할 수 있도록 하기 위함입니다. 발표를 위해 파워포인트를 활용한다면(통상 발표나 강의 목적의) 어떤 제목이 적확할까요? 파워포인트는 우리 눈에 익숙한 가로형으로 전체 화면에 띄웁니다. 슬라이드를 넘기는 방식으로 내용을 전달하므로 전달하고자 하는 메시지를 빠르게 파악할 수 있는 설명형 제목을 추천합니다.

다음 예시는 필자가 강의 목적으로 제작한 교재 중 일부입니다. 빔프로젝터를 활용했더니 약 100명이 수강하는 강당 뒷자리에서도 헤드라인 타이틀[2]을 읽는 데 문제

---

2) 참고로 예시 파워포인트 보고서의 헤드라인 타이틀 글꼴은 '에스코어 드림 9 black'이고, 크기는 36pt입니다.

가 없었습니다.

구분형과 설명형 제목을 사용할 때 주의할 점이 있습니다. 섞어서 사용할 수 있지만,

혼재되면 안 됩니다. 오른쪽 예시는 제3차 스마
트도시 종합계획3)의 목차입니다. 'Ⅰ.수립배경'부
터 'Ⅴ.추진일정'까지 구분형 제목을 사용했습니
다. 이 가운데 'Ⅰ.수립배경'의 하위 제목을 보겠
습니다.

▫ 레벨 제목을 보면 본문을 읽지 않아도 대략적인 내용 파악이 가능하도록 설명형 제
목을 사용하고 있습니다.

Ⅰ. 수립배경
▫ 우수한 정보통신(ICT) 기술을 바탕으로 U-City 정책 선도적 추진

---

3) 출처 : 제3차 스마트도시 종합계획(2019~2023), (2020.5), 국토교통부, https://bit.ly/2NlU7MR

□ 제1 · 2차 종합계획을 수립하고 신도시 중심의 U-City 조성 지속
□ U-City의 한계 극복을 위해 '스마트도시' 정책으로 새롭게 재편
□ 새정부 출범과 함께 거버넌스를 정비하고 새로운 정책방향 발표

구분형과 설명형 제목을 위계별로 맞춰 혼합 사용하는 것은 괜찮습니다. 그런데 아래와 같이 동일한 위계 안에서 구분형 제목과 설명형 제목을 무질서하게 섞어서 사용하면 안 됩니다.

Ⅰ. 수립배경
□ U-City 정책
□ 제1 · 2차 종합계획을 수립하고 신도시 중심의 U-City 조성 지속
□ U-City 한계
□ 새정부 출범과 함께 거버넌스를 정비하고 새로운 정책방향 발표

□ 레벨에서 'U-City 정책', 'U-City 한계' 제목은 구분형 제목이고 다른 제목은 설명형 제목입니다. 이처럼 속성이 다른 구분형 제목과 설명형 제목을 섞어 사용하면 일관성이 떨어져 보입니다.

단문이 정답이다

대한민국 헌법 전문입니다. 천천히 읽으며 내용을 파악해보세요.

유구한 역사와 전통에 빛나는 우리 대한국민은 3 · 1운동으로 건립된 대한민국임시정부의 법통과 불의에 항거한 4 · 19민주이념을 계승하고, 조국의 민주개혁과 평화적 통일의 사명에 입각하여 정의 · 인도와 동포애로써 민족의 단결을 공고히 하고, 모든 사회적 폐습과 불의를 타파하며, 자율과 조화를 바탕으로 자유민주적 기본질서를 더욱 확고히 하여 정치 · 경제 · 사회 · 문화

의 모든 영역에 있어서 각인의 기회를 균등히 하고, 능력을 최고도로 발휘하게 하며, 자유와 권리에 따르는 책임과 의무를 완수하게 하여, 안으로는 국민생활의 균등한 향상을 기하고 밖으로는 항구적인 세계평화와 인류공영에 이바지함으로써 우리들과 우리들의 자손의 안전과 자유와 행복을 영원히 확보할 것을 다짐하면서 1948년 7월 12일에 제정되고 8차에 걸쳐 개정된 헌법을 이제 국회의 의결을 거쳐 국민투표에 의하여 개정한다.

-대한민국 헌법 전문-

어떻습니까? 내용을 파악했나요? 내용 파악은 고사하고 문장이 길어 읽기도 어렵습니다. 341자 사이에 마침표가 없습니다. 전체가 한 문장입니다. 문장이 길면 읽는 호흡이 길어지고, 생각도 길어집니다. 긴 글이 생각을 길게 만듭니다. 생각은 휘발성이 강해서 조금만 길어지면 증발합니다.

영어 문법책에 등장하는 5형식 문장 구조를 떠올려보세요. 모두 '주어+동사' 어순으로 시작합니다. 즉, 주어 뒤에 서술어가 바로 등장합니다. 주어 행위(결과 또는 결론)를 바로 알 수 있는 두괄식 구조에 가깝습니다. 반면 우리말은 서술어가 문장 마지막에 등장합니다. 주어 행위를 마지막에 알 수 있는 미괄식 구조에 가깝습니다.

[영어] 주어 (바로 이어서) 서술어 → 두괄식 구조
[우리말] 주어 (한참 지나서) 서술어 → 미괄식 구조

우리말은 '서술어' 중심입니다. '가자', '먹자', '놀자', 때론 주어 없이도 뜻을 전달하고 이해하는 데 어려움이 없습니다. 그래서 우리말 구조상 동사를 빨리 등장시켜야 내용 파악이 쉽습니다. 그러므로 문장을 짧게 써야 내용 파악이 쉽다는 결론에 도달합니다. 보고서를 읽는 사람은 시간이 없습니다. 기다려주지 않습니다. 긴 문장은 잘라서 짧게 만들어야 합니다. 긴 문장을 자르기 어렵다면 차라리 다시 써야 합니다. 짧게 쓸 수 있다면 무조건 짧게 써야 합니다. 어렵고 긴 문장도 자르면 해볼 만합니다.

단문을 쓰면 좋은 세 가지 이유가 있습니다.

첫째, 문장이 짧아 읽는 속도가 빨라집니다. 독자의 시간을 아껴줍니다. 둘째, 문장이 짧아 수정과 편집이 쉽습니다. 작성자의 시간을 아껴줍니다. 셋째, 문장이 짧아 문법적으로 틀릴 일이 별로 없습니다. 비문(悲門)4) 작성 확률이 줄어 작성자 교양을 흠집 내지 않고, 독자 교양을 시험하지 않는다는 말이 있습니다. 우리가 흔히 실수하는 비문에 대해 좀 더 살펴보겠습니다.

문법도 법이다

주어와 서술어 호응은 국어 문법의 기본입니다. 문장이 길어지면 주어와 서술어가 멀어져 주술 호응이 맞지 않는 경우가 종종 발생합니다. 다음 예시에서 주어는 '경영목표는'이고 서술어는 '올리려고 한다.'입니다.

[기존] 올해 **경영목표는** 전 사업부문에서 전년 대비 영업이익률을 10% **올리려고 한다.**

주어와 서술어를 붙여서 읽어보세요. '경영목표는~ 올리려고 한다.'가 됩니다. 주어와 서술어 호응이 맞지 않습니다. 주어인 '경영목표는'에 호응하는 서술어는 '올리는 것이다.'로 써야 합니다.

[개선] 올해 **경영목표는** 전 사업부문에서 전년 대비 영업이익률을 10% **올리는 것이다.**

다음 [기존] 예시도 마찬가지로 주술 호응이 맞지 않습니다.

---

4) 문법에 맞지 않는 문장

> [기존] 학계와 산업계 **전문가들은** 대외적인 악재로 작년에 이어 올해 경기 전망이 **불투명하다는 지적이다.**
>
> [개선] 학계와 산업계 **전문가들은** 대외적인 악재로 작년에 이어 올해 경기 전망이 **불투명하다고 지적한다.**

'전문가들은~ 불투명하다고 지적한다.'로 써야 맞습니다. 문장이 길어지면 서술어가 주어를 잊어버립니다. 문장의 주어는 증발하고 어느새 주어가 '나'로 바뀌어 내 생각대로 결론을 맺게 됩니다. 단문은 주어와 서술어 사이가 가깝습니다. 서술어가 주어를 잊어버릴 확률이 낮습니다. 그만큼 비문이 될 확률을 줄일 수 있습니다.

반복은 괜찮지만 중복은 안 된다

백범 김구 선생님의 《백범일지》에 나오는 글입니다.

> "네 소원이 무엇이냐" 하고 물으시면, 나는 서슴지 않고 "내 소원은 대한 독립이오"하고 대답할 것이다. "그 다음 소원은 무엇이냐"하면, 나는 또 "우리나라의 독립이오"할 것이오, 또, "그 다음 소원은 무엇이냐"하는 세 번째 물음에도, 나는 더욱 소리를 높여서 "나의 소원은 우리나라 대한의 완전한 자주독립이오"하고 대답할 것이다.

이를 발표용 문장으로 요약하라면 이렇게 바꿀 수 있습니다.

> 나의 소원은
> **첫째도 대한의 독립이오, 둘째도 대한의 독립이오, 셋째도 대한의 독립이다!**

나의 소원과 열망을 함축적으로 표현했습니다. '대한의 독립'이 세 차례나 등장합니다. 이를 중복으로 보는 사람이 있을까요? 반복은 강조입니다. 잘 사용하면 강한 어휘를 늘어놓는 것보다 효과가 큽니다. 반복은 믿음입니다. 잘 사용하면 독자의 마음에 믿음이 생깁니다. 수사적 표현을 위해 의도적으로 반복하는 것은 괜찮습니다. 그래서 의미가 없으면 중복이지만, 의미가 있으면 반복입니다. 문장에서 의미 없이 중복 사용한 단어나 글은 삭제하는 것이 원칙입니다.

다음 예시를 보세요.

[기존] 도시집중화 현상은 **여러 가지 다양한** 측면에서 도시문제를 유발합니다.

[개선] 도시집중화 현상은 다양한 측면에서 도시문제를 유발합니다.

[개선] 도시집중화 현상은 여러 측면에서 도시문제를 유발합니다.

'다양한'이란 단어는 '여러 가지'란 뜻을 포함하고 있습니다. 그래서 '여러 가지 다양한'은 중복입니다. 보고서를 읽다 보면 이런 중복 표현이 많이 발견됩니다.

[기존] **예상치 못한 갑작스러운** 바이러스 확산으로 전 산업분야 피해 확산

[개선] 예상치 못한 바이러스 확산으로 전 산업분야 피해 확산

[개선] 갑작스러운 바이러스 확산으로 전 산업분야 피해 확산

'갑작스러운'이란 뜻이 '예상치 못한'을 포함하고 있습니다. 그래서 두 단어 가운데 한 단어만 사용해도 됩니다. 다음 예시에서 [기존]은 모두 단어를 중복 사용했습니다.

[기존] 위원회에서 **과반수 이상이** 찬성함으로써 안건이 보류됨

[개선] 위원회에서 과반수가 찬성함으로써 안건이 보류됨

[기존] 위원회에서 **약** 180억 원 **가량** 예산 편성을 논의함

[개선] 위원회에서 약 180억의 예산 편성을 논의함

[기존] 행사 취재를 위해 수백여 명의 기자들이 참석함

[개선] 행사 취재를 위해 수백 명의 기자가 참석함

[기존] 이번 보고서에서 **가장** **최고** 중요사항은 신뢰성 있는 데이터 확보임

[개선] 이번 보고서에서 최고 중요사항은 신뢰성 있는 데이터 확보임

중복 사용하면 안 된다는 것을 너무도 잘 알고 있습니다. 문제는 익숙해져서 그냥 사용하는 것이고, 더 큰 문제는 익숙해져서 모르고 사용하는 것입니다.

> 이를 두고 '겹말'이라 하는데 이런 종류의 비문법적인 겹말은 해방 후에 부쩍 늘었다. 보통은 뜻을 모르고 쓰는 한자어에 국어를 조합하면서 만들어졌다.
>
> – 출처 : 《베스트셀러 절대로 읽지 마라》 김욱 저, 모아북스

김욱 작가님이 예로 든 '겹말'을 옮겨봅니다.

가까이 접근하다	간단히 요약해서	같이 동행하다
걸쳐간 경로	결론을 맺는다	기간 동안
낙엽이 떨어지다	남은 여생	담임을 맡다
~에 대한 대비책	먼저 선취점을 얻다	명확하게 밝히다
미리 예고하다	빈 공간	서로 상의하다
소득을 얻다	소임을 맡다	시범을 보여주다
아직 미정이다	여러 가지 종류	유산을 남기다
제품을 만들다	존재하고 있다	준비를 갖추다
판이하게 다르다	피해를 입다	함유하고 있다
호시탐탐 노리다	혼자 독식하다	영향을 미치다

가만히 들여다보면 한자에 이미 그 뜻이 포함된 것을 발견할 수 있습니다. 저는 이 글

을 읽고 적잖이 놀랐습니다. 저 역시 보고서를 작성하거나 말할 때 습관적으로 겹말을 사용했기 때문입니다. 이상하다고 생각해본 적 없고, 의심조차 하지 않았습니다. 습관을 넘어 생활이 되었기에 놀랐습니다. 나부터 반성하고 고쳐 쓰기 위해 김욱 작가님의 쓴소리를 겸허히 받아들입니다.

영어는 철자 하나까지 따져 묻고, 대문자와 소문자까지 구별해 쓰라 하고, 온갖 사교육에 토익에 자격증까지 판을 치는 이 마당에 우리글은 한대 취급을 받다 못해 목숨 부지하는 것만도 감사하라는 것인지, 우리말로 먹고사는 작가 중 한 사람으로서 서글프기 그지없다.

– 출처 : 《베스트셀러 절대로 읽지 마라》 김욱 저, 모아북스

 ## 학습 정리

1. 제목의 역할을 기억하자.

▶ 내비게이션 역할 : 보고서를 읽을 때 방향성을 제시해야 한다.

▶ 신호등 역할 : 막힘없이 읽어내려가도록 도와주거나 주의를 기울여야 하는 부분, 시선을 멈추고 주목해야 하는 부분을 알려줘야 한다.

▶ 표지판 역할 : 직관적인 방향성은 물론 자세히 설명하지 않아도 상황을 이해할 수 있도록 해야 한다.

2. 구분형 제목과 설명형 제목을 적확히 사용하자.

▶ 상황에 따라 적확한 제목을 사용해야 한다.

▶ 구분형 제목 : 주로 단문 키워드를 많이 사용한다. 다양한 내용을 카테고리로 구분해 나누는 역할에 적합하다. 제목만으로 전체 구성을 파악할 수 있지만 내

용까지 파악하긴 어렵다.

▶ 설명형 제목 : 내용을 요약하고 설명하는 역할로 구분형 제목에 비해 장문이지만, 제목만으로도 핵심 내용을 파악하기 쉽다.

▶ 대제목, 중제목 등 위상에 맞게 통일해 섞어 사용하는 것은 괜찮지만, 같은 위상에 구분형 제목과 설명형 제목을 혼재해 사용하는 것은 지양한다.

3. 단문이 정답이다.

▶ 문장은 짧게 써야 내용 파악이 쉽다.

▶ 미괄식 구조를 가진 우리말에서는 단문을 사용하면 문장을 읽는 속도가 빨라지고, 수정과 편집이 쉬워진다.

▶ 짧은 문장은 비문이 될 확률이 비교적 낮아진다.

4. 문법도 법이다.

▶ 주어와 서술어의 호응은 문법의 기본이다.

▶ 문장이 길어지면 주어와 서술어의 거리가 멀어져 어느새 '내(I)'가 주어로 바뀐 채 결론을 맺을 수 있으므로 주의한다.

5. 반복은 괜찮지만 중복은 안 된다.

▶ 수사적 표현을 위한 의도적인 반복은 괜찮지만, 무의미한 중복을 남발하면 문장이 지저분해진다. 의미가 없으면 중복, 의미가 있으면 반복이다.

▶ 겹말 사용에 유의한다. 문제는 익숙해져서 그냥 사용하는 것이고, 더 큰 문제는 익숙해져서 모르고 사용하는 것이다.

형용사 말고 동사로 말하라

보고서는 독자를 감성에서 이성의 세계로, 추상에서 실상의 세계로, 감각에서 촉각의 세계로 안내해야 합니다. 이때 주의해야 할 품사가 바로 형용사, 부사입니다. 형용사, 부사는 양날의 검과 같습니다. 숙련된 사람이 사용하면 문장을 풍성하게 만들지만, 미숙한 사람이 사용하면 군더더기가 됩니다. 문제는 우리가 얼마나 미숙한지 잘 모른다는 것입니다. 오용보다 남용이 더 무섭기에 의식적으로 사용을 줄여야 합니다. 그것이 어렵다면 일단 삭제하고 봅니다.

"좋은 글이란 쉽고, 짧고, 간단하고, 재미있는 글입니다. 멋 내려고 묘한 형용사 찾아 넣지 마십시오. 글맛은 저절로 우러나는 것입니다."
유홍준 교수가 어느 강연에서 한 이야기다. 어떤 게임 프로그래머는 자신의 블로그에 이런 글을 남겼다.
"좋은 기획서는 형용사가 없다. 사실이다. 형용사는 실무 개발자를 혼동으로 빠뜨리고, 수많은 통개 훈련으로 개발자를 지치게 하는 단어이다. 따라서 최종적으로 프로그래머에게 전달하는 기획서에는 형용사를 사용해서는 안 된다. 모든 형용사를 구체적인 숫자 · 스케치 · 스크린샷 · 동영상 · 도표로 전환해야 한다."
– 출처 : 《권도균의 스타트업 경영 수업》 권도균 저, 위즈덤하우스

참으로 공감 가는 글입니다. 무언가를 설명하고 누군가를 설득해야 하는 보고서는 형용사, 부사보다 동사로 말해야 합니다. 형용사와 부사가 번성하면 주어와 동사로 이뤄진 핵심 메시지가 묻힙니다.

본인이 작성한 보고서를 다시 읽어보며 형용사와 부사를 정리해보세요. 습관적으로 자주 사용하는 단어를 확인할 수 있을 것입니다. 쓰지 말라는 것이 아니라 줄이라는 것입니다. 화려한 수사로 문장을 꾸미기보다는 논리로 무장하고 팩트와 사실에 기반

한 데이터로 설득하고 설명하기 위해 노력해야 합니다.

[사업 계획서에서 자주 등장하는 형용사 또는 부사]

효율적인, 열심히, 합리적인, 혁신적인, 더 빠르게, 세상을 변화시키는, 고객이 만족하는, 신뢰할 만한, 가치가 있는, 최적화된, 의미 있는, 전문적인, 우수한, 효과적인, 싸고 좋은, 실질적인, 차별화된, 뛰어난, 창의적인, 더 좋은, 열정적인, 제대로 된, 쉽고 편한, 맞춤형인, 취향에 맞는…

– 출처 : 《권도균의 스타트업 경영 수업》 권도균 저, 위즈덤하우스

이런 형용사와 부사는 작성자의 글이 아니라 독자 입에서 나와야 합니다.

제거 1순위 : 적 · 의를 보이는 것 · 들이 있는

형용사와 부사뿐만 아니라 쓰지 않아도 될 단어들이 있습니다. 《내 문장이 그렇게 이상한가요?》에서 김정선 작가님은 이렇게 말했습니다.

선배들 어깨너머로 교정 교열 일을 막 배우던 무렵, 머릿속에 문구 하나를 공식처럼 기억하고 다녔더랬다. '적 · 의를 보이는 것 · 들'.
접미사 '~적'과 조사 '~의' 그리고 의존 명사 '것', 접미사 '~들'이 문장 안에 습관적으로 쓰일 때가 많으니 주의해서 잡아내야 한다는 뜻으로 선배들이 알려준 문구였다.

– 출처 : 《내 문장이 그렇게 이상한가요?》 김정선 저, 유유

이 글을 읽고 나서 과거에 쓴 글을 다시 보았습니다. '적 · 의'를 보이는 '것 · 들'을 습관적으로 많이 쓰고 있었습니다. 그 가운데 90%는 삭제해도 문제없었습니다. 문제없는 정도가 아니라 문장이 간결해져 더욱 잘 읽혔습니다. 역시 무조건 쓰지 말라는 이야기가 아닙니다. 습관적으로 반복해서 쓰는 게 문제라서 줄이는 게 좋다는 말입니다.

사전적 의미로 '적'은 '그 동작이 진행되거나 그 상태가 나타나 있는 때'를 말합니다. 삭제하고 읽어보세요.

[기존] PEST는 정치적 · 경제적 · 사회적 · 기술적 환경을 의미함

[개선] PEST는 정치 · 경제 · 사회 · 기술 환경을 의미함

[기존] 무인기기를 통해 24시간 환전할 수 있어 시간적 · 장소적 제약 완화

[개선] 무인기기를 통해 24시간 환전할 수 있어 시간 · 장소 제약 완화

일본어에서 명사를 나열할 때 '~의'에 해당하는 '노(の)'를 넣습니다. 일본식 표현에서 온 것이고 우리말에선 '~의'가 없어도 되는 경우가 대부분입니다.[5] 한 단어로 읽을 수 있는데 '~의'로 인해 두 단어로 쪼개져 읽힙니다. 아래 예시에서 '~의'는 모두 삭제하는 게 좋습니다.

[기존] 교육 패러다임에 부합하는 학교도서관의 역할 재정립

[개선] 교육 패러다임에 부합하는 학교도서관 역할 재정립

[기존] 산업 현장의 요구를 고려한 안전관리 전담인력 배치 확대

[개선] 산업 현장 요구를 고려한 안전관리 전담인력 배치 확대

[기존] 핀테크 금융의 확산에 따라 외환서비스 혁신의 관점에서 환전 · 송금 서비스 공급자의 확대도 추진

[개선] 핀테크 금융 확산에 따라 외환서비스 혁신 관점에서 환전 · 송금 서비스 공급자 확대 추진

[기존] 연구시점 기준으로 최신의 데이터를 제공하고 있음

[개선] 연구시점 기준으로 최신 데이터를 제공하고 있음

---

5) 출처 : 《글쓰기 정석》 배상복 저

'~것'의 사전적 의미는 다음과 같습니다.

> ① 구체적이지 않은 사물이나 사실을 나타내는 말
> ② 앞에서 말한 사물이나 일, 현상 따위를 나타내는 말

글의 내용을 강조한다고 생각해 습관적으로 많이 쓰는 경향이 있습니다. 문장을 늘어뜨려 오히려 읽는 맛이 떨어집니다.

> [기존] IoT 연관산업은 20XX년까지 OO% 성장할 것으로 전망
>
> [개선] IoT 연관산업은 20XX년까지 OO% 성장 전망
>
> [기존] 4차 산업혁명 관련기술을 응용할 수 있는 분야가 다양하다는 것을 공유함
>
> [개선] 4차 산업혁명 관련기술을 응용할 수 있는 분야가 다양함을 공유함
>
> [기존] 급격한 환경변화로 불확실성이 커져 철저한 대비책을 세워야 할 것이다.
>
> [개선] 급격한 환경변화로 불확실성이 커져 철저한 대비책을 세워야 한다.

영어는 명사 뒤에 's를 붙여 복수를 표현합니다. 복수 명사에 꼬박꼬박 '~들'을 붙여 쓰는 것은 영어식 표현입니다. 문장에 복수임을 나타내는 단어가 들어 있거나 흐름으로 복수임을 짐작할 수 있으면 쓰지 않는 게 좋습니다.

> [기존] 국내 · 외 많은 메이커들을 소개하고 창작작품 전시
>
> [개선] 국내 · 외 많은 메이커를 소개하고 창작작품 전시
>
> [기존] 다양한 개념들을 포괄하는 형태로 발전
>
> [개선] 다양한 개념을 포괄하는 형태로 발전

[기존] 사회서비스 확충 정책들을 고려해 지자체 복지 행정체계 개편안들을 마련

[개선] 사회서비스 확충 정책을 고려해 지자체 복지 행정체계 개편안 마련

진행하는 상황 자체를 강조하고자 '~하고 있는', '~하고 있다'를 자주 사용합니다.

> 현대 한국인은 '~있다'를 너무 많이 씁니다. 이것은 전형적인 일본어 문체입니다. 일본어 문체라서 문제인 것이 아니라 한국어 문체를 쓸데없이 흐트러뜨리니까 문제입니다.
>
> – 출처 : 《번역의 미로》 김욱동 저, 글 항아리

국내 모 대기업 연구소에서 발간한 OO 산업 인사이트 보고서에서 '~하고 있는, ~하고 있다'가 한 페이지에 13번 등장하더군요. 굳이 '~하고 있다'고 쓰지 않아도 대부분 앞뒤 단어나 상황으로 '하고 있는'지 여부를 알 수 있기에 '~하는', '~한다'로 줄이는 게 좋습니다.

[기존] 현재 진행하고 있는 홍보콘텐츠 질 개선

[개선] 현재 진행하는 홍보콘텐츠 질 개선

[기존] 실험과 체험 교육을 통해 과학기술 대중화에 기여하고 있는 사업

[개선] 실험과 체험 교육을 통해 과학기술 대중화에 기여하는 사업

[기존] 새로운 정보 창출 및 공동체 확산의 장으로 활용하고 있습니다.

[개선] 새로운 정보 창출 및 공동체 확산의 장으로 활용합니다.

[기존] 도시집중화 현상은 교통, 주거, 환경, 에너지 등 다양한 도시문제를 유발하고 있습니다.

[개선] 도시집중화 현상은 교통, 주거, 환경, 에너지 등 다양한 도시문제를 유발합니다.

> [기존] 도시의 지상과 지하 공간은 포화상태에 **이르고 있다.**
>
> [개선] 도시의 지상과 지하 공간은 포화상태**다.**
>
> [기존] 기업들은 신규 시장 진출을 통해 새로운 성장 동력을 확보하고자 노력하고 **있다.**
>
> [개선] 기업들은 신규 시장 진출을 통해 새로운 성장 동력을 확보하고자 노력**한다.**

문장의 힘을 떨어뜨리는 수동태 표현을 줄이자

번역서에는 '~되고 있다', '~되게 되었다', '~하게 되었다' 등 수동태가 많습니다. 작가의 글을 제삼자가 옮기다 보니 발생하는 현상입니다. 그런데 이 현상이 글을 읽는 사람에게 전이되어 본인의 글도 수동태로 쓰는 경향이 있습니다.

> '되다'를 쓸데없이 많이 쓴다. 우리집 밥솥도 마찬가지다. '압력 취사를 시작합니다' 하면 될 것을 '압력 취사가 시작됩니다' 한다. 밥이 다 되고 나서도 '취사가 완료되었습니다' 한다. '취사를 완료했습니다' 하면 밥솥이 터지기라도 하는가.
>
> – 출처 : 《번역문을 어떻게 다듬을 것인가》 김철호 저, 기획회의 202호

수동태는 주체가 모호합니다. 서술어의 행동과 의도를 누구도 책임지지 않습니다. 어찌 보면 무책임하기까지 합니다. 영어권에서 글솜씨로 둘째가라면 서운할 스티븐 킹도 능동태로 쓰라고 충고합니다.

> 소심한 작가들이 '회의는 7시에 개최될 예정입니다'라고 쓰는 것은 '이렇게 써놓으면 다들 내가 정말 알고 하는 말이라고 믿겠지'라는 생각 때문이다. 그런 어처구니없는 생각은 던져버려라! 말도 안 된다! 어깨를 쫙 펴고 턱을 내밀고 그 회의를

당당히 선포하라! '회의 시간은 7시입니다'라고 써라! (중략)
수동태로 쓴 문장을 두 페이지쯤 읽고 나면 나는 비명을 지르고 싶은 충동을 느낀
다. 수동태는 나약하고 우회적일 뿐 아니라 종종 괴롭기까지 하다.

– 출처 : 《유혹하는 글쓰기》 스티븐 킹 저, 김영사

설득하고 설명해야 하는 보고서는 더더욱 능동태로 써야 합니다. 수동태는 문장의 힘을 떨구기에 피해야 합니다. 작성자 입장에선 단언할 때의 심리적 부담을 줄일 수 있지만 자주 사용할수록 확신을 주기 어렵습니다. 특히 의사결정을 받아야 하는 보고서일수록 더욱 그렇습니다.

다음 예시는 수동태 문장(기존)을 능동태 문장(개선)으로 바꿨습니다.

[기존] OO기술개발로 200억 규모의 부가가치가 **창출됩니다.**

[개선] OO기술개발로 200억 규모의 부가가치를 **창출합니다.**

[기존] 미래발전 전략 수립을 위해 OO부처 · 연구기관 등이 참여하는 범부처 TF가 **구성되었고,** OO을 반장으로 하는 5개 분과별 작업반이 설치 · 운영**되고 있습니다.**

[개선] 미래발전 전략 수립을 위해 OO부처 · 연구기관 등이 참여하는 범부처 TF를 **구성했고,** OO을 반장으로 하는 5개 분과별 작업반이 설치 · 운영**하고 있습니다.**

[기존] OO년 까지 국비 114.1조원 수준의 재원이 순차적으로 투입**됩니다.**

[개선] OO년 까지 국비 114.1조원 수준의 재원을 순차적으로 투입**합니다.**

운율과 리듬을 생각하라

시조는 오랫동안 사람들의 머릿속에 기억되고, 글(書)에 의존하지 않은 채 입(言)으로 멀리 전파됩니다. 시조가 오랫동안 기억되는 이유가 뭘까요? 시조가 지니는 외형적 특징이 한몫합니다.

〈하여가〉[6]	〈단심가〉[7]
이런들 어떠하리 저런들 어떠하리 만수산 드렁칡이 얽어진들 어떠하리 우리도 이같이 얽혀서 백년까지 누리리라	이 몸이 죽고 죽어 일백 번 고쳐죽어 백골이 진토되어 넋이라도 있고 없고 임 향한 일편단심이야 가실 줄이 있으랴

시조는 외형률이 뛰어나야 합니다. 외형률은 시의 표면에 드러나 자세히 읽지 않아도 드러나는 운율이나 리듬을 말합니다. 외형률은 세 가지가 있는데 첫째 음수율은 글자 수(음절수)를 일정하게 배치해 생기는 운율입니다. 둘째 음위율은 일정한 위치에 일정한 음을 규칙적으로 배열해 생기는 운율입니다. 셋째 음성률은 음의 성질, 즉 음의 장단, 음의 강약, 음의 청탁, 음의 고저에 따라 생기는 운율입니다.[8]

이처럼 시조가 지니는 운율 덕분에 리듬이 만들어지고 그 덕에 입에 붙어 오랫동안 기억되는 것입니다. 보고서를 작성할 때도 강조하고 싶은 부분은 외형률까지 고려해 보세요.

------

6) 고려 말에 이방원이 반대당인 정몽주를 진심으로 떠보고 회유하기 위해 마련한 자리에서 부른 시조입니다.

7) 이방원의 회유에 정몽주가 지어 응수한 것으로 알려진 시조입니다.

8) 출처 : 네이버 두산백과, https://bit.ly/2XicTKj

✏ **다음 예시를 보세요[9]**

<table>
<tr><td>추진 목표</td><td colspan="3">◇ 규제혁신의 가시적 성과 창출 및 경제 활성화 지원</td></tr>
<tr><td>추진 방향·전략</td><td colspan="3">◇ 4차산업혁명 시대 신성장동력 확보 → 경제혁신
◇ 공정 · 포용사회 기반 확산 → 민생혁신
◇ 공직사회의 실질적 변화 창출 → 공직혁신</td></tr>
<tr><td></td><td>경제 혁신</td><td>민생 혁신</td><td>공직혁신</td></tr>
<tr><td></td><td>**4차 산업혁명 기반 강화**
❶ 네거티브 규제 전면 확산
❷ 규제샌드박스 보완 · 발전
❸ 미래 대비 선제적 규제혁파</td><td>**국민생활 밀접분야**
❶ 국민생활 불편해소 · 편익증진
❷ 규제개혁신문고 활성화</td><td>**적극행정 2.0**
❶ 기업에게는 "활력"
❷ 국민에게 "감동"
❸ 공직자에게 "보람"</td></tr>
<tr><td></td><td>**4대 빅이슈 돌파구 마련**
❶ 공유경제 ❷ 의료·바이오
❸ 빅데이터 · AI ❹ 모빌리티</td><td>**포용사회 기반확산**
❶ 중소기업·소상공인·자영업자
❷ 청소년·노약자·장애인</td><td>**정부 입증책임 강화**
❶ 대상을 법령 · 자치법규로 확대
❷ 국민 · 기업 참여 활성화</td></tr>
<tr><td></td><td>**기업 활력제고**
❶ 벤처·스타트업
❷ 주력 제조업
❸ 서비스업</td><td>**지역규제 혁신**
❶ 자치법규 일괄정비
❷ 지역개발 저해 규제혁신
❸ 지자체 규제혁신 거버넌스 개선</td><td>**소통 · 협력의 거버넌스**
❶ 규제혁신 추진체계강화
❷ 현장소통및민관규제혁신파트너십강화</td></tr>
</table>

'규제정비 종합계획' 중 추진 방향과 전략을 보여주는 체계도입니다. 추진 방향 및 전략을 기억하기 좋도록 '경제혁신, 민생혁신, 공직혁신'으로 키워드 운율을 맞췄습니다.

---

9) 출처 : 2020년 규제정비 종합계획(안) (2020.2), 국무조정실, https://bit.ly/30NljMb

✏ **다음 예시를 보세요**[10)]

□ 대한상의, '우리나라 관광산업의 현주소와 개선과제' 6일 발표... 관광산업 3重苦
  ○ **발길 '끊기고'** : 외국인 관광객수(1~9월) 전년比 24%↓ ... 7월엔 (−)41%
  ○ **지갑 '닫히고'** : 외국인 관광객 1인당 지출액(1~8월) 전년比 1%↓ ... 2년 연속 마이너스
  ○ **지역 '쏠리고'** : 외국인 방문지역(서울·제주) 편중 심화... 90%('11) → 98%('16)

한국의 관광산업 현주소를 '끊기고, 닫히고, 쏠리고'로 운율까지 맞춰 표현했습니다.
다음 예시는 신문의 헤드라인 타이틀(제목)입니다.

✏ **다음 예시를 보세요**[11)]

'견고한' 아이폰, '무서운' 중국폰, '흔들리는' 한국폰

경쟁이 치열한 스마트폰 시장을 '현 상황+제조사(제조국)'로 절묘하게 운율을 맞춰 표
현했습니다.
이처럼 키워드 운율까지 맞추면 기억에 오래 남습니다. 짧지만 강한 충격을 줄 수 있
는 제목에서 운율까지 맞추면 그 효과가 배가됩니다.

---

10) 출처 : 위기의 관광산업, 외국인 관광객 '발길 끊기고', '지갑 닫히고'(2017.11), 대한상공회의소, http://www. korcham.net

11) 출처 : 헤럴드경제 기사(2015.7.31), https://bit.ly/2L5u5PJ

1. 형용사와 부사 대신 동사를 주로 사용하자.

▶ 문장을 작성할 때 주어와 동사로 핵심 메시지를 나타내자.

▶ 화려한 수사로 문장을 꾸미는 것보다 사실에 기반한 데이터로 설득하고 설명해야 한다.

2. 문장에서 '적, 의, 것, 들'을 조심하자

▶ 간결한 문장으로 작성해야 하는 보고서에서 '적, 의, 것, 들'은 대부분 삭제해도 이해할 수 있다.

▶ 또 '~하고 있는', '~하고 있다'는 '~하는', '~한다'로 바꿔 써도 대부분 무방하다.

3. 수동태 표현을 지양하자.

▶ 수동태는 주체가 모호하다. '내'가 설득하고 설명해야 하는 보고서를 능동태로 쓰면 문장에 힘이 생긴다.

4. 운율과 리듬을 사용한 문장도 고려하자.

▶ 키워드의 음절수를 일정하게 배치하거나 운율을 맞추면 리듬이 생기고, 보고를 받는 사람이 오래 기억할 수 있도록 도와준다.

구성이 탄탄해야
무너지지 않는다

작은 구조가 전체 구조와 비슷한 형태로 끝없이 되풀이되는 구조를 프랙털(Fractal)[12]이라고 합니다. 단순한 구조가 끊임없이 반복되면서 복잡하고 묘한 전체 구조를 만드는 특징을 가지고 있습니다. 하늘에서 찍은 강줄기를 보면 각 지류의 작은 곳을 봐도 똑같이 갈라서는 모습을 보입니다. 리아스식 해안선, 동물 혈관 분포 형태,  나뭇가지 모양, 창문에 성애가 자라는 모습, 산맥의 모습도 모두 프랙털 구조입니다. 자연계뿐만 아니라 인문·사회학에서도 프랙털 구조로 설명할 수 있는 게 많습니다.

....
12) IBM의 Thomas J. Watson 연구센터에 근무했던 프랑스 수학자 만델브로(Benoit B. Mandelbrot) 박사가 1975년 '쪼개다'라는 뜻을 가진 라틴어 '프랙투스fractus'에서 따와 처음 만들었다. 출처 : 네이버 지식백과 시사상식사전, https://bit.ly/2XizKWc

예를 들어 주가 그래프의 모습도 장기 그래프나 단기 그래프나 똑같이 닮았습니다. 보고서도 프랙털 구조로 설명할 수 있습니다.

보고서는 문단과 문단으로 나눌 수 있습니다. 문단은 다시 문장과 문장으로 나눕니다. 문장은 여러 단어로 나눕니다. 결국 문장과 문장이 모여 문단을 이루고, 문단과 문단을 연결해 하나의 소목차가 됩니다. 여러 개의 소목차를 연결해 하나의 중목차가 되고, 다시 여러 개의 중목차를 연결해 하나의 대목차가 됩니다. 처음에는 부분(문장 혹은 문단)이지만 부분이 모여 전체(보고서)를 이룹니다. 부분이 전체를 이룰 때 구성력이 필요합니다.

> **'구성'의 사전적 의미**
> ① 몇 가지 부분이나 요소들을 모아서 일정한 전체를 짜 이룸.
> ② 문학 작품에서 형상화를 위한 여러 요소들을 유기적으로 배열하거나 서술하는 일.
> ③ 색채와 형태 따위의 요소를 조화롭게 조합하는 일.
>
>   – 출처 : 네이버 국어사전

구성력이란 전달하려는 소주제(문장 혹은 문단)를 이어 하나의 완결된 스토리를 만드는 것입니다. 문장이 탄탄하면 설명력이 높아지고, 구성이 탄탄하면 설득력이 높아집

니다. 100페이지가 넘는 보고서라 할지라도 프랙털 구조를 생각하며 전체에서 부분으로, 부분에서 전체로 어떻게 구성되어 있는지 살펴보면 내용 파악이 쉬워집니다. 보고서를 작성할 때도 프랙털 구조를 생각하면서 어떻게 하면 설득력 높은 보고서를 구성할 수 있을지를 고민해야 합니다.

구성은 순서와 계층이 좌우한다

설득력 있는 보고서를 작성하려면 소주제를 논리적으로 연결해야 합니다. 여기서 소주제는 한 문장 혹은 한 문단일 수도 있고 더 나아가 한 페이지일 수도 있습니다.

> 하나의 단어는 하나의 개념을, 하나의 문장은 하나의 생각을, 하나의 문단은 하나의 소주제를, 한 편의 글은 하나의 주제를 나타낸다.
>
> – 출처 : 《쓰기의 공식, 프렙(PREP)》 임재춘 저, 반니

소주제와 소주제가 모여 하나의 보고서를 이루려면 톱니가 물리듯 연결해야 합니다. 소주제와 소주제를 어떻게 연결할 것인지 고민하는 것이 구성의 시작입니다.

구성의 기본은 순서와 계층입니다. 순서와 계층을 의식하면 이해하기 쉬운 보고서를 작성할 수 있습니다. 순서는 읽기 쉽게 정렬하는 것이고, 계층은 읽기 쉽게 통일하는 것입니다. 순서와 계층을 알고 적용하면 보고서 구성이 한결 탄탄해집니다.

[순서]	[계층]
읽기 쉽게 정렬하는 것	읽기 쉽게 통일하는 것

순서는 읽기 쉽게 정렬하는 것

'순서'란 소주제가 되는 문장이나 문단을 전개할 때 읽기 쉽게 정렬하는 것을 말합니다. 보고서에서 많이 등장하는 대표적인 순서는 병렬 구성과 흐름 구성으로 나눌 수 있습니다.

병렬 구성은 작성자가 기준을 정해 정렬하는 방법입니다. 절대적인 기준점이 없기에 유사한 항목들을 비슷한 형태로 일관되게 표현하는 것이 중요합니다.

기준점	병렬 구성 예시
분야별	분야 ①, 분야 ②, 분야 ③, 분야 ④, 분야 ⑤, …
대상별	대상 ①, 대상 ②, 대상 ③, 대상 ④, 대상 ⑤, …
크기별	소 → 대, 대 → 소, 좁음 → 넓음, 넓음 → 좁음, 낮음 → 높음, 높음 → 낮음

흐름 구성은 절대적인 기준점이 있어 이를 중심으로 순서대로 정렬하는 방법입니다.

기준점	흐름 구성 예시
시간	과거 → 현재 → 미래(일, 월, 분기, 반기, 연도, 연대순)
공간	안 → 밖, 밖 → 안, 국내 → 해외, 해외 → 국내, 내부 → 외부, 외부 → 내부
인과	원인 → 결과, 배경 → 경과 → 결과, 문제점 → 개선점, …
기타	가나다순, ABC순, …

병렬이나 흐름 구성으로 정렬할 때 내용이 중복되거나 빠진 사항이 없는지 확인해야 합니다.

Ⅳ. 분야별 재원배분 방향

1 사회 분야

□ 저소득 · 취약계층 대상 고용 · 사회안전망을 적극 확충하고, 인구구조 변화, 소득분배 개선 등 구조적 과제에 지속 대응

○ (일자리) 4차 산업혁명 등 환경 변화에 선제적으로 대응하는 적극적 노동시장 정책 강화 및 고용안전망 확충 ...(중략)...

○ (복지) 기초생보 사각지대 해소 및 보장성 강화 등 사회안전망을 확충하고, 장애인 · 요보호아동 등 소외계층 지원 확대 ...(중략)...

2 경제 분야

□ 신산업에 대한 투자 확대를 통해 미래성장동력을 창출하고, 생활편의 증진 및 안전 인프라 확충

○ (산업·중기·에너지) 주력산업의 경쟁력 강화 및 수출, 창업·벤처 지원을 강화하고, 핵심규제 해소를 통한 신산업 · 일자리 창출 지원 ...(중략)...

○ (SOC) 노후 기반시설에 대한 안전투자를 확대하고, 신기술(AI, 5G 등)을 접목하여 국민생활 편의를 증진하는 인프라 확충

○ (농림·수산) 쌀 과잉생산을 해소하고, 스마트 농업, 청년유입 지원 등을 통해 농어업·농어촌의 지속가능성 확보 ...(중략)...

3 행정 분야

□ 국방안보 태세를 튼튼히 하는 가운데, 국제정세 대응을 위해 외교역량을 강화하고, 안전한 국민생활을 위한 선제적 투자 확대

○ (국방) 핵심 · 첨단 무기체계 보강, 첨단기술 기반의 스마트 정예군 육성, 장병복지 향상 등 튼튼한 국방 · 안보태세 확립

○ (외교·통일) 남북 교류협력 활성화로 평화경제 기반을 구축하고, 외교 역량 강화 및 재외국민 안전 확보 지원

○ (안전) 이상기후에 대비한 재해예방투자 확대, 교통안전 등 생활밀착형 안전투자 확대 및 대형 · 복합재난 대응역량 강화 지원 ...(중략)...

국가재정운용계획을 설명한 보고서 중 일부입니다. 재원배분 방향을 사회, 경제, 행정, ··· 분야별로 제시하고 있습니다. 대표적인 병렬 구성 예시입니다.

---

13) 출처 : 2019~2023년 국가재정운용계획(2019.8), 기획재정부, https://bit.ly/3ftlm3N

✎ 다음 예시를 보세요[14]

나. 미래 경쟁우위 선점을 위한 항만 인프라 확충

① 부산·광양·인천 등 중심 항만과 지역 거점 항만 확충

○ **(부산항)** 제2신항의 '22년 착공을 목표로 예타 등 사전 행정절차를 이행하고, **지역민원 해소를 위한 민관협의체 운영**('20. 연중)

　* 서'컨' 피더 1선석('20. 착공), 토도제거('20. 준공), 배후단지 추가 등

○ **(광양항)** 지역산업 활성화를 통한 신규물동량 창출을 위해 **배후부지를 확충***하고, **순환형 항로 구축**을 위한 사전 행정절차** 착수

　* 세풍산단 배후단지 전환매입, 3단계투기장 조기공급('30→'27)을 위한 준설사업 추진
　** 3단계 투기장 전면항로 기본계획 반영('20.6), 묘도수도 항로확대 타당성 검토 추진('20.下)

○ **(인천항)** 신항 3선석 추가('20.下 발주, IPA) 및 배후단지 확충*으로 신항 운영을 **활성화**하고, 북항에 대한 항로준설 등 추진('20.上)

　* IPA에서 건설 중인 66만㎡ 준공('20.上), 신규 민자사업(94만㎡) 착수('20.下)

○ **(기타)** 새만금항·목포항·동해 묵호항·제주항 등 지역의 거점항만 물류기능을 개선하고, 운영 시설 확충으로 연안경제 활성화에 기여

항만 인프라 확충과 관련한 내용입니다. 내용 전개를 보면 문단 구분 기준은 '항만'입니다. 부산항, 광양항, 인천항 등 항만을 기준으로 병렬 구성했습니다.

---

14) 출처 : 2020 해양수산부 업무보고서(2020.2.27.)

✎ **다음 예시를 보세요**[15]

환경부 업무보고서 중 일부입니다. 민감한 취약 계층의 건강 보호를 위해 노력하겠다는 내용입니다. [계층 ①] 어린이, [계층 ②] 여성, [계층 ③] 노인, [계층 ④] 가습기 피해자로 구분해서 내용을 정리했습니다. 특정 대상별로 구분한 병렬 구성 예시입니다.

---

15) 출처 : 2019 환경부 업무보고(2018.12), https://bit.ly/2Y5tBwO

✏️ 다음 예시를 보세요[16]

미래차 강국 도약을 위한 범정부 전략을 담은 보고서 중 일부입니다. '글로벌 자동차 산업 트렌드'를 [트렌드 ①] 모빌리티 플랫폼, [트렌드 ②] 인포테인먼트, [트렌드 ③] 스마트 시티를 중심으로 설명하고 있습니다. 3대 트렌드로 병렬 구성한 예시입니다.

✏️ 다음 예시를 보세요[17]

한편, CCTV의 증가, 지능화와 각종 첨단 이동식 영상기기의 등장, 영상정보를 활용한 산업의 발전 등에 따라 개인의 사생활 및 개인영상정보 보호를 강화할 필요성이 대두되었다. 현행 '개인정보 보호법'에도 영상정보처리기기와 관련한 규정이 있지만, 개인영상정보의 특성을 충분히 반영하기 어렵다는 지적에 따라, 갱니영상정보 보호를 위한 법제 정비 노력을 본격적으로 전개하여, 2016년 12월에 '개인영상정보 보호법(안)'을 입법예고하였다.

---

16) 출처 : 미래차 산업 발전 전략(2018.2), 산업통상자원부, https://goo.gl/E1i68t

17) 출처 : 2016 행정자치백서(2017.4), 행정자치부, https://bit.ly/3kshLGQ

추진과정을 살펴보면, 2월에는 개인영상정보와 관련된 각종 이슈를 파악하고 대응방안의 기반을 마련했고, 4월부터 전문가 포럼을 구성하고 5월에는 법안의 초안을 마련하였다. 6월부터는 본격적으로 입법 추진계획이 수립되어, 8월에는 법률 제정을 위한 TF를 구성하고 관계부처 및 업계와 시민단체 등의 의견을 두루 수렴하여 실무적 관점에서의 각종 쟁점을 다각도로 검토하였고, 12월에는 확정된 법안을 입법예고하고 공청회를 개최하였다.

개인영상정보 보호법(안)에 대한 입법 노력을 담은 보고서입니다. 입법 추진과정을 시간(월별) 순서로 전개했습니다. 작성자 입장에서는 월별 추진과정을 정리하면 되기에 작성이 수월했을 것입니다. 보고서를 읽는 사람 입장에서도 추진과정이 월별로 정리되어 있어 흐름 파악이 수월합니다. 가독성을 좀 더 높이기 위해 이어쓰기 형태로 된 보고서를 다음과 같이 단락 쓰기로 바꿔보겠습니다.

□ 개인영상정보보호 입법 추진과정
　○ (2월) 개인영상정보 관련 이슈 파악, 대응방안 기반 조성
　○ (4월) 전문가 포럼 구성
　○ (5월) 법안 초안 마련
　○ (6월) 입법 추진계획 수립
　○ (8월) 법률 제정 TF 구성, 의견수렴(관계부처, 업계, 시민단체 등)
　○ (12월) 확정된 법안 입법예고, 공청회 개최

✎ **다음 예시를 보세요**[18]

□ 평가방법
  ○ (자료작성) 관리과제 담당부서에서 평가자료를 작성하여 제출
        (실·국→혁신행정, 11.30일 까지)
  ○ (자료검토·확인) 평가총괄부서(혁신행정담당관실) KREI(성과관리센터)에서
     자료 미비사항 확인·보완
     - 정량지표 점검·확인함으로써 평가시 발생할 수 있는 오류 방지
  ○ (1차 평가) 제출된 평가자료를 바탕으로 평가지표에 따라 자체평가 위원이
     평가 실시, 사전검토 자료 및 사전질의 답변서 제공(12.9 주간)
  ○ (이의제기 및 자료보완) 1차 평가결과에 대한 이의신청 접수 및 12월말
     기준으로 '성과지표 달성도' 등 평가자료 보완
  ○ (2차 평가) 1차 평가결과에 대한 이의신청의 적정성 여부에 따라 재평가
     실시(혁신행동→자체평가위원, 12.23주간 ~ '20.1.6주간)
  ○ (결과 확정) 자체평가위원회 평가결과 심의·의결 및 부내 보고·확정

자료 작성부터 결과 확정까지 평가방법을 순서대로 정리한 보고서입니다. 절차를 파
악하기 좋게 단계별 핵심 키워드를 괄호 안에 넣어 표시했습니다. 절차를 좀 더 직관
적으로 표현하기 위해 외형률을 맞춰 아래 예시처럼 단계를 표시하는 것도 좋습니다.

□ 평가방법
  ○ **[1단계] 자료작성** 관리과제 담당부서에서 평가자료를 작성하여 제출
     (실·국→혁신행정, 11.30일 까지)
  ○ **[2단계] 자료검토·확인** 평가총괄부서(혁신행정담당관실)
     KREI(성과관리센터)에서 자료 미비사항 확인·보완
     - 정량지표 점검·확인함으로써 평가시 발생할 수 있는 오류 방지
  ○ **[3단계] 1차 평가** 제출된 평가자료를 바탕으로 평가지표에 따라 자체평가
     위원이 평가 실시, 사전검토 자료 및 사전질의 답변서 제공(12.9 주간)
  ○ **[4단계] 이의제기 및 자료보완** 1차 평가결과에 대한 이의신청 접수 및
     12월말 기준으로 '성과지표 달성도' 등 평가자료 보완
  ○ **[5단계] 2차 평가** 1차 평가결과에 대한 이의신청의 적정성 여부에 따라
     재평가 실시(혁신행동→자체평가위원, 12.23주간 ~ '20.1.6주간)
  ○ **[6단계] 결과 확정** 자체평가위원회 평가결과 심의·의결 및 부내 보고·확정

---

❶ **[Cloud ESS] 원격지 대규모 ESS 활용 기술**
  * ESS 공용 활용을 통한 투자비용 감소 및 다양한 전력서비스 구현

○ **(R&D 현황)** 개별 ESS에 대한 안전성, 효율성 등 중심으로 연구개발 실시
  하였으나 공용 ESS와 ICT 기술을 접목한 계통기여 연구는 부족

○ **(문제점)** 태양광 및 풍력에 연계 후 특정시간 충·방전시 REC를 부여*하고
  있어, 공용 ESS 활용**에 따른 경제성 확보가 어려워 이에 대한 기술개발과
  실증을 기대하기 어려움
    * 태양광연계 ESS의 경우 10~16시에 충전 후 그 외 시간에 방전시에만 REC 부여
    ** 공용 ESS를 활용하여 수요감축(수요시장참여, 누진제완화), 발전량평활화, 보조서비
      스 참여 등 다양한 계통편익 발생 기대

○ **(개선방향)** 공용 ESS 기술실증 및 계통편익 등 분석 후 제도개선을 통해
  공용 ESS 설치기준* 및 인센티브** 등 마련
    * 시설장소, 규모 및 기술기준 등에 대한 기준마련
    ** 공용 ESS에 대한 REC 부여기준 설계 및 계통편익 발생시 보상기준 마련

흐름이라고 해서 시계열이나 절차(단계)만 있는 것은 아닙니다. 예시 보고서를 보면 '원격지 대규모 ESS 활용 기술'에 대한 'R&D 현황 → 문제점 → 개선방향'을 다루고 있습니다. 즉, 원인 → 결과로 이어지는 인과 순서도 큰 틀에서 흐름 구성으로 볼 수 있습니다.

---

18) 출처 : 2019년 자체평가 결과보고서(2020.1) 농림축산식품부, https://bit.ly/2Y70tWj

19) 출처 : 제4차 에너지기술개발계획(2019.12.23.), 산업통상자원부, https://bit.ly/2Arhp12

✎ **다음 예시를 보세요**[20]

---

2 그간 국내정책 평가

◇ **(경과) 레드바이오 분야 중심으로 바이오산업 육성 중**

□ 바이오 기술 및 산업에 대한 **사회적 수요가 증대함**에 따라 **생명공학육성기본계획**[*] 등에 기반한 **바이오산업 활성화 추진 중**

　　* (1차, '94) R&D 기반 확충, (2차, '07) 성과 가시화, (3차, '17) 바이오경제 구현

　○ **R&D 역량 확충 및 창업·사업화** 등 **기업 지원**, **바이오 클러스터 조성** 등 바이오 **인프라 조성**에 주력 ...(중략)...

◇ **(성과) 레드바이오 분야 중심으로 일부 가시적 성과 도출**

□ **바이오 의약·의료기기 분야 일부 규제개선**[*], 정부지원 확대 등에 따라 우리 기업의 글로벌 **경쟁력 강화** 및 **시장 점유율 상승**[**]

　　* 의료기기 인허가 절차 간소화, 혁신·첨단의료기기 시장 진입 지원 등

　** 세계 바이오시밀러 시장 석권(바이오의약품 생산능력 세계 2위 수준), 신약 기술수출 역대 최고('19년, 8.4조원), 다수 의료기기 벤처 해외 진출 및 허가 획득 등

◇ **(평가) 정책범위가 제한적이고 수요창출 및 민간혁신 촉진 정책 부족**

① **(정책범위)** 바이오 정책이 보건·의료 등 **레드바이오 분야 집중**[*]되어, **그린·화이트바이오 분야**에 대한 투자·산업육성 전략 등이 부족

　　* 정부 R&D투자 비율('19): 레드(39.7%), 그린(15.9%), 화이트(4.2%), 기초기반(40.2%)

② **(정책대상)** 기술혁신·연구개발 등 공급측면의 **역량 확보에 치중**하여, 사업화·수요창출 등 시장에서의 **경제적 효과 창출 지원노력 미흡** ...(중략)...

레드바이오 분야에 대한 그간 '경과 → 성과 → 평가'를 설명하고 있습니다. 역시 인과 순서로 작성한 '흐름 구성'으로 볼 수 있습니다.

---

20) 출처 : 바이오산업 혁신 정책방향 및 핵심과제(2020.1), 혁신성장전략회의, 기획재정부, https://bit.ly/3fuYfWB

✎ **다음 예시를 보세요**[21]

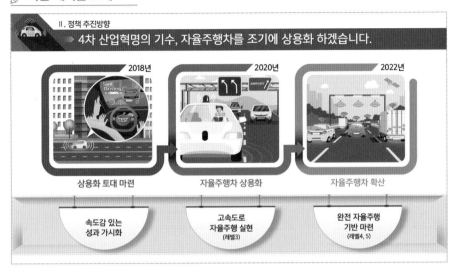

스마트교통시스템 구축방안을 담은 보고서 중 일부입니다. 자율주행차 조기 상용화를 위해 '[1단계] 2018 상용화 토대 마련 → [2단계] 2020 자율주행차 상용화 → [3단계] 2022 자율주행차 확산'으로 이어지는 3단계 로드맵을 설명하고 있습니다. 로드맵은 시간 순서로 정렬한 대표적인 흐름 구성입니다.

---

21) 출처 : 스마트교통시스템 구축방안(2018.2), 산업통상자원부, https://goo.gl/E1i68t

✏️ **다음 예시를 보세요[22]**

환경부 업무보고서 중 일부입니다. 깨끗한 물을 공급하기 위해 통합 관리하겠다는 계획입니다. '기존(통합 전) → 개선(통합 후) → 결과(효과)'로 이어지는 인과 구성입니다. 인과 구성은 중간보고서, 개선보고서, 결과보고서 등에 자주 등장합니다. 인과 순서로 정렬한 대표적인 예시로 흐름 구성에 속합니다.

문단과 문단을 연결할 때 병렬 구성과 흐름 구성의 예시를 살펴봤습니다. 문장도 병렬 구성과 흐름 구성을 생각하며 작성하면 읽기 편한 문장이 됩니다.

------

22) 출처 : 2019 환경부 업무보고(2018.12), https://bit.ly/2Y5tBwO

□ **[병렬 구성 예시]** A, B, C로 이어지는 병렬 구성 → **(표현법)** A, B 및 C

　○ 선박 대형화, 물동량 증가 및 항만물류 자동 · 스마트 전환 추세

　○ 정치, 경제, 사회 및 기술 요인을 분석하여 시사점을 도출함

　○ 30대, 40대 및 60대에서 집중 발생하는 것으로 조사됨

□ **[흐름 구성 예시]** A(원인) → B(결과)로 이어지는 흐름 구성

　○ (원인) 주력산업 경쟁력 약화, 생산가능인구 감소 전환 등으로 (결과) 잠재성장률 하락세 지속

　○ (원인) 온라인 무역이 급증함에 따라 (결과) 4차 산업혁명 기술 기반의 물류 효율화 진행 중

　○ (원인) 터미널 간 환적화물과 공 컨테이너로 인한 시간 · 비용 · 혼잡 최소화를 위해 (결과) 항만 순환레인
　　도입 검토

계층은 읽기 쉽게 통일하는 것

내용이 많은 경우 여러 문단으로 나누어 정렬해야 합니다. 이때 큰 문단과 작은 문단
으로 나눌 수 있는데, 몇 개의 층위로 정리하는 것을 '계층'이라고 부릅니다. 쉽게 말
해 목차를 떠올리면 됩니다. 대목차, 중목차, 소목차, 세부 내용으로 구분하는 층위를
계층이라고 부릅니다.

계층	명확한 순서를		계층을 구분하는 방법
	표시하는 경우	표시하지 않는 경우	
상위	Ⅰ. **대목차**	□ **대목차**	① 번호 또는 기호로 구분
중간	1. 중목차	○ 중목차	② 글꼴, 크기로 구분
하위	1) 소목차	· 소목차	③ 들여쓰기로 구분

보고서 양이 많아 목차를 세분화한다면 번호를 부여해 계층을 표시합니다. 그러나 보고서 양이 많지 않고 목차 구성이 복잡하지 않은 경우에는 기호를 활용하는 게 일반적입니다. 상황에 따라 번호와 기호를 혼합해 계층을 표시하기도 합니다.

보고서에서 계층은 위계를 표시하며 내용을 구분하는 기준입니다. 그래서 명확하고 직관적으로 파악할 수 있게 표현하는 것이 중요합니다. 번호나 기호를 활용하거나 글꼴 및 계층별 크기로 구분합니다. 또한 들여쓰기를 활용해 구분하는 것도 방법입니다.

계층을 구분할 때 주의할 점이 있습니다. 계층은 심연으로 이끄는 통로입니다. 계층이 많다는 것은 구성이 복잡하다는 뜻입니다. 읽는 사람 입장에선 전체 구성을 파악하기 위해 목차 계층을 계속 살펴야 하는 수고스러움이 증가합니다. 보고서를 작성하다 보면 아무리 적은 분량이라도 계층을 나눌 수밖에 없습니다. 계층을 최소화하기 위해 노력하고, 계층이 명확히 구분되도록 가독성에 신경 써야 합니다.

한글이나 워드로 작성한 읽는 보고서에서는 계층 구분이 특히 중요합니다. 발표를 염두에 둔 파워포인트에서는 계층을 많이 나누면 가독성이 현저히 떨어지므로 최소화해야 합니다.

✏️ 다음 예시를 보세요
[23)

Ⅱ. 대내외 에너지 환경변화

1 **[에너지전환] 깨끗하고 안전한 에너지로의 전환 가속화**

☐ **(청정에너지 급성장)** 新기후체제 출범* 에 대응한 **국가별 정책지원**과 **그리드패리티** 접근에 따라 **청정에너지 시장 규모**는 급증

  * ('20) 교토의정서 만료 → ('21) 新기후체제 출범('23년부터 5년 주기 이행점검)

 o 정부 **R&D·보조금** 투자 확대, 단가저감 등에 따른 경쟁력 상승* 으로 **재생에너지·수소** 글로벌 시장은 연 **3,200억불 규모**로 확대**

  * 태양광·풍력 신규 발전설비 : ('14) 90GW → ('16) 129GW → ('18) 181GW

  ** 시장규모('18) : (태양광) 1,195억불, (풍력) 836억불, (수소·연료전지) 1,170억불 (DOE/Navigant)

☐ **(에너지융합 확산)** 이종 기술·산업간 융합, 에너지 디지털화 확산에 따라 **새로운 형태의 제품**과 **에너지 서비스**가 등장

 o 에너지에 **4차 산업혁명기술**이 접목된 **新비즈니스 모델**과 플랫폼 기반 서비스 등이 출현하며 초기 시장을 형성**

  * 블록체인 기반 P2P 전력거래, AI 활용 에너지 관리, 드론 활용 태양광 유지·보수 등

  ** 시장규모('18) : (에너지디지털화) 520억불, (지능형전력망) 109억불 등 (BNEF/Navigant)

2 **[신산업확대] 기술 융합에 따른 에너지산업 생태계 변화**

☐ **(신규 사업자 등장)** ICT, 스타트업 기업 등의 **에너지산업 진출**이 **활성화**되며 전통 에너지 기업 중심의 산업생태계 변화를 촉진

 o 글로벌 ICT 기업은 **에너지 자회사 설립**, 에너지기업은 서비스 분야 **스타트업 기업 인수·합병**을 통해 신사업 영역으로 진출

ICT 기업 → 에너지 자회사 설립			에너지기업 → 스타트업 인수		
Google	🍎	SoftBank	enel	ORACLE	TESLA
▼	▼	▼	▼	▼	▼
구글에너지	애플에너지	SB Power	⬤ENERNOC	OP❷WER	🔋SolarCity

---

23) 출처 : 제4차 에너지기술개발계획 (2019~2028) (2019.12), 산업통상자원부, https://bit.ly/2YLfgFt

PART 04. 보고서 작성 Make-up **193**

가장 상위 제목을 보니 이 페이지에선 'Ⅱ. 대내외 에너지 환경변화'를 설명하고 있음을 알 수 있습니다. 그다음 계층인 **1**, **2** 제목을 보면 환경변화의 주요 내용은 '**1** 깨끗하고 안전한 에너지로 급속히 전환'되고 있으며 '**2** 기술 융합에 따른 에너지산업 생태계가 변하고 있다'는 것을 알 수 있습니다. 세부 내용은 '□→○→＊' 계층을 차례로 읽어보면 알 수 있습니다.

예시 보고서는 1페이지 안에 상위 제목부터 하위 제목까지 다섯 단계 계층을 사용하고 있습니다. 다섯 계층을 아래 예시처럼 들여쓰기했다면 주요 내용이나 참고 내용은 왼쪽에 많은 여백이 생길 수밖에 없습니다. 계층을 명확히 구분하기 위해 들여쓰기한 것은 좋습니다만, 계층이 많은 경우 들여쓰기에 주의를 기울여야 합니다.

위계	숫자, 기호 및 들여쓰기로 위계 구분	계층은 심연으로 이끄는 통로
대제목	Ⅱ. 대내외⋯	지상 1층
중제목	**1** [에너지 전환] ·	지하 1층
소제목	□ (청정에너지⋯	지하 2층
주요 내용	○ 정부 R&D⋯	지하 3층
참고 내용	＊ 태양광·풍력⋯	지하 4층

설명을 위해 가장 많은 내용이 들어가는 '○ 주요 내용' 레벨을 기준으로 왼쪽 여백이 너무 넓으면 보고서의 모양새가 좋지 않습니다.

예시 보고서를 보면 대-중-소 제목은 왼쪽 여백 없이도 명확히 구분되도록 작성했습니다.

Ⅱ. 대내외 에너지 환경변화

1 **[에너지전환] 깨끗하고 안전한 에너지로의 전환 가속화**

□ **(청정에너지 급성장)** 新기후체제 출범*에 대응한 국가별 정책지원과
그리드패리티 접근에 따라 **청정에너지 시장 규모는 급증**

  ○ 정부 R&D·보조금 투자 확대, 단가저감 등에 따른 경쟁력 상승
  으로 재생에너지·수소 글로벌 시장은 연 3,200억불 규모로 확대 (중략)

계층이 많음에도 불구하고 계층별 들여쓰기를 최소화해 보고서를 밀도 있게 구성했습니다. 특히 한글과 워드로 작성한 읽는 보고서에서 '계층'은 보고서 구성과 가독성에 매우 중요한 역할을 합니다. 여기서는 계층의 개념 정도만 소개하고 표현력의 기술 부분에서 자세히 다루겠습니다.

1. 구성이 탄탄해야 무너지지 않는다.

▶ 구성력이란 소주제를 이어 하나의 완결된 스토리를 만드는 것이다.

▶ 문장이 탄탄하면 설명력이 높아지고, 구성이 탄탄하면 설득력이 높아진다.

2. 구성은 순서와 계층이 좌우한다.

▶ 설득력 있는 보고서를 위해선 소주제를 논리적으로 연결해야 한다.

▶ 보고서 구성의 기본은 순서와 계층이다. 순서는 읽기 쉽게 정렬하는 것, 계층은 읽기 쉽게 통일하는 것이다.

3. 순서는 읽기 쉽게 정렬한다.

▶ 병렬 구성 : 작성자가 기준을 정해 소주제를 정렬하는 방법. 유사한 항목을 비슷한 형태로 일관되게 표현하는 것이 중요하다.

▶ 흐름 구성 : 시간, 공간, 인과, 기타 등 특정한 흐름을 기준으로 잡고 순서대로 정렬한다.

▶ 중복되거나 빠진 사항이 있는지 확인하면서 구성한다.

4. 계층은 읽기 쉽게 통일한다.

▶ 대목차, 중목차, 소목차, 세부 내용 등으로 구분되는 층위를 계층이라고 한다.

▶ 보고서 양이 많아 목차를 세분화한다면 번호를 부여하고, 보고서 양이 많지 않고 목차 구성이 간단하다면 기호 사용을 추천한다.

▶ 계층은 명확하고 직관적으로 파악할 수 있도록 표현한다.

다양한 목차 구성 패턴을 알아두자

작성이 끝났다고 생각했던 보고서를 수정해야 할 때가 있습니다. 이때 소목차 수준을 고치는 건 수리입니다. 중목차 수준을 고치는 건 리모델링입니다. 대목차 수준을 고치는 건 재건축과 같습니다. 간단한 수리를 선택하겠습니까, 리모델링이나 재건축을 선택하겠습니까? 큰 목차를 바꾸는 것은 당연히 하위 목차에 영향을 끼치기 때문에 공사가 커집니다.

보고서를 작성할 때 '목차부터 잡아야 한다'는 이유가 여기에 있습니다. 보고서 작성을 직업으로 삼고 있는 컨설턴트는 '목차를 설계할 수 있는가'가 연봉에 큰 영향을 미칩니다. 목차를 설계할 수 있다는 것은 전체를 꿰뚫고 있다는 뜻입니다. 보고서 작성을 위해 어떤 자료가 필요하고, 그 자료를 가공해서 어떤 논리로 전개하겠다는 것인지 알고 있는 것입니다. 전체를 어떻게 구성할 것인지, 보고서 설계도가 머릿속에 있는 것입니다.

그러나 목차 설계는 생각처럼 쉽지 않습니다. 양식(목차)이 정해져 있어 매번 내용만 바꿔 제출하는 보고서[24]가 아니라면 작성 목적에 따라 천차만별이기 때문입니다. 보고서 목차를 제대로 설계하기 위해서는 기획력이 필요합니다. 문제를 정의하고 해결하기 위한 다양한 대안을 탐색해 최적의 대안을 선택하는 방법론을 알아야 합니다. 그러나 기획력을 배우는 일은 간단치 않습니다. 이론과 실습을 병행해야 하고 여기에 다양한 실무경험도 필요합니다.

완벽할 순 없지만 보고서 목차 기획력을 키우는 데 도움이 되는 현실적인 방법을 소개합니다. 바로 목차 벤치마킹입니다. 다양한 형태의 보고서 목차 확인을 즐겨보세요. 보고서 목차 기획력을 키우는 데 큰 도움이 됩니다. 자신이 작성해야 하는 보고서와

---

24) 대표적으로 일일보고서, 상황보고서, 현황보고서 등 정기적으로 보고하는 일정한 틀(목차)이 정해져 있는 보고서를 말합니다.

유사한 보고서를 5개 정도 찾아서 보고서를 어떻게 전개했는지 목차 중심으로 유심히 살펴보세요. 처음부터 자세히 읽어볼 필요는 없습니다. 대목차를 어떻게 구성했는지 살펴보고, 점차 하위 목차순으로 내려가며 내용을 어떻게 구성했는지 살펴보세요. 세부적인 사항보다 전체 구성을 유심히 살펴보는 게 중요합니다.

앞의 '순서'에서 병렬 구성과 흐름 구성을 소개했습니다. 목차 구성에도 이 원리를 적용할 수 있습니다. 먼저 병렬 목차 구성을 살펴보겠습니다. 다음 예시를 보세요.[25]

교통안전연차보고서

제1편 교통안전 현황
　　제1장 교통사고 발생현황
　　제2장 도로 교통안전시책의 변천 과정
　　제3장 교통안전 추진체계
제2편 도로 교통안전
　　제1장 도로 교통현황
　　제2장 도로 교통사고 현황
　　제3장 도로 교통안전대책 추진실적
제3편 철도 교통안전
　　제1장 철도 교통현황
　　제2장 철도 교통사고 현황
　　제3장 철도 교통안전대책 추진실적

제4편 항공 교통안전
　　제1장 철도 교통현황
　　제2장 철도 교통사고 현황
　　제3장 철도 교통안전대책 추진실적
제5편 해양 교통안전
　　제1장 해양 교통현황
　　제2장 해양 교통사고 현황
　　제3장 해양 교통안전대책 추진실적

'교통안전연차보고서'의 목차입니다. '제1편'에서는 교통안전에 관한 전체 현황이 등장합니다. '제2~제5편' 목차를 보면 분야별(도로, 철도, 항공, 해양) 교통안전 현황에 대해 정리했

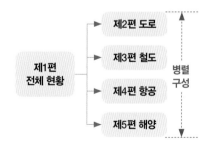

25) 출처 : 2019 교통안전연차보고서(2019.8.30.), 국토교통부, https://bit.ly/2Y350ta

습니다. 혹시 항공 분야 종사자가 관련 내용만 먼저 읽고 싶다면 '제4편'을 보면 됩니다. 대표적인 병렬 구성 예시입니다.

다음으로 흐름 구성을 갖춘 목차 예시를 살펴보겠습니다. 흐름 구성 목차는 세 가지 관점에서 살펴보는 게 좋습니다. 첫째, 시작을 어떻게 했는지 둘째, 중심 내용을 어떻게 전개했는지 셋째, 마무리를 어떻게 했는지를 살펴봅니다. 세 가지 관점에서 자신이 작성해야 하는 것과 유사한 보고서를 찾아서 목차를 적어보세요.

예시	계획 보고서	상황 보고서	대책 보고서	결과 보고서	OO 보고서
도입	배경 현황분석 성과평가	배경 개요	배경 개요 현황, 문제점	배경 개요	…
전개	추진방향 추진계획 추진과제	현 상황 경과요약	조치계획 조치방안 중점추진사항	추진경과 추진결과 추진성과	…
마무리	세부추진계획 주요추진계획 일정별추진계획 기대효과	대응방안 조치계획 향후계획 협조사항	재발방지대책 향후계획 행정사항 협조사항	조치계획 향후계획 후속조치계획	…

대표적으로 계획보고서를 예로 설명하겠습니다. 도입은 현 상황에 대한 이해 및 평가로 시작하는 경우가 많습니다. '추진배경, 현황분석, 지금까지 성과평가' 등으로 시작합니다. 목차 명칭이 조금씩 다르지만 결국 현 상황에 대한 분석과 평가로 시작합니다. 전개는 '추진방향, 추진계획, 추진과제' 등의 내용이 나옵니다. '무엇을 하겠다'는 것인지 구체적인 계획이 나옵니다. 보고서의 핵심 내용이 여기에 다 들어 있습니다. 마무리는 해당 계획을 어떻게 추진할 것인지, 세부 내용이나 참고해야 할 사항들이 나옵니다. 그리고 해당 계획을 추진했을 때 예상되는 기대효과(성과) 등으로 끝을 맺습니다. 이처럼 큰 틀에서 내용을 어떻게 구성했는지 살펴보는 것만으로도 큰 도움이 됩

니다. 일반적으로 흐름 구성 보고서는 '도입 → 전개 → 마무리'로 이어지는 3단 구성을 사용합니다. 이를 기초로 변형된 흐름 구성 방식이 만들어집니다.

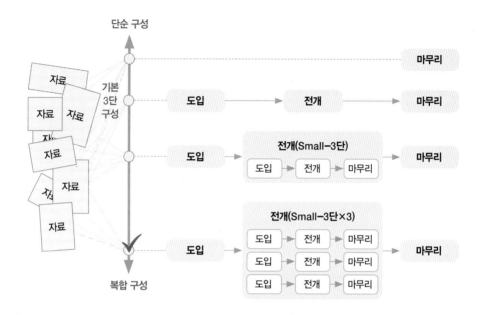

상황에 따라 도입과 전개 없이 마무리, 결론만 제시한 보고서도 있습니다. 본 보고서가 있는 상태에서 이를 요약한 1페이지 요약 보고서가 대표적입니다. 도입 없이 도입과 전개가 통합된 '(도입 포함) 전개 → 마무리' 형태의 2단 구성도 있습니다. 반면 내용이 많아서 '도입 → 전개 ① + 전개 ② + 전개 ③ → 마무리'로 이어지는 복합 구성도 있습니다. 보고서를 보면서 이런 다양한 구성 패턴을 익혀야 합니다.

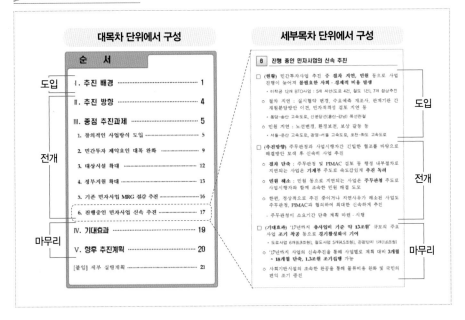

먼저 대목차 중심으로 봅니다. 예시는 '민간투자사업 활성화 방안'에 대한 보고서로 계획보고서에 해당합니다. 'Ⅰ.추진 배경'은 보고서 도입에 해당합니다. 추진 배경에는 이 보고서를 왜 작성했는지에 대한 내용이 등장합니다. 즉, 이 보고서의 제목이자 작성 목적인 '민간투자사업 활성화'가 필요한 이유가 등장합니다. 계획보고서이기에 전개 부분인 'Ⅱ.추진 방향'과 'Ⅲ.중점 추진과제'에서 (세부)계획이 등장합니다. 마무리는 해당 계획을 추진했을 때 예상되는 'Ⅳ.기대효과'와 보고 이후에 해당 계획을 어떻게 추진할 것인지 'Ⅴ.향후 추진계획'으로 마무리하고 있습니다. '도입 → 전개 → 마무리'로 이어지는 전형적인 3단 구성 보고서입니다.

---

26) 출처 : 민간투자사업 활성화 방안(2015.4), 기획재정부, https://bit.ly/33FjQJv

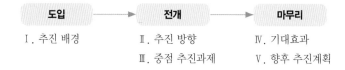

전체 구성 파악을 위해 좀 더 살펴보겠습니다. 'Ⅲ.중점 추진과제'의 세부 내용을 보면 과제별로 다시 '도입(현황) → 전개(추진 방향) → 마무리(기대효과)'의 3단 구성이 등장합니다. 큰 전개 안에 다시 6개의 작은 3단(도입 → 전개 → 마무리) 구성이 들어 있습니다. 6개 중점 추진과제별로 추진 배경과 무엇을 어떻게 추진할 것인지 3단 구성으로 작성한 것입니다.

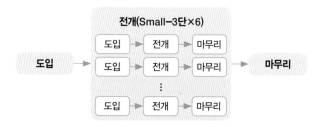

이처럼 보고서를 읽을 때 대목차 → 중목차 → 소목차순으로 전체 구성이 어떻게 되어 있는지 파악하는 것만으로도 구성력을 키우는 데 큰 도움이 됩니다.

쓸 때는 미괄식이 편하지만 읽을 때는 두괄식이 편하다

미괄식은 논리(혹은 근거)를 쌓아올려 마지막에 결론(혹은 결과, 주장)을 제시하는 방식입니다. 두괄식은 이와 반대로 결론을 먼저 말하고 논리를 제시하는 방식입니다.

미괄식(풀고→묶고)	두괄식(묶고→풀고)
[설명] 근거 ① … [설명] 근거 ② … [설명] 근거 ③ … **[결론] 지구는 둥글다.**	**[결론] 지구는 둥글다.** [설명] 근거 ① … [설명] 근거 ② … [설명] 근거 ③ …

보고서 작성자 입장에선 먼저 본인이 하고 싶은 말을 풀어내고 마지막에 결론을 제시하는 것이 편합니다. 그러나 읽는 사람 입장에선 그렇지 않습니다. 결론(결과)부터 알고 싶어 합니다. 매일 수십 건의 보고서를 읽고 의사결정을 하는 최고경영자라면 더욱 그렇습니다.

두괄식 보고서는 결론을 앞에 제시하기 때문에 핵심에 빨리 접근할 수 있습니다. 전체를 다 읽지 않아도 핵심을 빨리 파악할 수 있다면 그만큼 시간을 벌 수 있기 때문입니다.

> 단도직입 원칙은 제목을 붙일 때도 유념해야 한다. 제목은 글의 주제가 아니라 글의 결론을 가리켜야 한다.
>
> – 출처 : 《백우진의 글쓰기 도구상자》 백우진 저, 동아시아

보고서에서 두괄식은 내용을 어떻게 구성하느냐에 따라 다양한 목차 계층(대목차 수준, 중목차 수준, 소목차 수준)에서 나타납니다.

아래는 '민간 일자리 창출 기반 강화'를 위한 정부 정책 보고서입니다. 보고서 전체 목차를 보면 'Ⅰ.추진배경' 다음에 바로 'Ⅱ.기본방향'이 등장합니다. 민간 일자리 창출 기반 강화를 위한 4대 과제를 제시하고 있습니다.

✎ **다음 예시를 보세요**[27)]

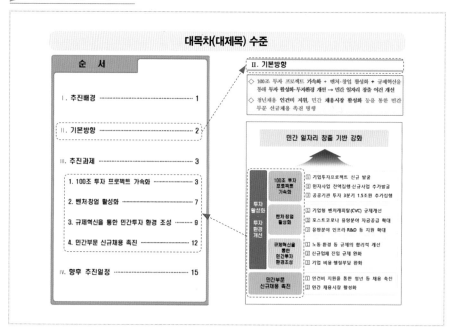

이를 통해 보고서를 읽는 사람은 정부에서 민간 일자리 창출 기반 강화를 위해 네 가지 정책(과제)을 추진하려는 것을 곧바로 인지할 수 있습니다. 'Ⅱ.기본방향'에서 전체 과제를 소개하고 과제별 세부 내용을 'Ⅲ.추진과제'에서 전개하는 두괄식 형태 보고서입니다.

---

27) 출처 : 투자 활성화 등을 통한 민간 일자리 창출 기반 강화방안(2020.6.11.), 제6차 비상경제 중앙대책본부 회의 자료, 관계부처 합동(기획재정부), https://bit.ly/3hyGJCU

같은 보고서 'Ⅲ. 추진과제 – **1** 100조 원 투자 프로젝트 가속화' 부분을 보겠습니다. 보고서 시작 부분을 보면 '민간(25조), 민자(15.2조), 공공(60.5조)' 분야별 총 100조 규모 투자 프로젝트를 발굴하겠다는 내용을 먼저 제시했습니다.

◇ **투자애로 해소, 철저한 집행관리** 등을 통해 **민간**(25조원)·**민자**(15.2조원)·**공공**(60.5조원) 100조원 투자 프로젝트 **집행·발굴 가속화**

그 뒤 '**1** 기업투자프로젝트(25조 원) 신규 발굴', '**2** 민자사업(15.2조 원+α 연내 전액 집행 · 신규사업 추가발굴' 순서로 제시하고 있습니다.

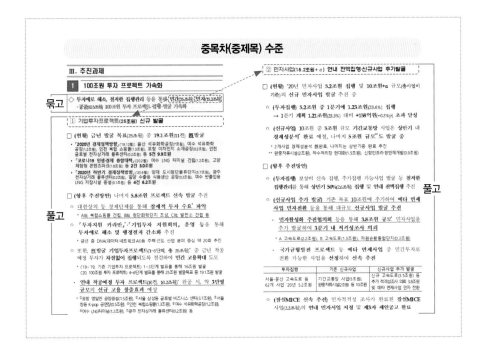

총 100조 원의 투자 프로젝트를 묶어내고, 분야별로 어떻게 집행되는지 풀어냅니다. 역시 두괄식 구조로 볼 수 있습니다.

같은 보고서 'Ⅲ. 추진과제 – **1** 100조 원 투자 프로젝트 가속화 – **3** 공공기관 투자 (60.5조 원) 3분기 1.5조 원 추가집행' 부분을 보겠습니다.

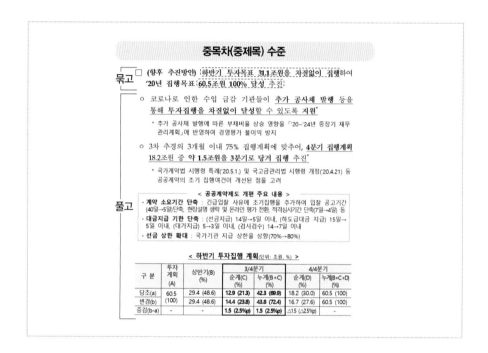

□ 레벨은 '하반기 투자목표 31.1조 원을 집행'해서 올해 '집행목표인 60.5조 원을 달성'하겠다는 내용이고, ○ 레벨에서 하반기 투자집행 내용을 구체적으로 설명하고 있습니다. □ 레벨에서 전체 집행목표를 제시하고 ○ 레벨에서 세부 내용을 설명하는 두 괄식 구조입니다.

다음 예시는 보고서 도입부로 해당 정책이 왜 필요(보고서를 왜 작성)했는지를 '추진 배경'에서 제시하고 있습니다.

✏️ 다음 예시를 보세요[28)]

소목차(소제목) 수준

Ⅰ. 추진 배경

□ **코로나19**로 산업구조·소비패턴 변화 가속화 → 新사업 수요 확대

　○ 코로나19로 4차 산업혁명 흐름이 가속화되면서 디지털 전환이
　　 확대되고 비대면 서비스 등 **새로운 상품·서비스 수요증가**

□ 그러나, 우리 경제의 新사업 도입은 높은 진입규제로 지연

　○ **Post 코로나 시대**에 대응하여 **선도형 경제**로 도약하기 위해서는
　　 新사업 수요를 조기에 흡수하는 것이 중요

　- 코로나19의 상대적으로 빠른 **진정세**와 세계적인 **ICT 경쟁력**을
　　 감안할 때, 우리나라가 한걸음 앞서 나갈 수 있는 **기회**

　○ 진입규제 장벽이 높은 우리나라는 新사업 출현에 **친화적인
　　 규제환경**을 조성하는 것이 긴요

　* OECD 진입장벽지수(Barrier to Domestic and Foreign Entry Index, '18년):
　　(한국) 1.72 (34개국 중 2위), (OECD 평균) 1.16, (상위 5개국 평균) 0.69

□ 新사업 도입을 위한 사회적 타협 메커니즘 구축 절실

　○ 新사업 도입을 위한 규제혁신에 있어 가장 큰 걸림돌은 신규
　　 사업자와 이익을 침해받는 **기존 사업자**간 이해 갈등

　- 주요국은 **다양한 방식의 갈등조정**을 통해 新사업 출현을 수용하고
　　 있으나, 우리는 갈등해소를 위한 **체계화된 시스템 부재**

　* 신규사업자에 대한 부과금 부과, 영업방식 제한 + 기존사업자에 대한 규제완화 등

　○ 아울러, 新사업 도입에 따른 **혁신의 혜택**을 사회 구성원 모두
　　 골고루 누릴 수 있도록 **갈등조정**이 선결될 필요

　* (예) 新품 사업자간 이익공유를 통한 갈등해소 → 일반국민은 혁신적 新사업 혜택 향유

　➡ 이해관계자간 "**상생**"에 기반한 "**포용적 혁신**"을 이룰 수 있는
　　 사회적 타협 메커니즘을 구축하여 新사업 도입 촉진 필요

　※ 관계부처 서비스산업혁신 TF 논의를 거쳐 '20년 경제정책방향에 '한걸음 모델' 구체화

□ 레벨 제목이 보고서의 뼈대를 이루고 있습니다. □ 레벨 제목만 읽어봐도 대략적인 내용을 파악할 수 있습니다. 즉, □ 레벨에서 제목으로 묶고 ○ 레벨에서 세부 내용으로 제목을 설명하고 있습니다. 역시 두괄식 구조로 볼 수 있습니다.

필자는 두괄식 구조를 선호합니다. 기승전결 구성을 취하는 소설처럼 마지막에 결론을 짠하고 제시하는 구성은 끝까지 읽어봐야 합니다. 보고서를 읽는 사람은 기다려주지 않습니다. 보고서를 읽는 사람은 시간이 없습니다. '무엇이 궁금할까?'를 생각해 궁

---

28) 출처 : 신사업 도입을 위한 사회적 타협 메커니즘 '한걸음 모델' 구축방안(2020.6.4.), 기획재정부, https://bit.
　　ly/37vOtRu

금증을 먼저 풀어주고 세부 내용을 제시하는 것이 좋습니다. 보고서는 단도직입(單刀直入)[29] 및 거두절미(去頭截尾)[30]의 예술과 기술이 중요합니다.

구성에서 3의 법칙은 여러모로 유용하다

삼각형은 최소 꼭짓점과 면적으로 가장 안정적인 구조를 만들어냅니다. 카메라를 안정적으로 거치하는 삼각대가 대표적입니다. 게임을 해도 삼세판, 가위바위보 역시 숫자 3과 관련 있습니다. 그리스 신화뿐 아니라 세계 각국의 신화에 숫자 3은 단골로 등장합니다. 게르만 신화에도 최초의 신들은 오딘, 빌리, 베 등 삼 형제입니다. 성서에서는 성부, 성자, 성령의 삼위일체를 말합니다.

모두 숫자 3과 관련이 깊습니다. 하나는 평면적입니다. 둘은 부족해 보이고, 셋은 되어야 안정감과 입체감이 있으며, 고민해서 정리했다는 최소한의 철학적 흔적을 보여줄 수 있습니다. 보고서 구성에서 3의 법칙은 두루두루 활용 가능합니다. 목차를 구성할 때도 '도입-전개-마무리'로 나누어 생각할 수 있습니다. 전통적인 3분할 구성인 '서론-본론-결론'으로 나누어도 좋습니다. 정부 정책 보고서에 자주 등장하는 목차인 '추진배경-추진 내용-추진결과'도 3분할입니다. 전체 구성뿐만 아니라 보고서 내용에서도 3의 법칙이 다수 등장하며 유용하게 활용할 수 있습니다. 다양한 예시를 통해 3의 법칙을 어떻게 적용할 수 있는지 살펴보기 바랍니다.

다음 예시[31]는 보안이 강화된 네트워크 구축을 위해서 3단계 로드맵을 제시하고 있습니다.

---

29) 단도직입 : 혼자서 칼 한 자루를 들고 적진으로 곧장 쳐들어간다는 뜻으로, 여러 말을 늘어놓지 아니하고 바로 요점이나 본문제를 중점적으로 말함을 이르는 말. 출처 : 네이버 국어사전

30) 거두절미 : 머리와 꼬리를 잘라 버린다는 뜻으로 어떤 일의 요점만 간단히 말함을 이르는 말. 출처 : 네이버 국어사전

31) 출처 : 제4차 산업혁명에 대응한 지능정보사회 중장기 종합대책(2016.12), 미래창조과학부, https://bit.ly/2M5lrBf

□ 보안이 내재화된 高신뢰 네트워크 구축

ㅇ 네트워크 품질(QoS)과 안전성 확보에 정책역량을 집중, 해킹을 원천 차단할 수 있는 양자암호통신을 단계 도입하여 지능사회 신뢰 제고

- **(1단계, '20년)** 보안이 절대적으로 필요한 국가 핵심시설, 데이터 센터 등의 전용회선 구간에 대해 양자 보안망 시범적용

- **(2단계, '25년)** 보안이 중요한 시설·장비에 양자보안망 확대 적용
  · 행정망, 국방망, 클라우드, 금융망, 스마트 공장, 의료망 등

- **(3단계, '30년)** '양자인터넷' 핵심기술 개발 및 인프라 구축
  ※ 양자컴퓨팅 장비, 초장거리 양자중계기술, 양자인터넷 프로토콜 등 개발 필요

사업이나 업무 수행에서 절차나 시간 순서대로 추진해야 하는 경우가 많습니다. 이처럼 단계별 혹은 연도별 로드맵을 표현할 때 3단계 구분이 대표적입니다. 다음 예시[32]도 마찬가지입니다.

③ 대용량 전력 송전시 손실을 줄이고, 전자파가 발생되지 않는 <u>초고압 직류송전시스템(HVDC)을 국내 고압선로에 단계적으로 확대</u>한다.

ㅇ 또한, 전력손실이 없는 초전도 케이블의 조기 상용화도 지원한다.

구 분		1단계 ('15~'20)	2단계 ('20~'25)	3단계 ('25~'30)
주요 내용	초전도 케이블	AC 154kV 초전도케이블 개발	AC 154kV 실증, DC 30kV이상 개발	DC 30kV이상 초전도케이블 실증
	HVDC	전압형 HVDC 개발	수도권 송전과밀 지역	중국, 일본 등 국가간 계통연계
		서해안 해상풍력 적용 북당진-고덕 연계	제주-내륙연계(#3)	

---

32) 출처 : 2030 에너지 신산업 확산전략 발표 보도자료(2015.11), 산업통상자원부, https://bit.ly/30Ft83Z

✎ **다음 예시를 보세요**[33)]

□ [중점투자 분야] ①신성장 서비스, ②서비스 고도화, ③서비스 기반 기술 등 **3대 분야**에 집중투자

  ○ **(신성장 서비스)** 성장성이 높고 우리가 **경쟁력**을 보유한 ICT 융합분야를 활용한 신성장 분야에 **5년간 1.5조원 투자**

  → 새로운 서비스 창출을 통한 서비스산업의 **고부가가치화** (중략)

  ○ **(서비스 고도화)** 제조업과 서비스업의 융합, 새로운 비즈니스 모델 개발 등을 위해 **5년간 1.3조원 투자**

  → 제조+서비스 결합형 비즈니스 모델 창출로 **산업경쟁력 제고** (중략)

  ○ **(서비스 기반기술)** 서비스지원 플랫폼 및 **DB** 구축 분야에 **5년간 0.3조원 투자**

  → 혁신기법 및 기반 구축 등을 통해 서비스 **R&D 활성화** (중략)

사업이나 업무를 추진할 때 한정된 자원을 효과적으로 사용하기 위해선 선택과 집중이 필요합니다. 3대 분야에 집중투자하겠다는 계획을 설명하고 있습니다. 여기서도 3의 법칙을 발견할 수 있습니다.

아래는 국내 은행의 수익 구조에 대한 현황과 문제점을 분석한 내용입니다.

✎ **다음 예시를 보세요**[34)]

Ⅱ. 국내은행의 수익구조 현황 및 문제점

 2. 수익악화 원인

┌───┐
│ ①이자이익 부진 ②수수료이익 정체 ③고비용 구조 지속 │
└───┘

□ **(이자이익 부진)** 저금리 기조가 지속되면서 순이자마진 축소* 등으로 이자이익 확대가 사실상 어려워진 데 주로 기인

  ※순이자마진(%) : ('11)2.30→('12)2.10→('13)1.87→('14)1.79→('15.上)1.60

---

33) 출처 : 경제활력 제고와 일자리 창출을 위한 서비스경제 발전전략(2016.7), 기획재정부, https://bit.ly/2Iv2Yeu

34) 출처 : 은행의 자율성/책임성 제고방안, 금융위원회(2015.8.13.), http://goo.gl/jPNdDx

○ 대출은 변동금리 비중이 높고 예수금 조달은 고정금리 비중이 높아 ...(중략)...

□ **(수수료이익 정체)** 수수료이익은 유가증권관련 이익 등 다른 비이자이익에 비하여 안정적이나 '11년 이후 소폭 감소되는 추세※

　　※수수료이익(조원) : ('11)4.9→('12)4.7→('13)4.5→('14)4.6→('15.上)2.5

○ 수수료기반도 방카슈랑스 판매 등 대리사무취급수수료에 치중되어 ...(중략)...

□ **(고비용 구조 지속)** 인건비 비용구조이므로 판매관리비가 경직적이어서 수익성 개선의 장애요인으로 작용

○ 국내은행의 이익 대비 판매관리비 비중은 미국 상업은행에 비해 낮은 수준이나, 인건비 비중은 미국 수준을 크게 상회 ...(중략)...

수익 악화 원인은 다양하겠지만 3대 원인(① 이자이익 부진, ② 수수료이익 정체, ③ 고비용 구조 지속)으로 요약해서 글상자를 이용해 서두에 제시하고 있습니다. 그런 다음 3대 원인별 구체적인 내용을 전개하는 구성을 취하고 있습니다.

비슷하지만 다음과 같이 3대 원인을 강조하면 좀 더 눈에 띄는 보고서가 됩니다.

Ⅱ. 국내은행의 수익구조 현황 및 문제점
　2. 수익악화 **3대 원인**

> **[원인①]이자이익 부진, [원인②]수수료이익 정체, [원인③]고비용 구조 지속**

□ **[원인① : 이자이익 부진]** 저금리 기조가 지속되면서 순이자마진 축소* 등으로 이자이익 확대가 사실상 어려워진 데 주로 기인

　　*순이자마진(%) : ('11)2.30→('12)2.10→('13)1.87→('14)1.79→('15.上)1.60

○ 대출은 변동금리 비중이 높고 예수금 조달은 고정금리 비중이 높아 ...(중략)...

□ **[원인② : 수수료이익 정체]** 수수료이익은 유가증권관련 이익 등 다른 비이자이익에 비하여 안정적이나 '11년 이후 소폭 감소되는 추세*

　　*수수료이익(조원) : ('11)4.9→('12)4.7→('13)4.5→('14)4.6→('15.上)2.5

○ 수수료기반도 방카슈랑스 판매 등 대리사무취급수수료에 치중되어 ...(중략)...

□ **[원인③ : 고비용 구조 지속]** 인건비 비용구조이므로 판매관리비가 경직적이어서 수익성 개선의 장애요인으로 작용

○ 국내은행의 이익 대비 판매관리비 비중은 미국 상업은행에 비해 낮은 수준이나, 인건비 비중은 미국 수준을 크게 상회 ...(중략)...

1. 다양한 목차 구성 패턴을 알아두자.

▶ 보고서를 작성할 땐 목차부터 잡아야 한다. 하지만 기획력이 부족하면 목차 잡기가 쉽지 않다.

▶ 목차 벤치마킹은 단기간에 보고서 기획력을 키우는 현실적인 방법이다. 다양한 형태의 보고서 목차를 확인하면서 자신이 작성할 보고서와 유사한 목차 5개를 찾아 구성을 살펴보고, 적용해본다.

2. 읽을 때는 두괄식이 편하다.

▶ 보고서를 읽는 사람은 결론부터 알고 싶어 한다.

▶ 두괄식 보고서는 결론을 앞에 제시하기 때문에 핵심에 빨리 접근할 수 있는 장점이 있다.

3. 목차를 구성할 때 3의 법칙은 유용하다.

▶ 하나는 평면적이고, 둘은 부족해 보인다. 3단계 계획, 3대 분야, 3대 원인 등 보고서 구성은 3과 관련이 깊다.

▶ 목차는 기본적으로 '도입-전개-마무리' 구성으로 작성한다. 전통적인 '서론-본론-결론'으로 이어지는 3분할 구성은 물론 '추진배경-추진 내용-추진결과'의 구성도 3분할로 할 수 있다.

읽는 보고서
표현 기술

문장력과 구성력이 좋은 보고서라 할지라도 마지막엔 읽는 사람에게 제대로 전달되어야 합니다. 그래서 보고서를 포함한 어떤 문서든 가독성(可讀性)이 중요합니다. 가독성은 인쇄물이 얼마나 쉽게 읽히는가 하는 능률의 정도를 말합니다. 가독성은 3단계 과정을 거쳐 결정됩니다.

[1단계]는 어떤 정보가 담겨 있는지 시각적으로 파악하는 단계입니다. 그래서 눈으로 읽는 단계라 불립니다. 문서의 전체적인 형식을 먼저 보게 됩니다.

일상적으로도 '문장'과 '문서'는 그 성질이 다르다. 사람의 마음을 움직일 수 있는 문장을 쓰기 위해서는 그에 상응하는 학습이 필요하지만, 문서는 형식적인 포인트만 충족한다면 어느 정도 통용되는 문서를 작성할 수 있다.

– 출처 : 《직장인을 위한 글쓰기의 모든 것》 사이토 다카시 저, 21세기북스

[2단계]는 시각적인 인지 과정을 거쳐 눈에 띈 정보를 읽고 해석하는 단계입니다. 비로소 내용을 머리에 담는 단계입니다.

[3단계]는 내용을 이해하고 생각과 행동 변화를 일으키는 과정입니다. 상황보고서라면 현재 어떤 상황이고, 앞으로 어떻게 전개될지 예측해 그에 따른 적합한 의사결정을 돕는 내용이 담겨야 합니다. 이 단계에서는 보고서에서 말하고자 하는 결론이 중요합니다.

이 모든 과정을 통합해서 가독성이 결정됩니다. 그런데 2단계나 3단계로 들어가기 전에 1단계부터 삐걱거리면 읽고 싶은 마음이 사라집니다. 보고서는 가독성이 중요하고 그 출발점은 시각화입니다. 시각적으로 가독성이 높은 보고서는 '틀(형식)'이 잘 잡혀 있습니다.

'글은 내용이 중요하다'라고 말하는 사람이 종종 있는데요. 맞는 말입니다. 하지만 '글은 형식보다 내용이 중요하다'라는 말은 부정확합니다. 다음과 같이 말해야 정확하겠지요.
"글은 내용이 중요하다. 그렇기에 더더욱 형식을 바르게 갖추어야 한다."

– 출처 : 《이공계 X의 글쓰기책》 유키 히로시 저, 동아시아

형식도 중요하다 : 보고서 틀 잡기

한글이나 워드를 활용해 작성한 보고서는 크게 이어 쓰기형과 단락 쓰기형 보고서로 나눌 수 있습니다.

이어 쓰기형[35)	단락 쓰기형[36)

各種 연구보고서나 연구논문이 전형적인 이어 쓰기형 보고서입니다. 다소 어렵고 복잡하며 전문적인 내용을 자세히 풀어서 설명하는 데는 이어 쓰기가 유리합니다. 그에 반해 공무원 및 공공기관, 일반 기업에서 일상적으로 작성하는 보고서는 단락 쓰기형이 유리합니다. 단락 쓰기형 보고서는 전달하고자 하는 내용을 요약해서 목차 중심의

---

35) 출처 : 2018 통일백서(2018.4), 통일부

36) 출처 : 제3차 학교도서관진흥기본계획(2019.3), 교육부

짧은 단락으로 나누어 정렬합니다. 단락별로 제목이 제시되고 서술식이 아닌 개조식[37]으로 정리되므로 내용 파악이 수월합니다. 이런 장점 때문에 많은 공공기관 및 일반 기업에서 단락 쓰기를 보고서 작성의 기본 형식으로 사용합니다.

단락 쓰기형 보고서는 다양한 계층(위계 혹은 목차 수준)으로 구분됩니다. 한 페이지 내에서도 계층을 명확히 파악할 수 있어야 합니다. 다음 예시[38]는 전형적인 단락 쓰기형으로 작성한 보고서입니다.

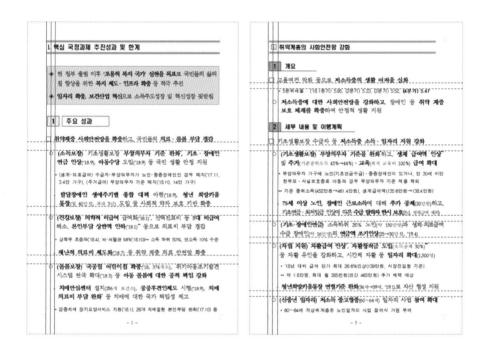

예시 보고서를 보면 글머리 모양(번호 및 기호), 글자 모양(글꼴 및 크기), 문단 모양(들여쓰기 및 문단 간격)으로 계층을 명확히 구분하고 있습니다. 2~3페이지 분량의

---

37) 글을 쓸 때 글 앞에 번호를 붙여가며 중요한 요점이나 단어를 나열하는 방식. [출처] 네이버 국어사전
38) 출처 : 2019 보건복지부 업무계획 (2019.3)

보고서라면 괜찮지만, 10페이지 이상 작성해야 한다면 계층별로 글머리, 글자, 문단 모양을 일일이 편집해야 합니다. 다른 사람이 작성한 보고서를 종합하거나 다른 보고서에서 일부 내용을 발췌하는 경우에도 계층에 맞게 일일이 편집해야 합니다. 하지만 이렇게 편집하다 계층별 글자나 문단 모양 서식이 헷갈려서 잘못 적용하면 문서의 통일성이 떨어집니다.

보고서 계층을 직관적으로 표현하는 3대 요소인 글머리 모양, 글자 모양, 문단 모양의 서식을 클릭 한 번으로 적용할 수 있는 기능이 있습니다. 바로 계층과 서식입니다. 보고서 작성에서 프로가 되기 위해서는 계층과 서식을 다룰 줄 알아야 합니다. 여러분의 보고서 작성 기술은 계층과 서식을 다룰 줄 알기 전과 후로 나뉠 것입니다.

계층과 서식은 중요하기에 자세히 설명하겠습니다. 계층과 서식은 비슷하면서도 다른 점이 있습니다. 원리를 명확히 이해하지 못하면 한글과 워드에서 개요 및 스타일을 적용하는 데 헷갈리는 부분이 많습니다.

먼저 계층은 제목 수준이라고 생각하면 됩니다. 아래 예시 제목은 대제목, 중제목, 소제목의 3단계 수준으로 이루어져 있습니다. 그런데 계층 예시를 보면 계층별로 글자 및 문단 모양이 같아서 가독성이 떨어집니다. 이때는 글머리, 글꼴, 문단 모양 등 서식을 바꾸어 가독성을 높여야 합니다.

계층 ⇒ 위계 수(목차 레벨)	서식 ⇒ 계층 구분(글머리 기호, 글꼴 등)
대제목 중제목 소제목	□ **대제목** ○ 중제목 - **소제목**

서식이란 문서의 양식을 사용자가 설정하는 것입니다. 위의 예시를 보면 가독성을 높이기 위해 계층별로 글머리, 글꼴, 문단(들여쓰기) 모양을 달리했습니다.

한글과 워드에는 계층과 서식을 저장하고 필요에 따라 똑같은 서식을 적용할 수 있는 똑똑한 기능이 있습니다. 바로 스타일입니다. 보고서에서 스타일을 설정할 때는 두 가지를 고민해야 합니다. ❶ 보고서 목차(혹은 제목) 계층 스타일을 어떻게 할 것인가, ❷ 문단 및 글꼴 스타일을 어떻게 할 것인가입니다.

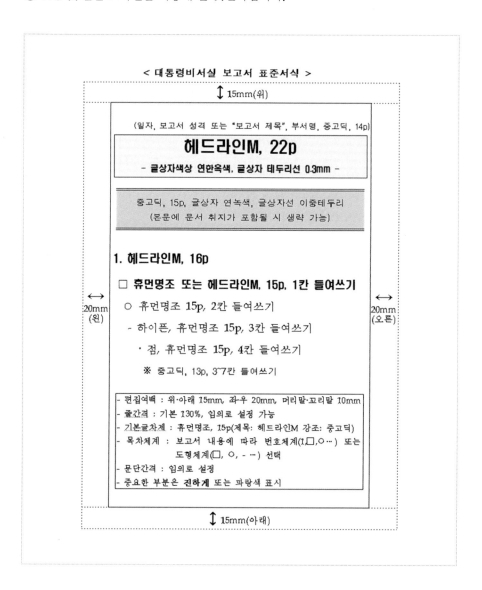

패션 스타일에 정답이 없듯이 보고서 스타일에도 정답은 없습니다. 그러나 기업, 학회 및 학술기관의 경우 보고서 계층과 서식을 세세히 규정한 곳도 있습니다.

예를 들어 앞의 예시[39]를 보면 ❶ 계층을 '1 → □ → ○ → ─ → •' 순서로 규정하고 ❷ (계층별) 글꼴, 글자 크기, 문단(왼쪽 여백)을 자세히 제시하고 있습니다.

공공기관, 일반 기업, 각종 연구기관 등에서 작성하는 보고서의 계층과 서식을 두루 두루 보는 것은 큰 도움이 됩니다. 계층을 어떻게 나누고 서식을 어떻게 적용했는지를 살펴보는 것만으로도 보고서의 가독성을 한껏 향상시킬 수 있습니다.

한글에서 계층은 개요로 부르고, 워드에서는 다단계 목록으로 부릅니다. 한글과 워드에서 계층과 서식을 설정할 때 필자도 가끔 헷갈립니다. 그러니 무작정 외우려 하지 말고 원리를 이해하기 위해 노력해야 합니다. 머리가 아닌 손이 기억하도록 충분한 연습을 통해 설정 방법을 숙달하길 바랍니다.

	계층 설정하기 (목차나 제목 계층)	서식 설정하기 (문단이나 글자 모양)	계층+서식 설정하기 (계층과 서식 설정을 쉽게)
한글	개요(수준)	스타일	스타일의 '개요 1, 개요 2, …' 활용
워드	다단계 목록(단계)	스타일	스타일의 '제목 1, 제목 2, …' 활용

한글의 계층과 서식 다루기

한글에서 계층과 서식을 설정하는 방법을 소개하겠습니다.

한글의 [서식] 메뉴에서 ❶을 클릭하면 메뉴가 열립니다. 여기서 ❷ [스타일 작업 창]을 클릭하면 오른쪽 작업 창 영역에 ❸ [스타일] 작업 창이 나타납니다.

---

39) 대통령 비서실 표준서식, 출처 : 《대통령 보고서》, 위즈덤하우스

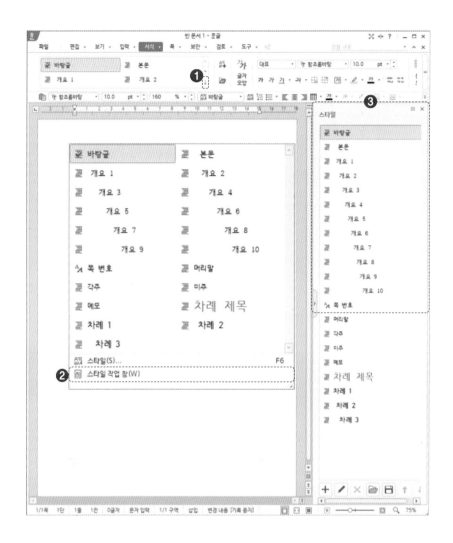

필자는 보고서 작업을 할 때 항상 ❸ [스타일] 작업 창을 열어놓습니다. [스타일] 작업 창을 주목하세요.

문서를 작성하려고 한글을 열자마자 우리가 모르는 사이에 이미 ❶ 바탕글이라는 기본 스타일이 적용됩니다. 그래서 스타일을 변경하지 않는 한 기본 설정된 '바탕글'이란 스타일이 문서 전체에 적용됩니다.

한글을 열고 오른쪽처럼 대제목, 중제목, 소제목을 Enter 를 눌러 줄을 바꿔가며 입력했습니다. 한글의 기본 스타일인 '바탕글' 설정이 그대로 적용됩니다.

한글 기본 적용 스타일	계층 설정값	서식 설정값40)
바탕글	없음	글자 모양 : 함초롬바탕 글자 크기 : 10pt 줄 간격 : 160%

한글의 기본 스타일인 '바탕글'은 '계층' 설정값이 없습니다. 글자 모양과 크기 등 '서식'만 설정되어 있습니다. 그래서 한글을 열자마자 텍스트를 입력하고 아무리 Enter 를 눌러도 계층(개요)을 나타내는 글머리 번호나 기호가 생성되지 않습니다.

한글 '계층'과 '서식' 다루기에서 우리가 주목해서 볼 부분이 스타일의 ❷ 개요 1~10 입니다.

앞서 작성한 대제목 위에 커서를 위치시키고 [스타일] 작업 창에 있는 [개요 1]을 클릭해봅니다. 같은 방식으로 중제목에서는 [개요 2], 소제목에서는 [개요 3]을 클릭해봅니다.

----

40) 한글 버전에 따라 기본 설정값이 다를 수 있습니다. 어차피 작성자가 다시 설정할 것이기 때문에 여기서는 기본 설정값과 다르더라도 문제되지 않습니다.

기존('바탕글' 스타일 적용)	개요 1~3 스타일 적용 모습
대제목 ← 커서를 놓고 '개요1' 클릭	1. 대제목
중제목 ← 커서를 놓고 '개요2' 클릭	가. 중제목
소제목 ← 커서를 놓고 '개요3' 클릭	1) 소제목
소제목 ← 커서를 놓고 '개요3' 클릭	2) 소제목
중제목 ← 커서를 놓고 '개요2' 클릭	나. 중제목
소제목 ← 커서를 놓고 '개요3' 클릭	1) 소제목
소제목 ← 커서를 놓고 '개요3' 클릭	2) 소제목
대제목 ← 커서를 놓고 '개요1' 클릭	2. 대제목
중제목 ← 커서를 놓고 '개요2' 클릭	가. 중제목
소제목 ← 커서를 놓고 '개요3' 클릭	1) 소제목
소제목 ← 커서를 놓고 '개요3' 클릭	2) 소제목
중제목 ← 커서를 놓고 '개요2' 클릭	나. 중제목
소제목 ← 커서를 놓고 '개요3' 클릭	1) 소제목
소제목 ← 커서를 놓고 '개요3' 클릭	2) 소제목

개요 1~3의 한글 스타일 기본 설정값은 아래와 같습니다.

작성자가 선택한 스타일	계층 설정값	서식 설정값		
		문단	글꼴	크기
개요 1	1.	왼쪽 여백 10pt		
개요 2	가.	왼쪽 여백 20pt	함초롬바탕	10pt
개요 3	1)	왼쪽 여백 30pt		

제목 위에 커서를 위치시키고 [개요 1]~[개요 3]을 클릭해 한글에서 기본으로 설정해 놓은 계층과 서식 스타일을 적용한 것입니다.

스타일을 적용하니 1. 대제목 → 가. 중제목 → 1) 소제목의 번호 제목 계층이 만들어졌습니다. 뿐만 아니라 왼쪽 들여쓰기가 되어 제목 계층구조를 좀 더 명확히 파악할 수 있게 되었습니다. 번호나 기호를 활용한 목차 계층을 만들고자 할 때는 '개요 1~OO'을 활용할 것을 추천합니다. 물론 한글에서 설정한 기본값은 언제든지 작성자가 변경할 수 있습니다.

이제 스타일에서 계층과 서식을 설정하거나 변경하는 방법을 구체적으로 살펴보겠습니다. 미리 당부하자면 여기서부터 헷갈리는 부분이 있습니다. 눈으로만 보지 말고 반드시 실습을 병행하길 바랍니다.

단락 쓰기형 보고서에 사주 등장하는 계층과 서식은 크게 세 가지입니다.

❶ 기호 계층	❷ 번호 계층	❸ 혼합 계층
☐ 대제목 　O 중제목 　　– 본문 내용… 　　– 본문 내용… 　O 중제목 　　– 본문 내용… 　　– 본문 내용… ☐ 대제목 　O 중제목 　　– 본문 내용… 　　– 본문 내용… 　O 중제목 　　– 본문 내용… 　　– 본문 내용…	Ⅰ. 대제목 　1. 중제목 　　1) 본문 내용… 　　2) 본문 내용… 　2. 중제목 　　1) 본문 내용… 　　2) 본문 내용… Ⅱ. 대제목 　1. 중제목 　　1) 본문 내용… 　　2) 본문 내용… 　2. 중제목 　　1) 본문 내용… 　　2) 본문 내용…	제1장 대제목 　1. 중제목 　　☐ 소제목 　　　1) 본문 내용… 　　　2) 본문 내용… 　2. 중제목 　　☐ 소제목 　　　1) 본문 내용… 　　　2) 본문 내용… 제2장 대제목 　1. 중제목 　　☐ 소제목 　　　1) 본문 내용… 　　　2) 본문 내용…

목차 위계가 다소 복잡해 보입니다. 특히 ❸ 혼합 계층은 설정이 어려워 보입니다. 그런데 원리를 이해하면 전혀 어렵지 않습니다. ❸ 혼합 계층 설정 방법을 이해하면 ❶ 기호 계층과 ❷ 번호 계층 설정은 쉽게 할 수 있습니다. 그래서 ❸ 혼합 계층 설정을 중심으로 설명하겠습니다. 아래 표와 같이 회사에서 사용하는 공통 서식이 있다고 가정하고 계층과 서식을 설정해보겠습니다. 먼저 계층 설정을 한 다음 서식을 설정하겠습니다.

목차 계층	적용할 스타일 목록	계층 설정	서식 설정	
			문단 정보(왼쪽 여백)	글자 정보
대제목	개요 1	제Ⅰ장	0pt	HY헤드라인M, 16pt
중제목	개요 2	1.	10pt	휴먼명조, 15pt

목차 계층	적용할 스타일 목록	계층 설정	서식 설정	
			문단 정보(왼쪽 여백)	글자 정보
소제목	개요 3	□	20pt	맑은 고딕, 12pt
본문	개요 4	1)	30pt	맑은 고딕, 10pt

새로운 계층 설정이나 현재 설정된 계층의 확인 및 수정은 [서식] 메뉴-[개요]-[개요 번호 모양]을 클릭하면 나타나는 [개요 번호 모양][41] 대화상자에서 할 수 있습니다.

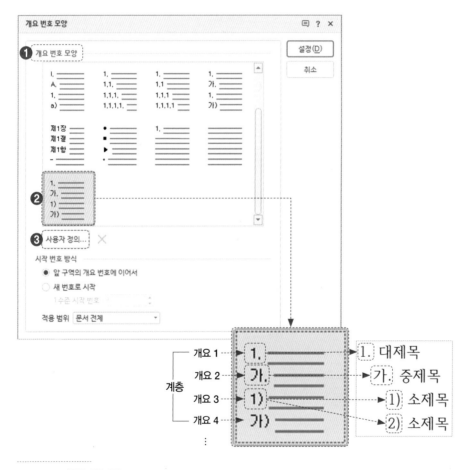

41) 단축키는 Ctrl + K , O 입니다.

❶ [개요 번호 모양]을 보면 한글에서 기본 설정한 다양한 계층을 볼 수 있습니다. 한 글에서 '개요 1~OO'에 기본으로 설정한 ❷ 계층도 볼 수 있습니다. 개요 모양 설정을 위해 ❸ [사용자 정의]를 클릭합니다.

[개요 번호 사용자 정의 모양] 대화상자가 나타납니다. 여기서 개요 수준별 모양을 변 경할 수 있습니다.

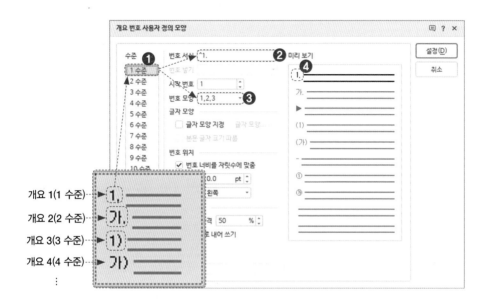

'개요'에는 수준이 있으므로 설정하고 싶은 ❶ [수준]에서 원하는 수준을 선택합니다. 여기서는 [1 수준]을 클릭해보겠습니다. 이제 ❷ [번호 서식]과 ❸ [번호 모양]에서 원 하는 스타일로 설정하면 되는데, 먼저 기본으로 설정되어 있는 서식의 의미를 알고 넘 어가겠습니다. ❷ [번호 서식]의 '^'는 연속번호를 넣겠다는 함수입니다. '1'은 현재 1 수준이란 의미입니다. '.'는 번호 뒤에 마침표를 넣겠다는 장식 문자입니다.

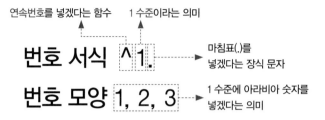

번호 서식 ^1.
연속번호를 넣겠다는 함수   1 수준이라는 의미
마침표(.)를 넣겠다는 장식 문자

번호 모양 1, 2, 3
1 수준에 아라비아 숫자를 넣겠다는 의미

이어서 ❸[번호 모양]에는 아라비아 숫자 [1, 2, 3]이 선택되어 있는데, 이것은 1 수준의 글머리 번호로 아라비아 숫자를 넣겠다는 의미입니다. 만약 연속되는 로마자를 넣고 싶으면 로마자 [Ⅰ, Ⅱ, Ⅲ]을 선택하면 됩니다. ❷[번호 서식]과 ❸[번호 모양]이 의미하는 바를 알면 이를 응용해서 원하는 번호나 기호 체계를 자유롭게 넣을 수 있습니다. 우리가 적용하고자 하는 목차 계층을 다시 한번 살펴보겠습니다.

목차 계층	적용할 스타일 목록	계층 설정 (개요 설정)	서식 설정	
			문단 정보(왼쪽 여백)	글자 정보
대제목	개요 1	제Ⅰ장	0pt	HY헤드라인M, 16pt
중제목	개요 2	1.	10pt	휴먼명조, 15pt
소제목	개요 3	□	20pt	맑은 고딕, 12pt
본문	개요 4	1)	30pt	맑은 고딕, 10pt

[개요 번호 사용자 정의 모양] 대화상자에서 '계층(개요)'을 설정할 수 있습니다. 계층 설정을 위해 ❷[번호 서식]과 ❸[번호 모양]을 아래와 같이 설정합니다.

목차 계층	계층 설정	❶ 수준	❷ 번호 서식	❸ 번호 모양
대제목	제Ⅰ장	1 수준	제^1장	'Ⅰ, Ⅱ, Ⅲ' 선택
중제목	1.	2 수준	^1.	'1, 2, 3' 선택
소제목	□	3 수준	번호 서식을 삭제(^1.)하고, [입력] → [문자표]에서 '□' 선택	선택할 필요 없음
본문	1)	4 수준	^1)	'1, 2, 3' 선택

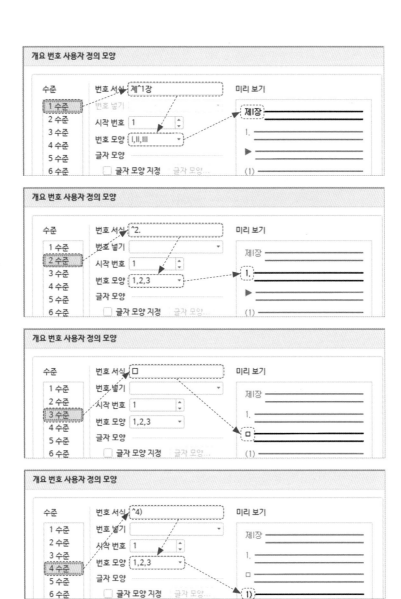

[1 수준]부터 순서대로 화살표를 따라가며 적용하고 [4 수준]까지 설정을 마치면 대화
상자에서 [설정]을 클릭합니다.

방금 만든 계층을 적용해보겠습니다. 적용 방법은 간단합니다. 계층을 적용하고 싶은 제목 위에 커서를 위치시키고 [스타일] 작업 창에서 [개요 1]~[개요 4]를 수준에 맞게 클릭합니다. 예를 들어 대제목 텍스트 위에 커서를 위치시키고 [개요 1]을 클릭하는 식입니다.

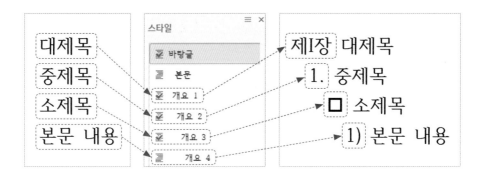

이제 '서식'을 설정할 단계입니다. 계층 설정 원리를 이해했다면 서식은 쉽게 설정할 수 있습니다.

목차 계층	적용할 스타일 목록	계층 설정 (개요 설정)	서식 설정	
			문단 정보(왼쪽 여백)	글자 정보
대제목	개요 1	제Ⅰ장	0pt	HY헤드라인M, 16pt
중제목	개요 2	1.	10pt	휴먼명조, 15pt
소제목	개요 3	□	20pt	맑은 고딕, 12pt
본문	개요 4	1)	30pt	맑은 고딕, 10pt

서식 설정은 [서식] 메뉴-[스타일]을 클릭해 [스타일][42] 대화상자를 열어봅니다. 앞에서 [개요 1]~[개요 4]까지 계층을 설정했고 여기서 개요별 문단이나 글자 모양을 설정할 수 있습니다.

---

[42] 단축키는 F6 입니다.

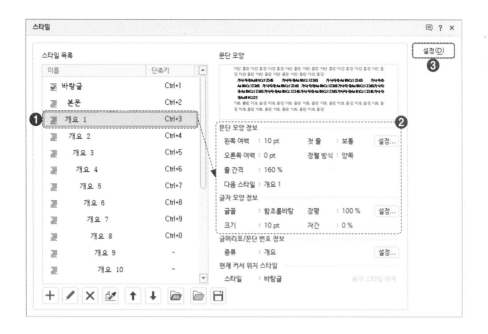

[스타일 목록]에서 ❶ [개요 1]을 클릭합니다. ❷ [문단 모양 정보]와 [글자 모양 정보]에서 각각 [설정]을 클릭해 서식을 설정합니다. 서식 설정은 일반적인 문단, 글자 모양 설정과 똑같기 때문에 구체적인 설명은 생략하겠습니다. [개요 1]부터 [개요 4]까지 문단 및 글자 정보를 입력한 후 마지막으로 ❸ [설정]을 클릭하면 서식이 자동으로 적용됩니다.

[개요 번호 모양]에서 계층 설정	[스타일]에서 서식까지 설정하면
제1장 대제목 　1. 중제목 　　□ 소제목 　　　1) 본문 내용	**제1장 대제목** 　1. 중제목 　　□ 소제목 　　　1) 본문 내용

한글의 계층과 서식 설정 방법을 전부 소개했습니다. 왜 이렇게 복잡해 보이는 내용을 자세히 설명했을까요? 스타일에서 계층과 서식이 함께 설정된 개요를 활용하면 어떤 점이 좋을까요? 다소 복잡해 보일 수 있지만 여러 가지 장점이 있습니다.

첫째, 계층과 서식 편집이 쉬워집니다. 보고서를 작성하다 보면 글자 모양이나 크기를 다르게 설정해야 하는 경우가 반드시 발생합니다. 제목만 해도 대제목, 중제목, 소제목으로 나뉘고 문단이나 글자 모양을 달리해야 합니다. 본문 글자, 표 안에 들어가는 글자, 각주에 사용하는 글자 등 모양과 크기도 제각각입니다. 이 모든 것을 작성할 때마다 일일이 설정한다면 시간도 오래 걸리고, 글자 모양이나 크기를 외우기도 어려워 헷갈릴 수 있습니다. 이때 스타일을 설정했다면 보고서 아무 곳에서나 [개요 1]~[개요 OO]을 클릭하면 됩니다. 계층과 서식 편집이 10배 이상 빨라질 것입니다.

둘째, 보고서 통일성을 높일 수 있습니다. 앞서 설명한 것처럼 보고서에 등장하는 다양한 대제목, 중제목, 소제목별로 번호나 글머리 기호를 이용해 계층을 맞출 수 있습니다. 뿐만 아니라 각 계층별 문단이나 글자 모양을 클릭 한 번으로 미리 설정한 값을 적용할 수 있습니다. 여러 사람이 작성한 보고서를 통합할 때 특히 유용합니다. 이제 다른 보고서나 자료에서 내용을 가져와 편집하는 경우 클릭 한 번으로 일관성 있게 편집할 수 있어 보고서 통일성이 높아집니다.

셋째, 보고서 전체 개요를 볼 수 있습니다. [보기] 메뉴-[작업 창]-[개요 보기]를 클릭하면 [개요 보기] 작업 창이 나타납니다.

[개요 1]~[개요 OO]은 계층을 포함하므로 [개요 보기] 작업 창에서 목차(혹은 제목) 계층을 확인하며 보고서 전체 구조를 파악할 수 있습니다. 3~4페이지 분량의 보고서라면 상관없지만 30~40페이지나 되는 보고서를 작성한다면 상황이 다릅니다. [개요 보기] 작업 창에서 전체 구조를 보며 작업할 수 있습니다.

또한 [개요 보기][43] 작업 창에서 목차(혹은 제목)를 클릭하면 원하는 목차를 신속하게 찾아 이동할 수 있습니다. 보고서 분량이 많을 때 이 기능은 정말 유용합니다.

넷째, 개요를 활용해 목차를 쉽게 만들 수 있습니다. 개요를 적용한 제목은 한글의 [도구] 메뉴-[제목 차례]-[차례 만들기]를 클릭해 제목 차례를 쉽게 만들 수 있습니다.

---

43) 많은 양의 보고서일 경우 매우 편리한 기능입니다. 워드에서는 Ctrl + F 를 누르면 나타나는 [탐색] 작업 창의 [제목] 탭에서 확인할 수 있습니다.

[차례 만들기] 대화상자가 나타나면 ❶ [제목 차례]에 체크하고 [개요 문단으로 모으기]에 체크한 후 [개요 수준]을 [3 수준]까지 설정합니다. [3 수준]으로 설정한 이유는 제목 계층을 [개요 1]~[개요 3]까지 3개 수준으로 설정했기 때문입니다. ❷ [채울 모양]은 점선으로 선택한 후 ❸ [만들기]를 클릭하면 목차가 만들어집니다.

이 같은 장점이 있기에 스타일의 개요 활용을 강력히 추천합니다.

워드의 계층과 서식 다루기

워드에서 계층과 서식을 설정하는 방법을 소개하겠습니다. 워드의 계층과 서식은 한글과 그 원리가 매우 유사하므로 한글의 계층, 서식 다루기와 비교해서 알아보겠습니다.

[홈] 탭–[스타일] 그룹에서 ❶을 클릭하면 ❷ [스타일] 작업 창이 활성화됩니다.

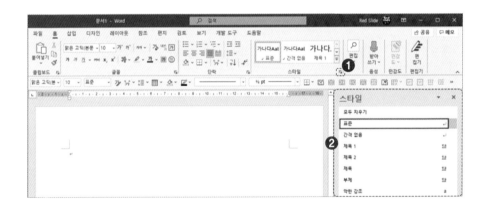

❷ [스타일] 작업 창을 보겠습니다. 워드에서는 [표준]이 기본 스타일입니다. 스타일을 변경하지 않는 한 [표준] 스타일로 문서를 작성하게 됩니다. 표준 스타일의 설정값은 다음 표와 같습니다.

워드 기본 적용 스타일	계층 설정값	서식 설정값[44]
표준	없음	글자 모양 : 맑은 고딕 글자 크기 : 10pt 단락 뒤 간격 : 6pt 줄 간격 : 1줄

워드를 열고 오른쪽처럼 대제목, 중제목, 소제목을 Enter 를 눌러 줄을 바꿔가며 입력했습니다. 워드의 기본 스타일인 ❸ [표준] 설정이 그대로 적용됩니다. [표준]은 계층 설정값이 없이 글자 및 단락 모양의 기본 서식만 설정되어 있습니다. 앞서 작성한 제목 위에 커서를 위치시킵니다. 대제목에서는 [스타일] 작업 창에 있는 ❹ [제목 1]을 클릭해봅니다. 같은 방식으로 중제목에서는 [제목 2], 소제목에서는 [제목 3][45]을 클릭합니다.

기존('표준' 스타일 적용)	'제목1~3' 스타일 적용 모습
대제목 ← 커서를 놓고 '제목1' 클릭	대제목
중제목 ← 커서를 놓고 '제목2' 클릭	중제목
소제목 ← 커서를 놓고 '제목3' 클릭	소제목
소제목 ← 커서를 놓고 '제목3' 클릭	소제목
대제목 ← 커서를 놓고 '제목1' 클릭	대제목
중제목 ← 커서를 놓고 '제목2' 클릭	중제목
소제목 ← 커서를 놓고 '제목3' 클릭	소제목
소제목 ← 커서를 놓고 '제목3' 클릭	소제목

----

44) 워드 버전에 따라 기본 설정값이 다를 수 있습니다. 어차피 작성자가 다시 설정할 것이기 때문에 여기서는 기본 설정값과 다르더라도 문제되지 않습니다.

45) 워드의 [스타일] 작업 창에는 기본적으로 [제목 2]까지 표시되지만, [제목 2]를 클릭하면 자동으로 [제목 3]이 표시되며, [제목 3]을 클릭하면 [제목 4] 순서로 표시됩니다.

제목 위에 커서를 올려놓고 [제목 1]~[제목 3]을 각각 클릭하면 워드에서 기본으로 설정해놓은 서식이 적용됩니다. 워드 스타일의 [제목 1]~[제목 3]의 기본 설정값은 아래와 같습니다.

작성자가 선택한 스타일	계층 설정값	서식 설정값		
		단락	글꼴	크기
제목 1	없음	왼쪽 들여쓰기 0cm	맑은 고딕	10pt
제목 2	없음	왼쪽 들여쓰기 0cm	맑은 고딕	10pt
제목 3	없음	왼쪽 들여쓰기 1.5cm	맑은 고딕	10pt

한글과 워드를 비교해보겠습니다. 닮은 점도 있고 다른 점도 있습니다. 기본 설정값이 다르기 때문이라고 이해하면 됩니다.

한글 '개요 1~3' 스타일 적용 모습	워드 '제목 1~3' 스타일 적용 모습
1. 대제목 　가. 중제목 　　1) 소제목 　　2) 소제목 　나. 중제목 　　1) 소제목 　　2) 소제목 2. 대제목 　가. 중제목 　　1) 소제목 　　2) 소제목	대제목 중제목 　　소제목 　　소제목 대제목 중제목 　　소제목 　　소제목

한글에서 '개요 1~3'은 '1. → 가. → 1)'로 이어지는 계층이 설정되어 있지만, 워드는 계층값이 설정되어 있지 않아서 글머리 번호나 기호가 생성되지 않았습니다. 하지만 전혀 문제없습니다. 한글에서도 작성자가 원하는 계층과 서식을 다시 설정해서 완성했기 때문에 워드도 같은 원리로 계층과 서식을 설정하면 됩니다.

워드에서 계층과 서식을 설정하는 방법을 구체적으로 살펴보겠습니다. (앞서 '한글 계층과 서식 다루기'에서도 살펴봤지만) 단락 쓰기형 보고서에서 자주 등장하는 계층과 서식은 크게 세 가지입니다.

❶ 기호 계층	❷ 번호 계층	❸ 혼합 계층

□ 대제목
  ○ 중제목
   − 본문 내용…
   − 본문 내용…
  ○ 중제목
   − 본문 내용…
   − 본문 내용…
□ 대제목
  ○ 중제목
   − 본문 내용…
   − 본문 내용…
  ○ 중제목
   − 본문 내용…
   − 본문 내용…
	Ⅰ. 대제목
	  1. 중제목
	   1) 본문 내용…
	   2) 본문 내용…
	  2. 중제목
	   1) 본문 내용…
	   2) 본문 내용…
	Ⅱ. 대제목
	  1. 중제목
	   1) 본문 내용…
	   2) 본문 내용…
	  2. 중제목
	   1) 본문 내용…
	   2) 본문 내용…
		제1장 대제목
		  1. 중제목
		   □ 소제목
		    1) 본문 내용…
		    2) 본문 내용…
		  2. 중제목
		   □ 소제목
		    1) 본문 내용…
		    2) 본문 내용…
		제2장 대제목
		  1. 중제목
		   □ 소제목
		    1) 본문 내용…
		    2) 본문 내용…

역시 워드에서도 ❸ 혼합 계층을 설정하는 방법을 익힌다면 ❶ 기호 계층과 ❷ 번호 계층 설정 방법은 자연스럽게 익힐 수 있습니다. ❸ 혼합 계층 설정을 중심으로 설명하겠습니다. 회사에서 사용하는 공통 서식이 아래와 같이 정해져 있다고 가정하고 계층과 서식을 설정해보겠습니다.

목차 계층	적용할 스타일 목록	계층 설정 (개요 설정)	서식 설정	
			문단 정보(왼쪽 여백)	글자 정보
대제목	제목 1	제 Ⅰ 장	0pt	HY헤드라인M, 16pt
중제목	제목 2	1.	10pt	휴먼명조, 15pt
소제목	제목 3	□	20pt	맑은 고딕, 12pt
본문	제목 4	1)	30pt	맑은 고딕, 10pt

먼저 계층을 설정한 후 서식을 설정하겠습니다. 새로운 계층 설정이나 현재 설정된 계층의 확인 및 수정은 [홈] 탭−[단락] 그룹−[다단계 목록]을 클릭합니다.

[다단계 목록]의 ❶ [목록 라이브러리]를 보면 워드에서 기본 제공하는 다양한 계층을 볼 수 있습니다. 여기서 제공하는 기본 옵션을 선택해 적용해도 됩니다. 작성자가 새롭게 계층을 설정하고 싶다면 ❷ [새 다단계 목록 정의]를 클릭합니다.

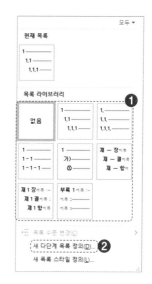

[새 다단계 목록 정의] 대화상자가 나타납니다. ❶은 계층을 나타냅니다. 워드에서는 이를 단계로 부릅니다. 여기서 수정할 계층을 선택할 수 있습니다. ❷는 계층 미리 보기입니다. ❹ [번호 스타일]에서 계층을 나타내는 번호나 기호를 선택할 수 있으며 여기서 선택한 번호나 기호가 ❸에 표시됩니다. ❺ [자세히]를 클릭하면 좀 더 다양한 옵션을 보여줍니다.

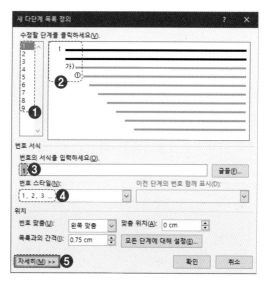

❶을 보면 '1~9단계'가 표시되어 있는데 쉽게 말해 '제목 1~9'까지의 계층을 의미합니다. 우리는 '제목 1~4'까지 계층을 설정해야 하므로 1~4단계를 차례대로 설정합니다.

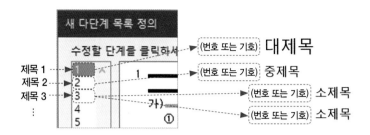

우선 [번호 서식]에 대해서 알고 넘어가야 합니다. ❹ [번호 스타일]을 클릭하면 다양한 번호나 기호를 선택할 수 있는 대화상자가 나타납니다. 여기서 적용하고 싶은 번호나 기호를 선택합니다. 그러면 ❸에 작성자가 선택한 번호나 기호가 표시됩니다. 예시에서는 ❹ [번호 스타일]에 아라비아 숫자 [1, 2, 3 …]이 선택되어 ❸에 '1'이 표시된 것입니다. 즉, '아라비아 숫자 1, 2, 3…을 넣겠다'란 의미입니다.

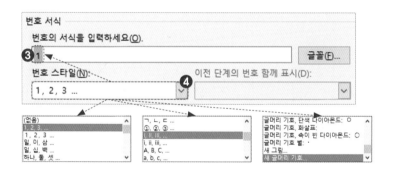

우리가 넣고자 하는 제I장 같은 번호는 어떻게 넣어야 할까요? 먼저 로마자로 된 연속번호를 넣어야 하니까 ❹ [번호 스타일]에서 로마자 [Ⅰ, Ⅱ, Ⅲ …]을 클릭합니다. 그러면 ❸의 번호 서식이 로마자 'Ⅰ'로 바뀔 것입니다. 'Ⅰ' 앞뒤에 장식 문자인 **제**와 **장**을 입력합니다. 그러면 계층 번호로 제I장이 만들어집니다. 이를 응용하면 어떤 번호나 기호 체계에도 적용할 수 있습니다.

이제 마지막 단계가 남았습니다. ❺ [자세히]를 클릭하면 대화상자가 확장되고 상세 설정 옵션이 나타납니다. ❻ [단계에 연결할 스타일]에서 계층(여기서는 1단계)에 연결할 스타일을 설정합니다. [제목 1]을 선택하면 비로소 첫 번째 계층인 제I장의 설정이 끝납니다. 이 과정은 외우려 하지 말고 이해하면서 직접 적용해보는 것이 중요합니다. 전체 과정을 다시 한번 요약해 설명하겠습니다.

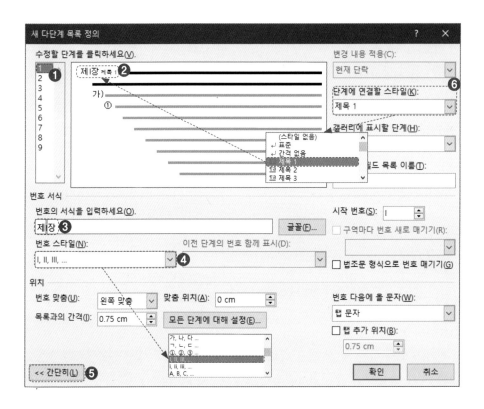

❶에서 설정하고자 하는 계층을 선택합니다. 첫 번째 계층인 [1]을 선택합니다. ❹ [번호 스타일]에서 계층에 들어갈 번호(혹은 기호)를 선택합니다. 여기서는 로마자를 선택합니다. ❸에서 장식 문자를 입력합니다. 여기서는 로마자 사이에 **제**와 **장**을 입력하면 됩니다. 끝으로 ❻ 지금 설정한 계층을 워드의 어떤 스타일과 연결할 것인지를 지

정해야 합니다. 여기에선 [제목 1]을 선택합니다. 그럼 ❷ 미리 보기를 통해 계층 번호가 어떻게 구현되는지 확인할 수 있습니다. 이와 같은 절차를 계층 2(중제목)부터 계층 4(본문)까지 설정하고 확인을 누릅니다.

우리가 넣고자 하는 목차 계층을 다시 한번 살펴보겠습니다.

목차 계층	적용할 스타일 목록	계층 설정 (개요 설정)	서식 설정	
			문단 정보(왼쪽 여백)	글자 정보
대제목	제목 1	제 I 장	0pt	HY헤드라인M, 16pt
중제목	제목 2	1.	10pt	휴먼명조, 15pt
소제목	제목 3	□	20pt	맑은 고딕, 12pt
본문	제목 4	1)	30pt	맑은 고딕, 10pt

계층 1(대제목)을 '제 I 장'으로 설정했으니 계층 2(중제목)~4(본문)까지 설정하도록 하겠습니다.

목차 계층	계층 설정	단계	번호 스타일	번호 서식
대제목	제 I 장	'1단계' 선택	[I , II , III …] 선택	로마자 번호 앞, 뒤에 **제, 장** 입력
중제목	1.	'2단계' 선택	[1, 2, 3 …] 선택	아라비아 숫자 뒤에 마침표(.) 입력
소제목	□	'3단계' 선택	[새 글머리 기호]를 클릭하고 [□] 선택	–
본문	1)	'4단계' 선택	[1, 2, 3 …] 선택	아라비아 숫자 뒤에 소괄호 닫기( )) 입력

계층 2(중제목)인 '1.'의 설정 모습입니다.

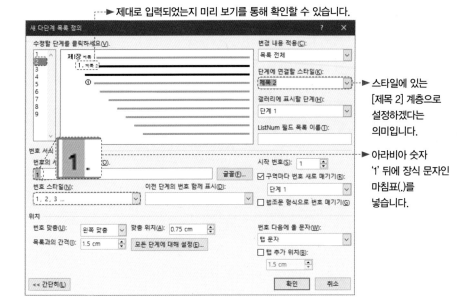

┌┄┄▶ 제대로 입력되었는지 미리 보기를 통해 확인할 수 있습니다.

▶ 스타일에 있는
[제목 2] 계층으로
설정하겠다는
의미입니다.

▶ 아라비아 숫자
'1' 뒤에 장식 문자인
마침표(.)를
넣습니다.

계층 3(소제목)인 '□'의 설정 모습입니다.

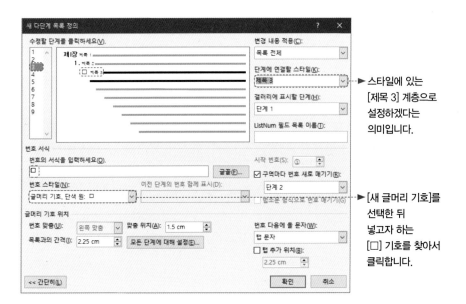

▶ 스타일에 있는
[제목 3] 계층으로
설정하겠다는
의미입니다.

▶ [새 글머리 기호]를
선택한 뒤
넣고자 하는
[□] 기호를 찾아서
클릭합니다.

계층 4(본문)인 '1)'의 설정 모습입니다.

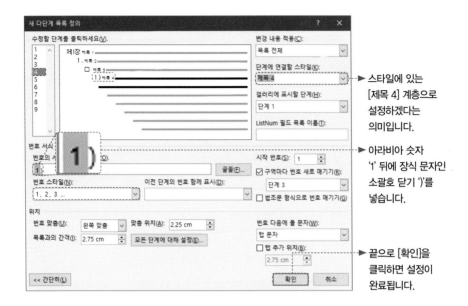

이제 방금 만든 계층을 적용해보겠습니다. 방법은 간단합니다. 계층을 넣고 싶은 목차(혹은 제목)에 커서를 위치시키고 방금 설정한 서식을 [스타일] 작업 창의 [제목 1]~[제목 4]를 클릭해 적용하면 됩니다. 예를 들어 대제목에 커서를 위치시키고 [제목 1]을 클릭하는 식입니다.

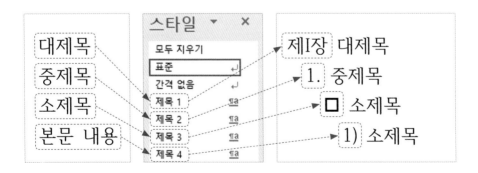

이제 서식을 설정할 단계입니다. 계층 설정 원리를 이해했다면 서식은 쉽게 설정할 수 있습니다.

목차 계층	적용할 스타일 목록	계층 설정 (개요 설정)	서식 설정	
			문단 정보(왼쪽 여백)	글자 정보
대제목	제목 1	제 I 장	0pt	HY헤드라인M, 16pt
중제목	제목 2	1.	10pt	휴먼명조, 15pt
소제목	제목 3	□	20pt	맑은 고딕, 12pt
본문	제목 4	1)	30pt	맑은 고딕, 10pt

[스타일] 작업 창에서 [제목 1] 위에 마우스 포인터를 가져가면 오른쪽 끝에 나타나는 ❶ ▼ 모양의 아이콘을 클릭합니다. ❷ [수정]을 클릭합니다.

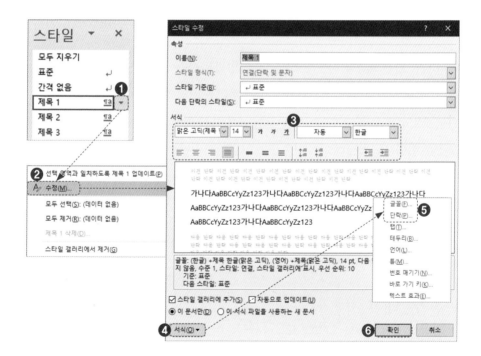

[스타일 수정] 대화상자가 나타나면 여기서 스타일의 서식을 설정하거나 변경할 수 있습니다. 글꼴이나 크기 등 간단한 서식은 ❸ [서식]에서 설정할 수 있습니다. 세밀한 설정은 ❹ [서식]을 클릭한 뒤 ❺ [글꼴]이나 [단락]에서 설정할 수 있습니다. 설정이 끝났으면 ❻ [확인]을 클릭합니다. 그림 [제목 1]의 설정이 끝납니다. 같은 방식으로 [제목 2]~[제목 4]의 서식을 설정합니다.

한글이나 워드에서 '스타일'은 원리를 이해하지 못하면 무척 헷갈리는 부분입니다. 제대로 설정하지 못한다면 어려워서가 아니라 헷갈려서입니다. 많은 양의 보고서를 작성해야 하거나, 많은 사람이 나눠서 작성한 보고서를 종합(혹은 통합)할 경우에도 '스타일'을 사용하면 편집 효율성과 문서 통일성이 획기적으로 높아집니다. 연습, 실습, 복습을 통해 반드시 자기 것으로 만드는 것이 중요합니다.

 학습 정리

1. 보고서 표현을 위한 계층과 서식에 대해 이해하자.

▶ 눈으로 정보를 파악하는 단계, 내용을 읽고 해석하는 단계, 생각과 행동변화를 유도하는 단계가 유기적인 결합을 이뤄 보고서 가독성이 결정된다.

▶ 가독성이 높은 보고서 작성의 출발점은 직관적으로 내용을 빠르게 파악할 수 있도록 시각화하는 것이다. 이런 관점에서 (이어쓰기형보다) 단락쓰기형 보고서가 유리하다.

▶ 보고서의 가독성을 위해서 계층과 서식을 잘 활용해야 한다. 계층은 이해하기 쉽게 제목(수준)을 잘 나누는 것이고, 서식은 읽기 좋게 잘 꾸미는 것이다.

2. 한글의 계층과 서식 다루기를 익히는 방법

▶ 기본적으로 서식은 [스타일] 작업 창을 활용해 적용한다.

▶ [개요 번호 모양] 대화상자에서 [번호 서식]과 [번호 모양]으로 계층의 수준을 결정하고, [스타일 목록]에서 [문단 모양]과 [글자 모양]을 수정해 지정한다.

▶ 스타일 계층을 활용하면 계층 서식과 편집이 쉬워지고, 보고서의 통일성을 높일 수 있다. 또한 보고서 전체 개요도 일목요연하게 확인하며 목차도 쉽게 작성할 수 있다.

3. 워드의 계층과 서식 다루기를 익히는 방법

▶ 스타일을 지정하는 원리는 대부분 한글과 유사하다. [스타일] 작업 창에서 지정하되, [다단계 목록]에서 새 목록을 정의하고 계층에 따라 번호 서식을 지정한다.

▶ 완성된 스타일은 [스타일 수정] 대화상자에서 서식과 단락을 수정해 최종 반영한다.

키워드로 문장을 이끈다

구분형 제목은 간결하게 내용을 분류하고, 설명형 제목은 핵심 내용을 쉽게 파악할 수 있게 하는 장점이 있습니다. 두 제목의 장점을 합쳐 구분 키워드＋설명형 제목으로 만들면 가독성을 높일 수 있습니다.

✎ 다음 예시를 보세요[46)

┌───┐

2 │ 업무추진 방향
───

□ **【경제】** 경제의 활력이 살아나도록 노후산단 재생, 도시재생 뉴딜 등
지역의 **혁신거점**을 본격적으로 조성하고, 거점 간 **교통인프라** 확충

□ **【혁신】** 혁신기술 고도화, 벤처·중소기업 지원을 통해 좋은 일자리 창출

  ○ 드론·자율차 등 **혁신기술 고도화**, 국토교통 분야의 **중견기업** 육성,
  건설·물류업 분야의 **상생**을 위한 제도 개선을 통해 **산업의 역동성** 제고

□ **【포용】** 누구나 안전하고 편리하게 생활하는 **따뜻한 포용사회**의 기반 조성

  ○ **맞춤형 주거지원**을 강화하여 **사각지대 없는 주거복지망**을 구축하고,
  교통사고 및 건설현장 사망자수를 획기적으로 감축

  ○ **모빌리티 혁신**을 통해 누구나 **쉽고 편리한 이동**을 지원하고, 철도 등
  대중교통 이용편의를 제고하여 출퇴근길을 편안하게 개선

□ **【공정】** 부동산시장 질서를 확립하여 '**함께 잘 사는 나라**' 구현에 이바지

  ○ 청약 및 공시제도 개편, 임차인 보호 확대 등 불공정성이 내재된
  제도를 지속적으로 개혁하여 **부동산 시장**을 안정적으로 **관리**

└───┘

▫ 레벨 제목을 보면 (구분 키워드)+설명형 제목 형태입니다. 괄호 안의 구분 키워드를 보면 4대 업무추진 분야(경제, 혁신, 포용, 공정)를 알 수 있습니다. 구분 키워드 뒤에 분야별로 업무추진 방향을 설명형 제목으로 자세히 소개하고 있습니다.

---

46) 출처 : 2020년도 국토교통부 업무계획(2020.2.27.), 국토교통부, https://bit.ly/3022Auy

✏️ **다음 예시를 보세요[47]**

---

① 항만 자동화 · 지능화

○ **(항만 자동화)** 안벽·이송·야드에 대한 **항만자동화 기술을 단계적으로 도입**[*]하고, 중요기술의 자체개발로 우리나라의 **기술력 확보**[**] 추진

　* 부산항 신항 2-3단계, 인천 신항 1-1단계는 야드부문만 자동화(반자동화 터미널)
　** 00전기는 크레인 자동제어 기술로 싱가포르, 중국 등 해외진출 활발('19년 700억 수출)

- **광양항에 세계 최고수준의 자동화 항만 구축 방안 검토('20~)**

　* '컨'부두 3-2단계에 대한 안벽-이송-야드영역의 자동화 구축전략을 마련하고, R&D로 추진되는 고성능 '컨'자동하역시스템(Overhead Shuttle System) 착공

　※ **해외사례**
　　▶ 싱가포르는 65개 선석의 TUAS 신항을 완전 자동화 항만으로 개발 중('~40년), '21년부터 1단계 항만(20선석) 운영예정

○ **(항만 지능화)** 항만 내 작업현황에 대한 **정보 수집·분석 체계**를 구축하여 **최적의 항만 설비 운용계획 수립** 지원(~'21)

　* 지능화 과정 : 센서를 통한 데이터 수집 → 데이터 분석 → 최적 의사결정 지원

- 다양한 센서와 **빅데이터·AI 기반** 분석을 통해 항만 내 **작업의 흐름과 문제점**을 파악하고 실시간으로 **최적의 작업계획 수립**

　* 함부르크항은 항만 내 데이터에 육상 교통 정보까지 결합·분석하여 물류 최적화 모색

○ **(스마트 컨테이너)** 화물의 실시간 데이터를 수집하는 다양한 **센서**(위치, 온도, 충격 등)를 내장한 **스마트 컨테이너 개발** 검토('21~)

- 기존의 **탈부착식 센서**를 보완하고 통신 시스템 및 대용량 배터리와 함께 **통합·내장**함으로써 물류 흐름 전반의 **데이터 수집 기반** 마련

　※ 화주의 요구사항인 **실시간 화물 위치·상태** 정보제공 요구 **충족 가능**

○ 레벨 제목을 보면 (구분 키워드)+설명형 제목으로 표현했습니다. 각종 정책 보고서에 자주 등장하는 제목 형태로 설명형 제목 앞에 대괄호나 소괄호를 이용해 구분 키워드를 표시합니다.

....
47) 출처 : 수출입 물류 스마트화 추진방안(2020. 2), 해양수산부, https://bit.ly/2VcCYcA

분량보다 가독성 체크가 더 중요하다

보고서 분량과 관련한 의견은 다양합니다. "빼곡히 채워야 열심히 작성한 듯 보인다"고 주장하는 반면 "너무 빼곡하면 가독성이 떨어진다"라는 주장도 만만치 않습니다. 둘 다 맞거나 틀릴 수 있는 주장입니다. 상황에 따라 다르기 때문입니다. 분량보다 가독성 체크가 더 중요합니다. 작성할 내용이 많은데 빼놓지 않고 보고서에 넣어야 한다면 꾹꾹 눌러 담아야 합니다. 물론 일반적으로 분량이 많으면 가독성이 떨어집니다. 그래서 분량이 많을 때는 가독성이 떨어지지 않도록 정돈하는 것이 중요합니다.

✎ **다음 예시를 보세요[48]**

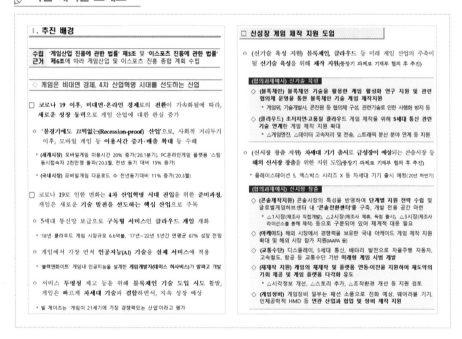

같은 보고서인데 왼쪽 보고서는 여백에 여유가 있습니다. 상대적으로 오른쪽 보고서

---

48) 출처 : 게임산업 진흥 종합 계획(2020.5), 문화체육관광부, https://bit.ly/2PJ93FM

는 텍스트가 많아 내용이 빼곡합니다. 텍스트 양이 많은 것보다는 적은 보고서가 읽기 쉽고 여백이 없는 것보다 있는 보고서가 읽기 쉽습니다. 그렇다면 상대적으로 왼쪽 보고서가 읽기 쉬워야 합니다. 하지만 막상 읽어보면 오른쪽 보고서도 술술 읽힙니다. 이유가 무엇인지 살펴보겠습니다.

□ 신성장 게임 제작 지원 도입

○ (신기술 육성 지원) 블록체인, 클라우드 등 미래 게임 산업의 주축이 될 신기술 육성을 위해 제작 지원(중장기 과제로 기재부 협의 후 추진)

(협의과제예시) 신기술 육성

◇ (블록체인) 블록체인 기술을 활용한 게임 활성화 연구 지원 및 관련 협의체 운영을 통한 블록체인 기술 게임 제작지원
  * 게임위, 기술개발사, 콘진원 등 협의체 구성, 관련기술로 인한 사행화 방지 등

◇ (클라우드) 초저지연·고품질 클라우드 게임 제작을 위해 5세대 통신 관련 기술 연계한 게임 제작 지원 확대
  * △게임엔진, △데이터 고속처리 및 전송, △트래픽 분산 분야 연계 등 지원

○ (신시장 창출 지원) 차세대 기기 출시로 급성장이 예상되는 콘솔시장 등 해외 신시장 창출을 위한 지원 도입(중장기 과제로 기재부 협의 후 추진)

  * 플레이스테이션 5, 엑스박스 시리즈 X 등 차세대 기기 출시 예정(20년 하반기)

(협의과제예시) 신시장 창출

◇ (콘솔제작지원) 콘솔시장의 특성을 반영하여 단계별 지원 전략 수립 및 글로벌게임허브센터 내 '콘솔전환센터'를 구축, 개발 전용 공간 마련
  * △1시장(제조사 직접개발), △2시장(제조사 제휴, 독점 출시), △3시장(제조사 라이선스를 통해 제작) 등으로 구분되어 있어 체계적 대응 필요

◇ (아케이드) 해외 시장에서 경쟁력을 보유한 국내 아케이드 게임 제작 지원 확대 및 해외 시장 참가 지원(IAAPA 등)

◇ (교통수단) 디스플레이, 5세대 통신, 배터리 발전으로 자율주행 자동차, 고속철도, 항공 등 교통수단 기반 미래형 게임 시범 개발

◇ (재제작 지원) 게임의 재제작 및 플랫폼 연동·이전을 지원하여 재도약의 기회 제공 및 게임 플랫폼 다각화 유도
  * △시각정보 개선, △스토리 추가, △조작환경 개선 등 지원 검토

◇ (게임장비) 게임장비 일부는 패션 소품으로 진화 예상, 웨어러블 기기, 인체공학적 HMD 등 연관 산업과 협업 및 장비 제작 지원

상대적으로 분량이 많은 오른쪽 보고서의 핵심 내용은 '□ 신성장 게임 제작 지원 도입'을 위해 'ㅇ 신기술 육성'과 'ㅇ 신시장 창출'을 지원하겠다는 것입니다. ㅇ 레벨의 괄호에 들어 있는 키워드를 통해 핵심을 빨리 파악할 수 있습니다. 많은 지면을 차지하는 '신기술과 신시장 창출 관련 협의과제 예시'를 글상자[49] 안에 넣어서 본문과 분리했습니다. 시간 여유가 없다면 □ 레벨과 ㅇ 레벨 제목 중심으로 읽어도 전체 내용 파악에 문제가 없습니다. '(협의과제 예시)'는 나중에 읽어도 문제없다는 판단을 쉽게 내릴 수 있습니다. 오히려 다양한 예시를 추가하면서 페이지 내 여백은 줄었지만, 내용의 충실성과 신뢰감이 높아졌습니다. 그렇다고 가독성에 문제가 있는 것도 아닙니다. ㅇ 레벨 제목 앞에 괄호를 활용해 핵심 키워드를 제시했기 때문에 내용을 빨리 파악할 수 있고, 글상자 안에 예시를 넣어 본문과 분리한 점이 가독성을 높이는 데 도움을 주었습니다. 보고서 분량과 관련해서 다음 사항을 확인하면 좋습니다.

❶ 보고 대상, 보고 시간, 보고 장소를 체크한다.
❷ 여백과 공백을 구분한다. 여백은 늘리고 공백은 줄인다.
❸ 분량보다 전체적인 균형에 집중한다.
❹ 유사한 타 보고서와 분량을 비교해 균형을 맞춘다.

❺ 이 모든 것보다 우선하는 것은 가독성에 집중하는 것이다.

---

49) 만약 해당 예시를 글상자에 넣지 않고 본문과 동일하게 나열식으로 늘어놨다면 가독성이 떨어졌을 것입니다.

표와 도형을 활용한 도식화 패턴

한글이나 워드 보고서는 많은 내용을 나열하는 것보다 키워드를 중심으로 정렬하는 것이 좋습니다. 이때 표를 활용하면 좀 더 입체적인 표현이 가능합니다. 키워드와 내용을 넣을 수 있는 다양한 구성의 표를 미리 제작해두었다가 상황에 맞게 복사해서 사용하면 작업 시간을 줄일 수 있습니다.

키워드 ①	키워드 ②
세부 내용 작성	세부 내용 작성

키워드 ①	키워드 ②	키워드 ③
세부 내용 작성	세부 내용 작성	세부 내용 작성

키워드 ①	키워드 ②	키워드 ③	키워드 ④
세부 내용 작성	세부 내용 작성	세부 내용 작성	세부 내용 작성

여기에 다양한 기호(+, −, ×, ▷)를 조합하면 글로 설명하기 어려운 구조화된 표현도 구현할 수 있습니다.

250

✏️ **다음 예시를 보세요**[50)]

◇ **[추진방향] 5대 전략분야 10대 핵심과제 추진**

□ 바이오산업 특성·산업현황 등을 감안, **성장잠재력을 폭발시킬 수 있는 5대 추진전략**을 마련하고, **혁신파급력이 큰 10대 핵심과제를 선정**

바이오산업의 특성	5대 추진전략
▪ R&D 승자가 시장을 독식하는 기술집약산업 ▪ R&D 전체 과정에서 경제효과 창출 ▪ 他분야와 융합하여 신시장을 창출하는 융합산업 ▪ 생명과 직결되어 윤리문제를 수반하는 규제산업 ⇒ **도전적·모험적 연구가 필요하며, 혁신적 기술의 사업화 및 신산업에 대한 수용성 확대가 필수**	① 글로벌 경쟁력 강화를 위한 **R&D 혁신** ② 바이오 분야 전문 인력 중점 육성 ③ 시장성장 촉진을 위한 규제제도 선진화 ④ 바이오 생태계 조성 및 해외진출 지원 ⑤ 바이오기반 기술융합 사업화 지원

 ○ **(R&D 혁신)** ①<u>바이오 연구자원 빅데이터 인프라 구축</u>, ②<u>분야별 미래 유망기술 확보</u> 등 R&D 경쟁력 강화

 ○ **(인재 양성)** 전문인력, 융·복합 인력 등 ③<u>바이오 핵심인력 확보</u>

 ○ **(규제·제도 선진화)** 규제개선이 시급한 ④<u>레드바이오 규제를 합리화</u>하고 ⑤<u>바이오 분야 금융 제도개선</u>을 추진하는 등 규제·제도 선진화

 ○ **(생태계 조성)** ⑥<u>기업지원 강화</u>, ⑦<u>클러스터 효율화</u> 등 생태계 조성

 ○ **(사업화 지원)** ⑧<u>K-뷰티산업 육성</u>, ⑨<u>그린바이오 신산업 활성화</u>, ⑩<u>화이트바이오 초기시장 창출</u> 등 분야별 맞춤형 사업화 지원

□ 레벨에서 '바이오산업 특성'을 고려(분석)해 '5대 추진전략'을 도출한 내용을 표와 화살표를 이용해 흐름이 느껴지도록 도식화했습니다.

A	B
세부 내용 작성	세부 내용 작성

---

50) 출처 : 바이오산업 혁신 정책방향 및 핵심과제 (2020.1), 기획재정부, https://bit.ly/2YsU87M

✏️ 다음 예시를 보세요[51)]

│ 단계별 R&D 추진 계획

▶ **1단계 사업추진 계획 ('18'~'19년)**

· · · 혁신성장동력 R&D 사업 추진단계 · · ·

<1단계> 기반기술개발 ('18~'19)	▶	<2단계> 기술검증 및 실증 ('20~'21)	▶	<3단계> 사업확산 / 비즈니스화 ('22~)

❶ **허브플랫폼 개발 및 실증과제 준비**

◉ (1핵심 : 허브플랫폼 개발) 데이터 허브 플랫폼 프로토타입* 개발('19.下), 디지털 트윈 시범테스트('19.9), 최대규모 데이터 처리기술 개발('19.12)

　* 필요시 실증도시(대구 · 시흥)외 국가 시범도시 운영 플랫폼으로 활용토록 지원
　(국가 시범도시 AI · 데이터센터 구축 사업 반영, '19~'22년, 총 290억원)

◉ (2 · 3핵심 : Use-Case, Living-lab) 실증 시나리오 구축('19.上), 실증용 기초데이터 구축('19.12), 허브플랫폼 프로토타입 현지화* 착수('19.下)

　* 실증서비스에 적합하도록 플랫폼 개선 및 지자체 기존시스템 연계활용
　** 2, 3핵심 지자체 제안과제 및 자유공모 과제 추진

시계열 표현도 표와 화살표를 이용하면 가독성이 훨씬 높아집니다. '혁신성장동력 R&D 사업'이 3단계로 추진되는데 이를 표와 화살표를 이용해 도식화했습니다.

[1단계] '18~'19 기반기술개발	▶	[2단계] '20~'21 기술검증 및 실증	▶	[3단계] '22~ 사업확산/비즈니스화

---

51) 출처 : 제3차 스마트도시 종합계획(2019~2023), (2020.5), 국토교통부, https://bit.ly/2NlU7MR

| 2-7 | 제네릭의약품 품질강화를 통한 경쟁력 제고 |

5개년 로드맵 방향

1. 제네릭의약품 허가 요건 강화를 통한 품질 확보
2. 제네릭의약품 신뢰성 인식 개선을 통한 제네릭 사용 활성화

'19년	'24년
◇ 위탁(공동)생동 전면 허용	◇ 위탁(공동)생동 품목 제한을 통해 업계의 자율 관리 역량 강화
◇ 제네릭의약품에 대한 국민 전문가의 낮은 신뢰도	◇ 다양한 홍보를 통해 제네릭의약품 품질에 대한 신뢰도 확보

| 1 | 제네릭의약품 허가 요건 강화 등을 통한 품질 강화 추진 |

□ 추진배경

  ○ '18년 발사르탄 사건을 통해 **제네릭의약품**(이하 '제네릭') **품질 및 안전성 확보**를 위한 제도개선 촉구

'제네릭의약품 품질강화'를 위해 5개년 로드맵을 수립하여 시행한다는 내용입니다.

5년 후 현재와 무엇이 다른지 비교하기 위해 표와 화살표를 이용해 도식화했습니다.

A(기존, 현재)	>	B(개선, 변화)
세부 내용		세부 내용

---

52) 출처 : 의약품 안전관리 제1차 종합계획(2020~24년), (2020.3), 식품의약품안전처, https://bit.ly/3hWjIKh

내용이 어렵거나 정보가 많을 때는 중간에 여미어라

앞서 보고서는 단도직입과 거두절미의 예술과 기술이라고 설명했습니다. 이에 반하는 보고서[53]를 보겠습니다. '게임산업 진흥 종합 계획'의 도입부인 'Ⅰ.추진 배경'입니다.

전체 목차 구성을 보면 '도입–전개–마무리'로 이어지는 전형적인 흐름 구성을 갖춘 보고서입니다. 도입부는 간결할수록 좋습니다만 해당 보고서의 도입부인 'Ⅰ.추진 배경'은 3페이지입니다. '게임산업의 중장기 계획'이 왜 중요하고 필요한지 자세한 설명이 필요하기 때문에 도입부가 다소 길어졌다고 봅니다.

그렇다면 보고서의 시작 혹은 문단(단락)의 시작은 무조건 짧아야 할까요? 어려운 내용이거나, 많은 정보 제공이 필요한 사안이거나, 현재 정서상 반감이 있는 내용을 다룰 때는 자세한 설명과 배경 이해가 필요합니다. 그럴 때는 내용이 길어질 수 있습니다. 이렇게 내용이 길어질 때는 다음 내용이 나오기 전에 한 번 여미는 게 좋습니다. 예시 보고서 'Ⅰ.추진 배경'의 마지막 부분만 보겠습니다.

----

53) 출처 : 게임산업 진흥 종합 계획(2020.5), 문화체육관광부, https://bit.ly/2PJ93FM

◇ 게임은 고성장·일자리 산업이며, 수출 효자 산업

□ 게임산업은 최근 10년간('08년~'18년) 한국경제 성장률(연평균 3.2%)보다 **3배 이상 高성장**하고 있는(연평균 9.8%) 대표 콘텐츠 산업

  ○ 국내 게임시장은 5.6조원('08년)에서 **14.3조원('18년)** 규모로 성장

□ 종사자 수는 지속 증가해 **8.5만명**(7.3만('16)→8.1만('17)→8.5만('18)), 특히, **청년층 선호**(30대 이하 종사자 비중 : 게임(74%), 전체산업(45%))

  ○ 게임은 고용유발계수가 타 산업 대비 높은 **고용친화형 산업**

    * 게임산업(13.5) vs 제조업(5.2), 자동차(6.5), 서비스업(11.6), 전체산업(7.5)

□ **고부가가치 수출 효자 산업**으로 유니콘 기업이 가장 많이 출현

  ○ 전체 **무역수지 흑자의 약 8.8%**를 게임산업에서 거두고 있으며, **영업이익율이 제조업보다 월등하게 높은 고부가가치 산업**

【무역수지('18년)】

구 분	수출액	수입액	흑자
전체 산업(억불)	6,049	5,352	697
게임 산업(억불)	64	3	61
비 중(%)	1.1%	0.06%	8.8%

【영업이익률('19년)】

구 분	현대차	넥슨
매출액	106조원	2.7조원
영업이익	3.7조원	1조원
영업이익률	3.5%	37.0%

  ○ 국내 **유니콘 기업*** 11개('20년 기준), 현재까지 게임에서 **4개** 배출

    * 기업가치 1조원 이상 비상장 스타트업, 현재 크래프톤(6조원)은 비상장으로 해당, 넷마블(8조원), 펄어비스(2.5조원), 더블유게임즈(1조원) 등 3개사는 상장

⇨ **대한민국 게임산업이 4차 산업혁명을 주도**하고, 높은 성장을 이어갈 수 있도록 중장기 정책 방향 제시 필요

추진 배경에서 '보고서를 왜 작성했는지?', '왜 중장기 정책이 필요한지'에 대해 자세히 설명했지만, 마지막에 "대한민국 게임산업이 4차 산업혁명을 주도하고, 높은 성장을 이어갈 수 있도록 중장기 정책 방향 제시 필요"라고 다시 강조하고 있습니다. 추진 배

경 내용이 다소 길기 때문에 중요성과 필요성에 대해 한 번 여민 것입니다. 단순히 하고 싶은 말을 반복한 게 아니고, 중요성과 필요성을 요약한 것입니다.

> 요약은 반복과 다르다. 반복은 썼던 걸 그대로 다시 쓰는 행위지만, 요약은 같은 내용을 다르게 표현하는 변주에 가깝다.
>
> – 출처 : 《뽑히는 글쓰기》 최윤아 저, 스마트북스

1. 키워드로 문장을 이끌자.

▶ 구분형 제목과 설명형 제목의 장점을 합쳐 활용하는 경우도 있다.

▶ 구분 키워드+설명형 제목으로 가독성을 높이면 핵심 내용을 파악할 수 있다.

▶ 구분 키워드는 대괄호나 소괄호를 사용해 설명형 제목과 구분한다.

2. 표와 도형을 활용한 도식화 패턴을 사용한다.

▶ 많은 내용을 그냥 나열하는 것보다 키워드 중심으로 정렬하되, 표와 도식화 패턴을 사용하면 입체적인 구성이 가능하다.

▶ 키워드와 내용을 넣을 수 있는 다양한 구성의 표와 도식을 미리 제작하고 상황에 맞게 사용하면 작업 시간을 줄일 수 있다.

3. 내용이 어렵거나 정보가 많을 때는 중간에 요약하라.

▶ 보고서는 거두절미, 단도직입의 예술이다. 즉, 결론을 먼저 제시하는 두괄식 구성이 좋다.

▶ 그러나 충분한 설명이 필요해 어쩔 수 없이 도입부가 길어질 수 있다. 이때는 다음 내용이 나오기 전 중간 요약을 통해 정리하는 단계가 필요하다.

▶ 이 단계는 단순히 하고 싶은 말을 반복하는 것이 아니라 중요성과 필요성을 요약하고, 보고서의 핵심을 점을 강조하면 좋다.

보는 보고서
표현 기술

인간은 세로는 120°까지 볼 수 있지만, 가로는 150°까지 볼 수 있다고 합니다.

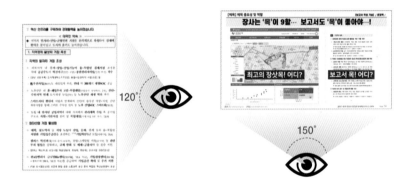

먼 과거부터 인류는 생존을 위해 먹거리를 구하고 외부 위협으로부터 자신과 무리를 보호해야만 했습니다. 드넓은 대지는 기회(먹거리)와 위협(맹수)이 공존하는 공간이 었습니다. 이 과정에서 상하보다 더 넓은 좌우 시각을 갖게 된 것은 어쩌면 당연한 진화의 산물입니다.

스마트폰의 급속한 보급으로 세로가 긴 영상 콘텐츠도 급속히 증가하고 있지만, 인류 시각에 좀 더 익숙하고 넓게 볼 수 있는 가로가 긴 형태의 매체와 콘텐츠가 훨씬 많습니다. 한글, 워드와 달리 파워포인트는 가로가 긴 형태입니다. 문장력과 구성력은 소프트웨어를 가리지 않습니다. 그런데 보고서 내용을 구현하는 표현력은 세로와 가로 차이만큼 소프트웨어별 차이가 큽니다. 표현력을 키우기 위해선 각각의 소프트웨어가 갖는 특징을 정확히 파악하고 적합하게 다룰 줄 알아야 합니다.

읽는 보고서 → 한글, 워드	보는 보고서 → 파워포인트
텍스트 중심 작성 유리	개체(이미지) 중심 도식화 유리

여기서는 파워포인트의 가독성을 높이는 표현력을 집중적으로 다루겠습니다.

한 장에 하나의 메시지

한글, 워드와 달리 파워포인트 보고서는 슬라이드(페이지)별 전환이 빠르게 이루어집니다. 그래서 슬라이드별로 전달하려는 메시지가 분명해야 합니다. 'One Slide One Message(한 장에 하나의 메시지)'를 담겠다는 마음가짐으로 슬라이드를 작성해야 합니다.

예시는 필자가 강의 교재로 작성한 슬라이드 중 일부입니다. 파워포인트 슬라이드 위쪽 공간은 보고서가 시작되는 길목이자 최고의 장삿목입니다. 슬라이드는 이 공간에 어떤 메시지를 담느냐가 중요합니다. 필자가 슬라이드를 만들 때 가장 많이 고민하고 신경 쓰는 지점입니다.

대중 발표를 고려한 파워포인트는 슬라이드(페이지) 단위로 빠르게 전환되기 때문에

각각의 헤드라인 메시지가 중요한 역할을 합니다. 헤드라인 메시지는 구분형 키워드보다는 내용을 명확히 파악할 수 있는 설명문 형태를 추천합니다. 잘 보이도록 고딕계열 글꼴 중에서 두꺼운 글꼴을 선택하고, 청중 수를 고려해서 폰트 크기를 결정해야 합니다. 무작정 폰트 크기를 키우는 것보다 전달하려는 메시지에 심혈을 기울여야 합니다. 자극적인 메시지로 현혹해야 한다는 말이 아닙니다. 대중의 마음을 유혹할 수 있어야 합니다. 공감을 끌어내고 더 나아가 감동을 줄 수 있다면 최고의 메시지라 할 수 있습니다.

눈에 잘 띄는 보고서는 헤드라인 메시지가 간결하고 분명합니다. 각각의 슬라이드 상단을 보면 헤드라인 메시지가 명확히 보입니다. 메시지는 간결하게, 본문은 친절하게 작성합니다. [54)]

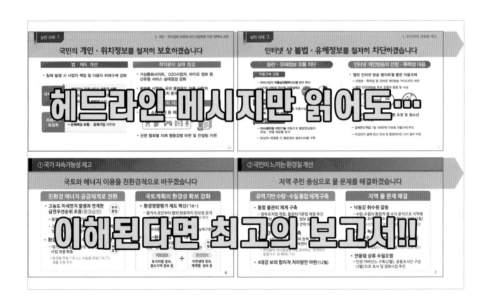

---

54) 아래 예시 보고서 출처 : 2018 정부부처 업무보고, 방송통신위원회, 환경부

파워포인트의 슬라이드 마스터 다루기

파워포인트는 발표용 보고서 작성에 특화되어 한글, 워드와 용지 모양부터 다릅니다. 따라서 발표를 고려해서 틀을 설계해야 합니다. 파워포인트 보고서 틀은 크게 세 가지 영역으로 나뉩니다. ❶ 제목이나 헤드라인 메시지가 들어가는 영역, ❷ 본문 내용이 들어가는 영역, ❸ 기타 정보가 들어가는 영역으로 나뉩니다.

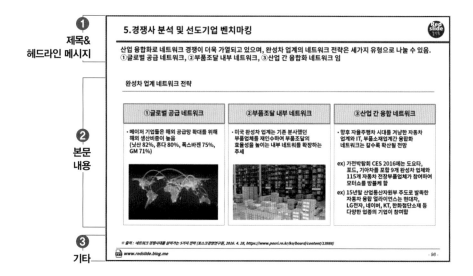

특히 ❶과 ❸ 영역은 어떤 페이지에서도 동일한 위치에 표시되어야 보고서의 통일성이 높아집니다. 앞서 한글이나 워드에서 스타일을 통해 서식을 통일하는 방법을 배웠습니다. 파워포인트에서는 슬라이드 마스터를 통해 서식을 통일할 수 있습니다. 다량의 문서를 작성하거나 여러 사람이 나누어 작성할 때도 사전에 서식을 통일해야 합니다. 마지막에 서식을 맞추려 하면 굉장히 번거롭고 시간이 오래 걸립니다.

파워포인트 서식을 통일하는 슬라이드 마스터에 대해 하나씩 살펴보겠습니다. 파워포인트를 처음 열면 다음과 같은 슬라이드가 나타납니다.

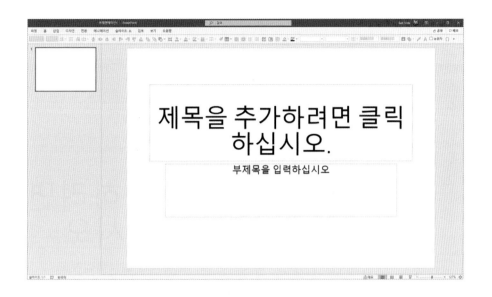

이 슬라이드를 그대로 출력하면 가운데 보이는 '제목을 추가하려면 클릭하십시오.'란 메시지는 실제 텍스트가 아니라서 출력되지 않습니다. 클릭해서 텍스트를 입력할 수 있도록 돕는 가이드 역할을 하는 안내 메시지입니다.

파워포인트는 이처럼 텍스트를 입력할 때 가이드 역할을 하는 여러 슬라이드를 제공합니다. 이것을 레이아웃이라고 부릅니다.

[레이아웃 layout]
책이나 신문, 잡지 따위에서 글이나 그림 따위를 효과적으로 정리하고 배치하는 일.

– 출처 : 네이버 국어 사전

파워포인트에서 기본 제공하는 레이아웃을 살펴봅시다. ❶ 1번 슬라이드 위에서 마우스 오른쪽 버튼을 클릭합니다. ❷ [레이아웃]을 클릭하면 [Office 테마]가 나타나고 파워포인트에서 기본으로 제공하는 다양한 슬라이드 레이아웃을 볼 수 있습니다. 현재는 ❸ [제목 슬라이드] 레이아웃이 기본으로 설정되어 있습니다.

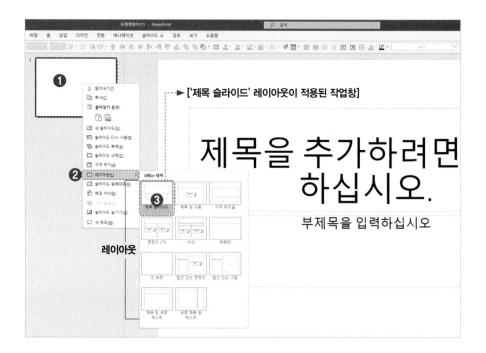

[Office 테마]에서 원하는 레이아웃을 클릭하면 해당 레이아웃이 작업 창에 적용되는 원리입니다. 한글이나 워드의 스타일처럼 작업자가 원하는 형태의 레이아웃을 만들어놓고 한 번의 클릭으로 원하는 서식을 슬라이드에 적용할 수 있습니다. 이제 작업자가 원하는 레이아웃을 만들어보겠습니다.

파워포인트에서 레이아웃을 만들기 위해서 [보기] 탭−[마스터 보기] 그룹−[슬라이드 마스터]를 클릭합니다. 레이아웃을 만들기 위한 슬라이드 마스터 화면이 나타납니다. 왼쪽의 [미리 보기] 작업 창을 보면 없었던 슬라이드들이 보입니다. 여기에서는 앞서 봤던 파워포인트에서 기본 제공한 레이아웃 슬라이드가 보이는 것입니다. ❶번 슬라이드는 레이아웃 묶음의 대표 슬라이드이고, 실제 적용하는 레이아웃 슬라이드는 ❷번 이하의 슬라이드라고 생각하면 됩니다.

❷번 슬라이드에서 우리가 적용하고 싶은 레이아웃을 만들어보겠습니다. 기존에 만들어져 있던 가이드 역할을 하는 (1)과 (2)를 삭제하고 시작합니다. 드래그해서 (1)과 (2)를 한 번에 선택하고 Delete 를 누릅니다.

[슬라이드 마스터] 탭–[마스터 레이아웃] 그룹–[개체 틀 삽입]–[텍스트]를 클릭합니다. 슬라이드 작업 화면 왼쪽 상단에 드래그해 가이드 역할을 하는 텍스트 개체를 삽입합니다.

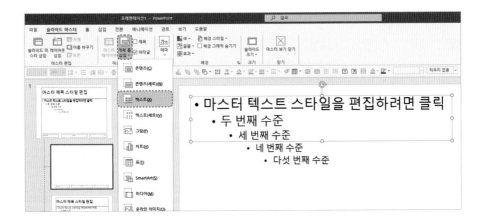

지금 만든 가이드 역할을 하는 텍스트 개체는 나중에 제목을 넣기 위해서 만든 것입니다. 텍스트 개체 안에 기본 설정된 글머리 기호는 드래그해서 블록 지정한 후 삭제하고 제목에 어울릴 만한 굵은 고딕 계열 글꼴[55]로 서체를 변경합니다. 글씨 크기도 30pt로 설정했습니다.

❶ '제목 텍스트 개체' 아래에는 본문을 넣는 공간을 표시하기 위해 ❷ 사각형 도형을 그려 넣고 선 색은 회색(3pt)으로 설정했습니다. 다음으로 헤드라인 메시지를 입력하도록 ❸ 텍스트 개체를 삽입했습니다. ❸ 텍스트 개체는 ❶ 제목 텍스트 개체를 만드는 방법과 같습니다. 다만 헤드라인 메시지는 제목보다 작은 글씨(24pt)[56]로 설정했습니다.

---

55) 현재 예시 글꼴은 '에스코어드림 9 Black'입니다.

56) 헤드라인 메시지 크기는 발표장 크기와 청중 수를 고려해서 정하면 됩니다. 적어도 맨 뒤에서 헤드라인 메시지가 보일 정도의 크기는 되어야 합니다.

추가로 오른쪽 상단에 회사 CI나 이름을 넣고 싶다면 어떻게 해야 할까요? CI 이미지를 복사해 붙여 넣으면 됩니다. 회사 이름을 입력하고 싶다면 역시 텍스트 개체를 삽입한 뒤 회사 이름을 직접 입력하면 됩니다. 이제 모든 설정이 끝났습니다. ❸ [마스터 보기 닫기]를 클릭합니다. ❶ 개체와 ❷ 개체의 차이점은 다음 페이지에서 설명하겠습니다.

그럼 기본 작업 화면으로 돌아옵니다.

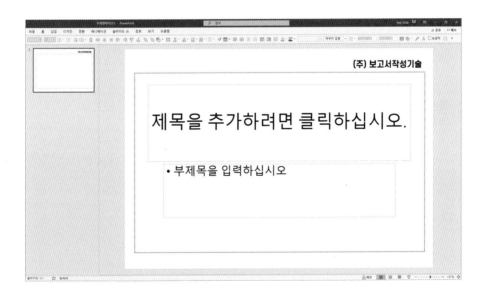

이제 방금 설정한 레이아웃을 슬라이드에 적용하는 일만 남았습니다. 미리 보기 작업 창 위에서 마우스 오른쪽 버튼을 클릭하고 [레이아웃]을 클릭합니다. 방금 작업한 ❶ 레이아웃 마스터가 나타나면 클릭합니다.

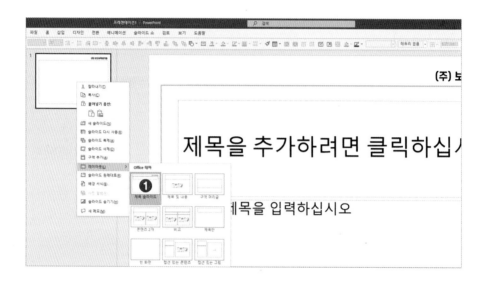

최종 완성된 본문 레이아웃입니다. 새로운 슬라이드를 만들더라도 방금 만든 본문 레이아웃을 적용할 수 있습니다.

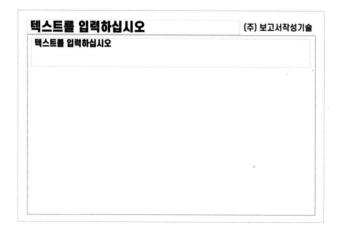

왼쪽 상단에 제목을 입력할 수 있는 텍스트 개체와 회사 이름의 차이점을 여기에서 확인할 수 있습니다. 회사 이름은 슬라이드 마스터에서 텍스트로 입력한 것이기 때문에 보고서에 새겨집니다. 여기서는 내용을 수정할 수 없습니다.[57] 하지만 제목과 본문은 '텍스트를 입력하십시오'라는 텍스트가 표시되어 클릭한 후 텍스트를 입력할 수 있습니다. 이처럼 슬라이드 마스터를 이용해 레이아웃을 만들고 보고서 양식을 통일할 수 있습니다.

---

[57] 이런 개체는 [슬라이드 마스터]에 들어가서 수정 및 편집할 수 있습니다.

학습 정리

1. 파워포인트는 보는 보고서다.

▶ 한글, 워드와 다르게 파워포인트는 가로로 긴 형태이고 대중 발표나 보고를 위해 작성하는 경우가 많다. 텍스트 중심이 아닌 개체(이미지)와 도식화에 유리하다는 특징도 있다.

▶ 읽는 보고서와 보는 보고서의 내용을 구현하는 표현력은 세로와 가로 차이 외에 소프트웨어별 차이도 크다.

▶ 표현력을 키우기 위해서는 각각의 소프트웨어가 갖는 특징을 정확히 파악하고 적합하게 다룰줄 알아야 한다.

2. 한 장에는 하나의 메시지만 담자.

▶ 슬라이드별로 전달하려는 메시지가 분명해야 한다.

▶ 파워포인트 보고서는 제목에 어떤 메시지를 담느냐가 중요하다. 따라서 구분형 키워드보다 내용을 명확히 파악할 수 있는 설명문 형태가 좋다.

▶ 메시지는 간결하게, 본문은 친절하게 작성하자.

3. 파워포인트는 슬라이드 마스터를 적극 활용하자.

▶ 파워포인트는 제목 영역, 본문 영역, 기타 영역으로 나누고 슬라이드 마스터를 이용해 서식을 통일하라.

▶ [보기] 탭-[마스터 보기] 그룹-[슬라이드 마스터]를 클릭하면 슬라이드 마스터 편집 화면이 나타나는데, 여기에서 슬라이드 마스터를 수정해 레이아웃을 만들 수 있다.

파워포인트는 맞춤이 생명이다

파워포인트는 슬라이드 어느 곳이나 자유롭게 개체 중심으로 입력하고 편집할 수 있습니다. 따라서 도식화에 유리한 반면, 무질서하게 개체가 배치되면 시선이 흐트러집니다.

개체 정렬이 조금만 흐트러져도 시선이 엉뚱한 곳에 쏠립니다. 파워포인트는 가로가 넓습니다. 인간은 가로로 보는 시각이 더 넓고 가로로 볼 때 더 안정감을 느끼기 때문에 자연스레 슬라이드 전체를 보게 됩니다. 그렇다면 개체를 배치할 때 위치만 맞추면 될까요? 그렇지 않습니다. 가독성 높은 보고서에는 몇 가지 특징이 있습니다.

🖊 다음 예시를 보세요[58]

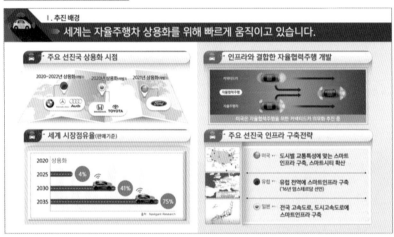

58) 출처 : 자율주행 상용화를 위한 스마트교통시스템 구축방안(2018.2), 국토교통부, https://bit.ly/2WjDDJM

전달하고자 하는 내용에 적합한 사진, 그래프, 아이콘 등을 활용해 가독성을 높였습니다. 그렇다면 이미지를 많이 활용한 보고서가 가독성이 높을까요? 물론 텍스트 중심 보고서보다 가독성이 높습니다. 그러나 그것만으론 충분하지 않습니다. 기본적으로 통일성이 높아야 가독성이 좋습니다. 사진, 그래프, 아이콘을 사용했더라도 크기가 제각각이거나 맞춤이 엉성하면 가독성이 떨어집니다. 즉, 보고서의 통일성은 가독성 높은 보고서 작성을 위한 기본이며 중요한 전제조건입니다. 통일성 높은 파워포인트 보고서는 3대 맞춤이 잘되어 있습니다.

첫째, 글꼴 맞춤

둘째, 색상 맞춤

셋째, 틀 맞춤

세 가지 맞춤에 대해서 하나씩 살펴보겠습니다.

첫째, 가독성을 높이는 글꼴 맞춤

첫째. 글꼴 맞춤이 중요합니다. 보고서에 사용할 글꼴을 통일해야 합니다. 여기서 통일이란 '하나의 글꼴만 사용한다'는 의미가 아닙니다. 헤드라인 메시지(혹은 서브 타이틀), 본문, 참고 표시의 글꼴과 크기를 미리 정해놓고 통일해야 한다는 의미입니다. 예를 들어 타이틀 및 헤드라인은 보고서에서 제일 먼저 눈에 띄어야 하기에 두꺼운 고딕 계열 글꼴을 사용합니다. 반면 본문 내용이나 참고 표시는 시각적으로 타이틀과 구분되도록 상대적으로 슬림한 고딕 계열 글꼴을 사용합니다.

구분	추천 글꼴	글꼴 크기(예시)
헤드라인 메시지(혹은 서브 타이틀)	두꺼운 고딕 계열 글꼴	30~40pt
본문	일반적인 고딕 계열 글꼴	15~25pt
출처, 참고 표시	슬림한 고딕 계열 글꼴	15pt 이하

차이를 둔다고 해서 글꼴을 너무 다양하게 사용하면 오히려 통일성을 저해합니다. 이때는 글꼴 패밀리[59] 사용을 추천합니다.

둘째, 가독성을 높이는 색상 맞춤

가독성을 높이는 3대 맞춤 가운데 두 번째는 색상 맞춤입니다. 중요한 내용이라는 점을 강조하기 위해서 문서에 원색 컬러를 사용하곤 합니다. 하지만 다양한 원색 컬러는 오히려 시선을 불편하게 만듭니다. 보색 대비[60]와 같은 기본적인 색상 사용 원리를 모르고 사용하면 어색한 색상 조합으로 인해 오히려 세련미와 보고서의 통일성이 떨어져 보입니다. 또한 보고서를 항상 컬러로 인쇄해서 배포하는 것이 아니므로 흑백으로 인쇄했을 때도 고려해야 합니다.

색상 선택에도 전략이 필요합니다. 색상 선택에 자신 없다면 원색 사용을 자제하고 무채색 사용을 권합니다.

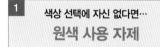

---

59) 글꼴 패밀리에 관한 설명은 055페이지를 참고합니다.

60) '보색'은 다른 색상의 두 빛깔이 섞여 하얀색이나 검은색이 될 때 이 두 빛깔을 서로 이르는 말로, '보색 대비'는 보색 관계에 있는 두 색을 같이 놓을 때 서로의 영향으로 더 뚜렷하게 보이는 현상을 말합니다. 출처 : 네이버 국어사전

2	색상에 대한 감각이 없다면… 무채색 사용

명암 조절을 통한 다양한 표현 가능

3	색을 사용해야 한다면 보고서 통일성을 위해 하나의 포인트 색 사용

채도 조절을 통한 다양한 표현 가능

무채색도 명암 조절을 통해 다양한 표현이 가능합니다. 그래도 색을 사용해야 한다면 하나의 포인트 색을 정하고 채도를 조절해 사용하는 것이 좋습니다. 이때도 원색 그대로 사용하는 것보다 채도가 낮은 색상을 사용할 것을 권합니다.

예시 보고서는 필자가 작성한 'OO발전사 중장기 전략 보고서' 중 일부입니다. 색상으로 내용의 강약을 조절할 수 있기에 원색을 사용했습니다. 그런데 원색의 어색한 조합으로 인해 내용이 눈에 들어오지 않습니다.

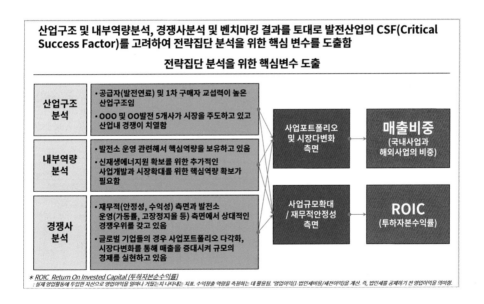

산업구조 및 내부역량분석, 경쟁사분석 및 벤치마킹 결과를 토대로 발전산업의 CSF(Critical Success Factor)를 고려하여 전략집단 분석을 위한 핵심 변수를 도출함

전략집단 분석을 위한 핵심변수 도출

산업구조 분석	•공급자(발전연료) 및 1차 구매자 교섭력이 높은 산업구조임 •OOO 및 OO발전 5개사가 시장을 주도하고 있고 산업내 경쟁이 치열함
내부역량 분석	•발전소 운영 관련해서 핵심역량을 보유하고 있음 •신재생에너지원 확보를 위한 추가적인 사업개발과 시장확대를 위한 핵심역량 확보가 필요함
경쟁사 분석	•재무적(안정성, 수익성) 측면과 발전소 운영(가동률, 고장정지율 등) 측면에서 상대적인 경쟁우위를 갖고 있음 •글로벌 기업들의 경우 사업포트폴리오 다각화, 시장다변화를 통해 매출을 증대시켜 규모의 경제를 실현하고 있음

사업포트폴리오 및 시장다변화 측면 → **매출비중** (국내사업과 해외사업의 비중)

사업규모확대 / 재무적안정성 측면 → **ROIC** (투하자본수익률)

* ROIC Return On Invested Capital (투하자본순수익률)
: 실제 영업활동에 투입한 자산으로 영업이익을 얼마나 거뒀는지 나타내는 지표. 수익창출 역량을 측정하는 데 활용됨. '영업이익(1 법인세비용/세전이익)을 계산. 즉, 법인세를 공제하기 전 영업이익을 의미함.

내용은 그대로 놔두고 색상만 회색 계열의 무채색으로 바꿨습니다.

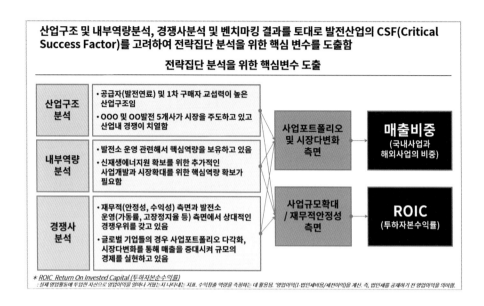

무채색을 사용하면 여러 장점이 있습니다. 첫째, 색상 선택의 고민을 덜어 시간을 아낄 수 있습니다. 둘째, 명암 조절을 통해 중요도에 따른 강약을 쉽게 조절할 수 있습니다. 셋째, 보고서의 통일감을 높여주고 흑백 인쇄도 문제없습니다. 다음 예시는 필자가 작성한 컨설팅 프로젝트 보고서 중 일부입니다. 통일성을 고려해 회색 계열을 사용했습니다.

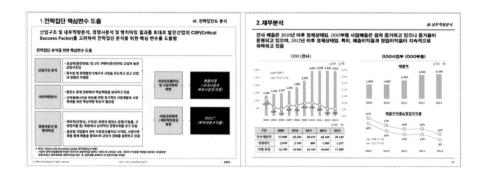

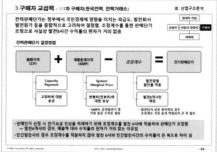

파워포인트에서 색을 선택하는 메뉴를 보면 [테마 색]에 회색 계열의 무채색 목록이 있습니다. 명암 조절을 통해 5~6단계 정도를 무난히 표현할 수 있습니다.

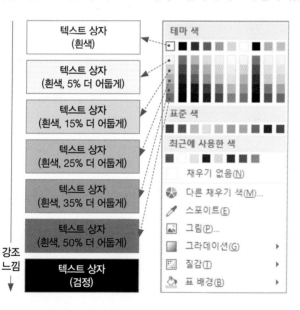

원색을 사용하고 싶다면 포인트 색을 하나 정해서 채도를 조절하면 색상 통일성이 높아집니다. 다음 예시 보고서[61]는 파란색 계열을 사용했습니다. 헤드라인 타이틀과 중요 텍스트를 파란색으로 사용했고 본문(도형)도 채도가 낮은 파란색을 사용해 전체적인 통일성을 높였습니다.

컨설턴트의 조언

파워포인트의 [테마 색] 메뉴에서 [다른 채우기 색]을 클릭하면 [색] 대화상자의 색상 팔레트가 열립니다. [표준] 탭을 보면 육각형 벌집 모양의 색상 팔레트가 보입니다. 가운데에 흰색이 있고 외곽으로 갈수록 원색에 가까운 색상들이 배치되어 있습니다. 여기서 채도가 낮은 ❶ 영역 색상 사용을 추천합니다.

61) 출처 : 자율주행 상용화를 위한 스마트교통시스템 구축방안(2018.2), 국토교통부, https://bit.ly/2WjDDJM

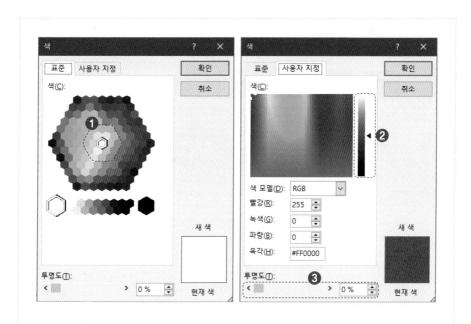

좀 더 정밀한 색상 사용을 원한다면 [사용자 지정] 탭에서 ❷ 채도 조절 슬라이더를 위쪽으로 조절해서 사용하는 것도 방법입니다. 또는 색상의 ❸ [투명도]를 조절하는 것도 방법입니다.

셋째, 가독성을 높이는 틀 맞춤

세 번째는 틀 맞춤입니다. 틀을 맞춘다는 것은 제목, 헤드라인 메시지 및 개체의 위치, 간격, 여백 등을 통일감 있게 배치하고 정렬하는 것을 말합니다.

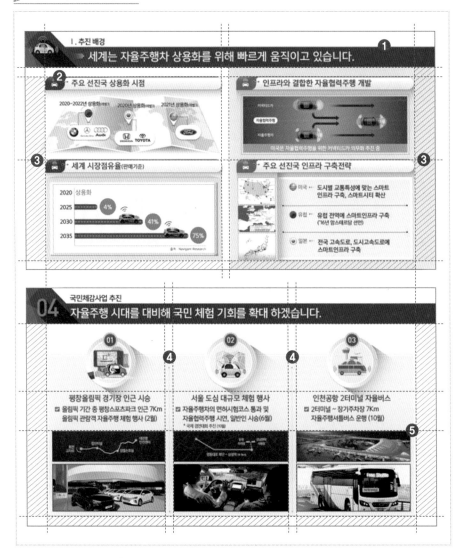

가독성 높은 보고서에는 전체 틀과 콘텐츠 배치 틀이 잘 잡혀 있습니다.

---

62) 출처 : 자율주행 상용화를 위한 스마트교통시스템 구축방안(2018.2), 국토교통부, https://bit.ly/2WjDDJM

보고서 전체 [틀] 맞춤	콘텐츠 배치 [틀] 맞춤
❶ 제목&헤드라인 메시지 위치, 크기 ❷ 본문이 들어가는 공간, 서브 타이틀 크기 ❸ 본문을 제외한 좌·우·아래 여백	여러 개체가 들어갈 경우 ❹ 개체 배치 간격 ❺ 개체 위치 및 크기

❶ 제목과 헤드라인 메시지 위치, ❷ 본문 내용이 들어가는 공간, ❸ 본문의 좌우, 그리고 아래 빗금 친 여백을 맞춰야 보고서 전체 통일성이 높아집니다. 이때 공통적으로 들어가는 텍스트, 페이지 번호, 회사 로고와 같은 배경 이미지 등은 앞서 배운 슬라이드 마스터를 이용해서 서식을 만들어 모든 슬라이드에 적용합니다.

한 페이지(슬라이드)에 여러 개체가 들어갈 경우 ❹ 개체 배치 간격 및 ❺ 개체 크기, 위치 등을 맞춰야 슬라이드에 균형감이 있고 안정적으로 보입니다. 이때는 파워포인트의 개체 맞춤 기능을 활용하면 정확하고 빠르게 개체를 정렬할 수 있습니다.

왼쪽 맞춤(L)
가운데 맞춤(C)
오른쪽 맞춤(R)
위쪽 맞춤(T)
중간 맞춤(M)
아래쪽 맞춤(B)
가로 간격을 동일하게(H)
세로 간격을 동일하게(V)
슬라이드에 맞춤(A)
✓ 선택한 개체 맞춤(O)

 학습 정리

1. 파워포인트는 맞춤이 생명이다.

▶ 파워포인트는 개체 정렬이 조금만 흐트러져도 엉뚱한 곳에 시선이 쏠린다.

▶ 보고서의 가독성을 높이려면 글꼴 맞춤, 색상 맞춤, 틀 맞춤의 3대 맞춤을 신경 써야 한다.

2. 글꼴 맞춤으로 통일성과 주목도를 부여한다.

▶ 보고서에 사용할 글꼴과 크기를 미리 정해놓고 통일하자.

▶ 타이틀과 헤드라인은 두꺼운 고딕 계열, 본문 내용이나 참고 표시는 슬림한 고딕 계열 등 미리 기준을 정해 사용한다.

▶ 차이를 위해 글꼴을 다양하게 사용하는 대신 글꼴 패밀리를 사용하자.

3. 색상 맞춤으로 통일성과 세련미를 잡는다.

▶ 다양한 색으로 강조하는 것보다는 무채색 사용을 권장한다.

▶ 무채색은 색상 선택의 고민을 아끼고, 명암 조절로 중요도에 대한 강약을 조절할 수 있으며, 보고서의 통일성을 저해하지 않고 흑백 인쇄에도 대응할 수 있다.

▶ 색을 사용해야 할 경우 포인트 색을 정하고 채도와 명도, 투명도를 활용해 구분한다. 이때도 원색을 그대로 사용하는 것보다 채도가 낮은 색 위주로 구성하는 것을 추천한다.

4. 틀 맞춤으로 통일감과 안정감을 잡는다.

▶ 틀 맞춤은 제목, 헤드라인 메시지 및 개체의 위치, 간격, 여백 등을 통일감 있게 배치하고 정렬하는 것이다.

▶ 슬라이드 마스터와 개체 맞춤 기능을 활용하면 정확하고 빠르게 개체를 정렬할 수 있다.

분할 구도를 알면 편집이 쉽다

사진이나 영상에서는 구도가 중요합니다. 구도란 피사체를 화면에 어떻게 배치하는 가를 말합니다. 어떤 구도가 좋다, 나쁘다 단정적으로 말할 순 없지만, 분명 안정적인 구도는 있습니다. 바로 황금비율입니다.

컨설턴트의 조언

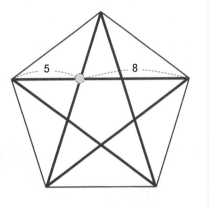

그리스의 수학자인 피타고라스는 만물의 근원을 수로 보고, 세상의 모든 일을 수와 관련짓기를 좋아했습니다. 그는 인간이 생각하는 가장 아름다운 비로 황금비를 생각했는데 정오각형 모양의 별을 피타고라스 학파의 상징으로 삼았습니다. 그를 사로잡은 황금비란 정오각형 별에서 짧은 변과 긴 변의 길이의 비가 5 : 8인데 이때 짧은 변을 1로 하면 1 : 1.6이 됩니다. 이것을 황금비라고 합니다.

[출처] 네이버 지식백과

일상생활에서도 황금비율을 자주 접합니다. 신용카드의 경우 가로세로의 길이가 각각 8.56cm, 5.398cm로 1 : 1.586입니다. 이 비는 황금비율에 매우 가깝습니다. 황금비율이 사람의 시각을 편안하게 해주는 아름다운 비율이라는 이유로, 책이나 컴퓨터의 모니터, 텔레비전 화면, 영화관 스크린 등의 가로세로 비율을 황금비율에 가깝게 만들고 있습니다.

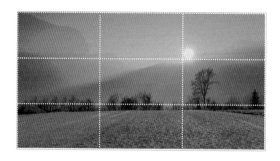

거의 모든 스마트폰이나 디지털카메라의 안내선 기능을 활성화하면 화면을 가로지르는 3분할 선이 나타납니다. 이 3분할 선은 황금비율을 고려해 안정적인 구도를 잡는데 도움을 주는 안내선 역할을 합니다. 예를 들어 일출이나 일몰 사진을 찍을 때 지평선이나 수평선을 화면 중앙에 위치시키는 것보다 3분할 선에 맞춰 위치시키는 것이 안정적입니다.

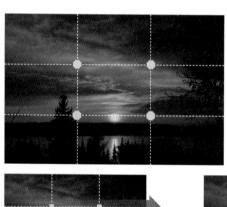

시선이 모이는 포인트

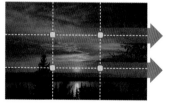

시선이 지나는 흐름을 고려해
화면 [가로] 분할

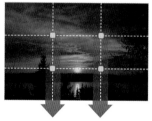

시선이 지나는 흐름을 고려해
화면 [세로] 분할

피사체를 배치하는 느낌으로 황금분할을 생각하면서 개체를 배치하면 보고서 구도를 잡기가 한결 수월합니다. 파워포인트라는 흰색 종이를 어떻게 채워야 할지 두려워하지 말고 일단 나누고 바라보세요. 나누고 나면 해볼 만합니다.

파워포인트 보고서 상단에는 제목이나 헤드라인 메시지가 들어갑니다. 그 공간을 제외한 나머지 공간을 가로나 세로로 나눠봅니다. 나눈 공간에 개체를 하나씩 채웁니다. 전체 공간을 채우며 공간을 나누는 것보다 나뉜 공간을 채우기가 훨씬 쉽습니다. 분할 구도가 익숙하지 않다면 일단 가로나 세로를 균등하게 분할합니다. 그런 다음 콘텐츠 수나 분량을 고려해 응용 분할 구도를 생각해봅니다.

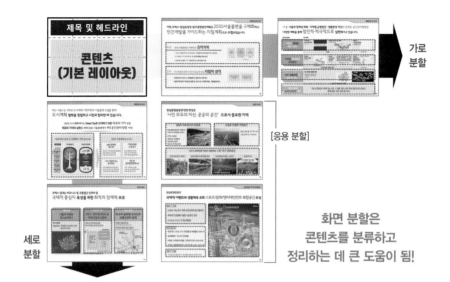

다음은 세로 분할 구도를 사용한 예시입니다.[63]

----

63) 출처 : 2018 교육부 업무보고서(2018. 3).

세로 분할은 콘텐츠를 안정적으로 배치할 수 있어 가장 많이 사용하는 구도입니다. 파워포인트가 가로로 긴 형태라서 세로 분할은 안정적인 구도를 만들어냅니다. 콘텐츠 수에 따라 세로 2분할, 3분할, 많으면 4~5분할까지도 사용합니다.

콘텐츠를 분할하여 시작 지점에서 구분 역할을 하는 핵심 키워드나 타이틀을 제시하면서 내용을 쉽게 파악할 수 있도록 도와줍니다.

다음은 가로 분할 구도를 사용한 예시입니다.[64]

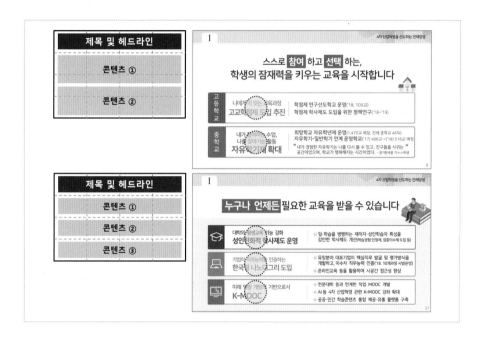

가로 분할은 콘텐츠 내용이 다소 길 때 자주 사용하는 구도입니다. 세로 분할과 마찬가지로 분할이 시작되는 지점에 구분 역할을 하는 핵심 키워드나 타이틀을 제시하고 있습니다.

---

64) 출처 : 2018 교육부 업무보고서(2018. 3).

다음은 응용 분할 구도를 사용한 예시입니다.[65)]

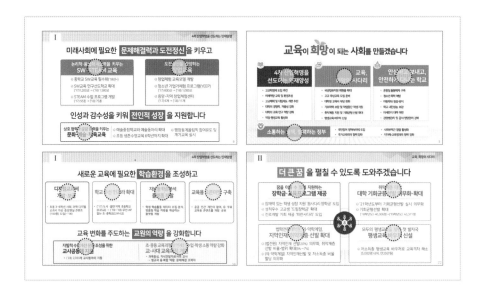

보고서를 작성하다 보면 콘텐츠 분량이 일정하지 않을 때가 많습니다. 이때 가로와 세로 분할을 혼합한 다양한 응용 분할을 사용합니다. 가로나 세로 분할의 모든 경우에 개체 틀의 높이, 너비, 간격, 여백 맞춤은 기본이라는 점을 항상 명심합니다.

필자는 키워드를 넣어 사용할 수 있는 다양한 분할 패턴의 템플릿을 미리 만들어놓고 사용합니다. 보고서 작성 시간을 단축할 수 있어 추천합니다.

세로 분할 템플릿 예시

제목 & 헤드라인 메시지

4단 세로 분할

키워드	키워드	키워드	키워드
세부 내용	세부 내용	세부 내용	세부 내용

제목 & 헤드라인 메시지

5단 세로 분할

키워드	키워드	키워드	키워드	키워드
세부 내용	세부 내용	세부 내용	세부 내용	세부 내용

가로 분할 템플릿 예시

제목 & 헤드라인 메시지

2단 가로분할

키워드	세부 내용
키워드	세부 내용

제목 & 헤드라인 메시지

3단 가로분할

키워드	세부 내용
키워드	세부 내용
키워드	세부 내용

제목 & 헤드라인 메시지

4단 가로분할

키워드	세부 내용
키워드	세부 내용
키워드	세부 내용
키워드	세부 내용

제목 & 헤드라인 메시지

4단 가로 +분할

응용 분할 템플릿 예시

제목 & 헤드라인 메시지

제목 & 헤드라인 메시지

---

65) 출처 : 2018 교육부 업무보고서(2018. 3).

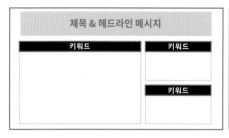 

키워드로 슬라이드를 이끈다

무에서 유를 창조하는 경우는 없습니다. 보고서도 마찬가지입니다. 대부분 다양한 자료나 데이터를 모아 이를 가공하고 편집하는 과정을 거쳐 보고서가 됩니다. 이 과정을 이해하기 쉽게 표현하면 다음과 같습니다.

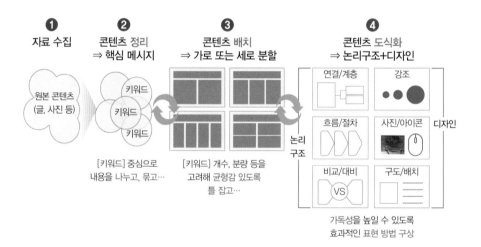

파워포인트 보고서 작성을 위해 먼저 다양한 ❶ 자료를 수집합니다. 보고서 작성을 위한 기초 자료로 활용하기 위해 자료를 가공할 때 가장 먼저 해야 할 일이 ❷ 콘텐츠 정리입니다. (예상) 목차를 작성하고 목차별 내용을 분류하고 정리합니다. 그런 다음 슬라이드에 ❸ 콘텐츠를 배치합니다. 콘텐츠 배치는 한 번에 끝날 수도 있지만 보통

290

은 가독성을 높이는 ❹ 콘텐츠 도식화 과정을 거칩니다. 콘텐츠를 나열하는 게 아니라 효과적인 표현 방법을 구상해 정렬하는 과정을 거쳐서 보고서가 완성됩니다. 설명을 위해 단계별로 나눴지만 이 과정이 항상 단계별로 이뤄지는 것은 아닙니다. 숙달되면 (분량이 적은 보고서는) 자료를 수집하는 순간부터 머릿속에서 ❷, ❸, ❹ 단계가 한 번에 이뤄지기도 합니다.

파워포인트 보고서 작성에서 ❹ 도식화 단계가 가장 중요하다고 말하는 사람이 많은데, 필자는 ❷ 콘텐츠 정리 단계가 가장 중요하다고 생각합니다. 콘텐츠를 요약하고 정리해 핵심 메시지와 키워드를 뽑아내야 이를 토대로 최적의 ❸ 콘텐츠 배치와 ❹ 도식화를 할 수 있기 때문입니다. 한글이나 워드로 작성한 텍스트 형태의 보고서를 파워포인트 보고서로 작성해보겠습니다.

✎ 다음 예시를 보세요[66]

내부 협력을 제대로 실행하는 것은 말처럼 쉬운 것이 아니다. 조직 간에 협력을 방해하는 여러 가지 내부 장벽들이 존재하기 때문이다. 첫째는 타 부문으로부터 정보, 조언이나 도움을 구하려 하지 않는 NIH(Not Invented Here) 장벽 때문에 협력이 잘 이루어지지 않는다. NIH 장벽이 발생하는 주요 원인으로는 부문 중심의 폐쇄적인 조직문화, 타 부문에 문제나 약점을 보이는 것에 대한 두려움, 자신의 문제는 남의 도움 없이 스스로 해결해야 한다는 고정 관념 등을 들 수 있다. 둘째는 보유하고 있는 정보나 지식을 타 부문에 제공하는 것을 꺼리는 독점(Hoarding) 장벽 때문에 협력이 잘 이루어지지 않는다. 독점 장벽이 발생하는 주요 원인은 부문간의 과도한 경쟁, 부문이나 개인 성과 중심의 평가/보상 제도, 파워 상실에 대한 두려움, 과중한 업무로 인한 시간 부족 등을 들 수 있다. 셋째는 필요한 정보나 적합한 사람을 찾지 못하는 검색(Searching) 장벽 때문에 협력이 잘 이루어지지 않는다. 검색 장벽이 발생하는 주요 원인으로는 큰 조직 규모, 부문간에 멀리 떨어져 있는 물리적인 거리, 정보의 과부하, 타 부문 구성원들과의 빈약한 인적 네트워크 등을 들 수 있다. 특히, 검색 장벽은 중소기업보다는 대기업일수록, 로컬기업보다는 글로벌 기업일수록 크게 나타날 가능성이 높다. 넷째는 자기 부문에서 타 부문으로 지식이나 기술을 제대로 넘겨주지 못하는 이전(Transfer) 장벽 때문에 협력이 잘 이루어지지 않는다. 이전 장벽이 발생하는 주요 원인으로는 명시적으로 표현하기 어려운 암묵적 지식, 공통 언어(Common language)의 부재, 부문 간의 유대감 부족 등을 들 수 있다.

66) 출처 : 조직내 협력, 과정보다 결과가 중요하다(LG경제연구소, 2014. 11.17), http://www.lgeri.com/index.do

전형적인 설명문 형태의 이어 쓰기형 읽는 보고서입니다. 발표용 보는 보고서로 만들어보겠습니다. 원본 콘텐츠를 읽고 제일 먼저 해야 할 일은 콘텐츠 정리입니다. 이 글이 전달하고자 하는 핵심 메시지나 중심 키워드를 찾는 것이 가장 중요합니다.

내부 협력을 제대로 실행하는 것은 말처럼 쉬운 것이 아니다. <u>조직 간에 협력을 방해하는 여러 가지 내부 장벽들이 존재</u>하기 때문이다.

첫째는 타 부문으로부터 정보, 조언이나 도움을 구하려 하지 않는 ①**NIH(Not Invented Here) 장벽** 때문에 협력이 잘 이루어지지 않는다. NIH 장벽이 발생하는 주요 원인으로는 부문 중심의 폐쇄적인 조직문화, 타 부문에 문제나 약점을 보이는 것에 대한 두려움, 자신의 문제는 남의 도움 없이 스스로 해결해야 한다는 고정 관념 등을 들 수 있다.

둘째는 보유하고 있는 정보나 지식을 타 부문에 제공하는 것을 꺼리는 ②**독점(Hoarding) 장벽** 때문에 협력이 잘 이루어지지 않는다. 독점 장벽이 발생하는 주요 원인은 부문간의 과도한 경쟁, 부문이나 개인 성과 중심의 평가/보상 제도, 파워 상실에 대한 두려움, 과중한 업무로 인한 시간 부족 등을 들 수 있다.

셋째는 필요한 정보나 적합한 사람을 찾지 못하는 ③**검색(Searching) 장벽** 때문에 협력이 잘 이루어지지 않는다. 검색 장벽이 발생하는 주요 원인으로는 큰 조직 규모, 부문간에 멀리 떨어져 있는 물리적인 거리, 정보의 과부하, 타 부문 구성원들과의 빈약한 인적 네트워크 등을 들 수 있다. 특히, 검색 장벽은 중소기업보다는 대기업일수록, 로컬기업보다는 글로벌 기업일수록 크게 나타날 가능성이 높다.

넷째는 자기 부문에서 타 부문으로 지식이나 기술을 제대로 넘겨주지 못하는 ④**이전(Transfer) 장벽** 때문에 협력이 잘 이루어지지 않는다. 이전 장벽이 발생하는 주요 원인으로는 명시적으로 표현하기 어려운 암묵적 지식, 공통 언어(Common language)의 부재, 부문 간의 유대감 부족 등을 들 수 있다.

핵심 메시지는 '조직 간 협력을 방해하는 내부 장벽을 제대로 알고 극복해야 한다'는 것이고, 글을 이끄는 핵심 키워드는 4대 내부 장벽(NIH, 독점, 검색, 이전)임을 알 수 있습니다. 이를 토대로 파워포인트 슬라이드에

콘텐츠를 어떻게 배치하고 도식화할지 생각하는 단계로 넘어갑니다.

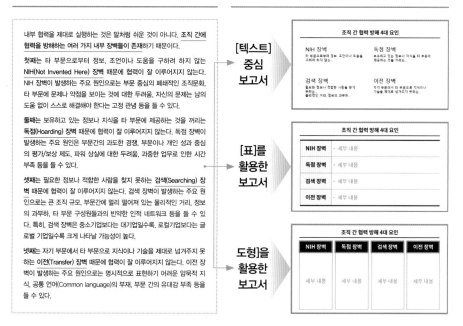

파워포인트에서는 발표하거나 보고하는 단위가 슬라이드입니다. '텍스트' 중심으로 정리하든, '표'나 '도형'을 활용해 정리하든 슬라이드별로 어떤 내용을 전달할 것인지 핵심 메시지와 중심 키워드를 잘 제시하는 게 중요합니다.

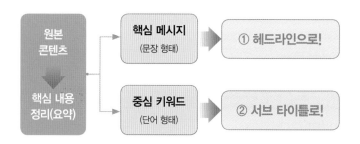

보고서의 뼈대를 이루는 핵심 메시지와 중심 키워드는 보고서를 이끄는 스토리라인 역할을 합니다.

4대 장벽을 나타내는 키워드를 중심으로 '표'와 '도형'을 활용해 정리한 보고서 예시 입니다.

조직 협력을 방해하는 다양한 내부 장벽이 존재함. 발생 원인을 파악하고 이를 극복하기 위한 다양한 노력이 필요함.

조직 협력을 방해하는 4대 내부 장벽

구분	정의	발생 원인
NIH 장벽 (Not Invented Here)	▪ 타 부문으로부터 정보, 조언이나 도움을 구하려 하지 않는 것	▪ 부문 중심 폐쇄적인 조직문화 ▪ 타 부문에 문제나 약점을 보이는 것에 대한 두려움 ▪ 남의 도움없이 스스로 해결해야 한다는 고정관념 등
독점 장벽 (Hoarding)	▪ 보유하고 있는 정보 및 지식을 타 부문에 제공하는 것을 꺼리는 것	▪ 부문간 과도한 경쟁 ▪ 부문 및 개인 중심 평가/보상 제도 ▪ 파워 상실에 대한 두려움 및 과중한 업무 등
검색 장벽 (Searching)	▪ 필요한 정보나 적합한 사람을 찾지 못하는 것	▪ 큰 조직 규모 및 부문간 물리적인 거리 ▪ 정보 과부하 ▪ 타 부문과 빈약한 인적 네트워크 등
이전 장벽 (Transfer)	▪ 자기 부문에서 타 부문으로 지식이나 기술을 제대로 넘겨주지 못하는 것	▪ 암묵적 지식 및 공통 언어 부재 ▪ 부문간의 유대감 부족 등

조직 협력을 방해하는 다양한 내부 장벽이 존재함. 발생 원인을 파악하고 이를 극복하기 위한 다양한 노력이 필요함.

조직 협력을 방해하는 4대 내부 장벽

첫째, NIH 장벽 Not Invented Here

[의미]
타 부문으로부터 정보, 조언이나 도움을 구하려 하지 않는 것.

[발생원인]
부문 중심의 폐쇄적인 조직문화.
타 부문에 문제나 약점을 보이는 것에 대한 두려움.
남의 도움없이 스스로 해결해야 한다는 고정관념.

둘째, 독점 장벽 Hoarding

[의미]
보유하고 있는 정보나 지식을 타 부문 제공을 꺼리는 것.

[발생원인]
부문간 과도한 경쟁.
부문 및 개인 중심의 평가/보상 제도.
파워 상실에 대한 두려움 및 과중한 업무.

셋째, 검색 장벽 Searching

[의미]
필요한 정보나 적합한 사람을 찾지 못하는 것.

[발생원인]
큰 조직 규모 및 부문간의 물리적인 거리.
정보의 과부하. 타 부문과 빈약한 인적 네트워크.

넷째, 이전 장벽 Transfer

[의미]
타 부문으로 지식이나 기술을 제대로 넘겨주지 못하는 것.

[발생원인]
암묵적 지식 및 공통 언어의 부재.
부문간 유대감 부족.

헤드라인 메시지 및 중심 키워드(4대 장벽)가 보고서의 뼈대를 이뤄 스토리라인 역할을 합니다. 발표할 때도 헤드라인과 중심 키워드 위주로 설명합니다.

표와 도형을 활용한 도식화 패턴

파워포인트 보고서는 자료를 가공해서 가독성 높은 설명이나 설득용 보고서를 작성하는 데 가시적 측면에서 한글이나 워드보다 유리합니다. 그래서 표나 도형을 적극적으로 활용해 가독성을 높이는 것이 유리합니다. 텍스트 중심 보고서에 비해 표나 도형을 활용한 보고서는 입체감이 있습니다.

표는 (많은 양의) 텍스트 중심 자료를 정리할 때 가장 편리한 도구입니다. 셀을 추가하거나 삭제해 내용을 쉽게 편집할 수 있습니다. 또 구분선이 있어 맞춤, 정렬 및 편집이 쉽습니다. 구분기준이 되는 키워드를 잘 뽑아 제시하면 빠르고 편리하게 자료를 정리할 수 있습니다.

표는 그 자체로도 훌륭한 정리 도구지만 도형과 조합하면 입체감을 더 살릴 수 있으며 정렬 및 편집도 쉽게 할 수 있습니다. 또 다양한 도식화를 통해 표현의 한계를 넓힐 수 있습니다.

'조직 협력을 방해하는 4대 장벽'을 표로 정리한 보고서를 다시 보겠습니다.

조직 협력을 방해하는 다양한 내부 장벽이 존재함. 발생 원인을 파악하고 이를 극복하기 위한 다양한 노력이 필요함.

조직 협력을 방해하는 4대 내부 장벽

구분	정 의	발생 원인
NIH 장벽 (Not Invented Here)	▪ 타 부문으로부터 정보, 조언이나 도움을 구하려 하지 않는 것	▪ 부문 중심 폐쇄적인 조직문화 ▪ 타 부문에 문제나 약점을 보이는 것에 대한 두려움 ▪ 남의 도움없이 스스로 해결해야 한다는 고정관념 등
독점 장벽 (Hoarding)	▪ 보유하고 있는 정보 및 지식을 타 부문에 제공하는 것을 꺼리는 것	▪ 부문간 과도한 경쟁 ▪ 부문 및 개인 중심 평가/보상 제도 ▪ 파워 상실에 대한 두려움 및 과중한 업무 등
검색 장벽 (Searching)	▪ 필요한 정보나 적합한 사람을 찾지 못하는 것	▪ 큰 조직 규모 및 부문간 물리적인 거리 ▪ 정보 과부하 ▪ 타 부문과 빈약한 인적 네트워크 등
이전 장벽 (Transfer)	▪ 자기 부문에서 타 부문으로 지식이나 기술을 제대로 넘겨주지 못하는 것	▪ 암묵적 지식 및 공통 언어 부재 ▪ 부문간의 유대감 부족 등

아래 예시를 보세요. 위의 표를 그대로 이용하되, '4대 장벽' 키워드를 부각하기 위해 사각형을 표 위에 그려 넣고 표 테두리 선을 투명하게 조절해 입체감을 높였습니다.

	정 의	발생 원인
NIH 장벽 (Not Invented Here)	▪ 타 부문으로부터 정보, 조언이나 도움을 구하려 하지 않는 것	▪ 부문 중심 폐쇄적인 조직문화 ▪ 타 부문에 문제나 약점을 보이는 것에 대한 두려움 ▪ 남의 도움없이 스스로 해결해야 한다는 고정관념
독점 장벽 (Hoarding)	▪ 보유하고 있는 정보 및 지식을 타 부문에 제공하는 것을 꺼리는 것	▪ 부문간 과도한 경쟁 ▪ 부문 및 개인 중심 평가/보상 제도 ▪ 파워 상실에 대한 두려움 및 과중한 업무 등
검색 장벽 (Searching)	▪ 필요한 정보나 적합한 사람을 찾지 못하는 것	▪ 큰 조직 규모 및 부문간 물리적인 거리 ▪ 정보 과부하 ▪ 타 부문과 빈약한 인적 네트워크 등
이전 장벽 (Transfer)	▪ 자기 부문에서 타 부문으로 지식이나 기술을 제대로 넘겨주지 못하는 것	▪ 암묵적 지식 및 공통 언어 부재 ▪ 부문간의 유대감 부족 등

만약 표 안 세부 내용(정의 및 발생 원인)을 텍스트 상자를 이용해 일일이 작성했다면 정렬해서 맞추기가 쉽지 않을 것입니다. 또 세부 내용을 추가하거나 삭제해야 한다면 전체를 다시 정렬하고 맞춰야 합니다. 그러나 이 경우엔 표를 이용했기에 추가, 삭제, 정렬 및 맞춤이 쉽고 수월하다는 장점이 있습니다.

표와 도형을 조합해 작성한 보고서 예시를 하나 더 살펴보겠습니다. 두 기업의 신규사업 추진현황 비교를 위해 표로 정리했습니다.

■■기업이 자동차용 전자 장비를 개발/판매하는 전담 조직 'A사업팀'을 신설함. ▲▲기업은 이보다 2년 5개월 앞서 B사업본부를 출범하고 사업을 진행 중 임.

신규사업 추진현황 비교

구분	■■기업	▲▲기업
사업주체	A사업팀 (20xx. 12월 출범)	B사업본부 (20xx. 7월 출범)
책임자	□□□ 부사장	△△△ 사장
주요사업영역	차량용 반도체, 차량 통신 장비, 차량용 카메라, 내비게이션 등 인포테인먼트 기기	차량용 통신장비, 전기차용 배터리, 내비게이션 등 인포테인먼트 기기
관련계열사	▣기업, ▣▣기업, ▣▣▣기업 외 8개 계열사 참여	◆기업, ◆◆기업, ◆◆◆기업 외 6개 계열사 참여

구분기준을 보면 두 기업을 '사업주체', '책임자', '주요사업영역', '관련계열사'로 비교하고 있음을 쉽게 파악할 수 있습니다. 이렇게 정리해도 내용을 파악하고 이해하는 데 어려움이 없습니다.

표 위에 도형을 얹어 입체감을 살리고 인포그래픽 효과까지 노릴 수 있도록 도식화해 보겠습니다. 두 기업이 마주 보는 비교(대비) 효과를 나타내기 위해 구분기준을 가운데로 옮겼습니다.

■■기업이 자동차용 전자 장비를 개발/판매하는 전담 조직 'A사업팀'을 신설함. ▲▲기업은 이보다 2년 5개월 앞서 B사업본부를 출범하고 사업을 진행 중 임.

신규사업 추진현황 비교

■■기업	구분	▲▲기업
A사업팀 (20xx. 12월 출범)	사업주체	B사업본부 (20xx. 7월 출범)
□□□ 부사장	책임자	△△△ 사장
차량용 반도체, 차량 통신 장비, 차량용 카메라, 내비게이션 등 인포테인먼트 기기	주요사업 영역	차량용 통신장비, 전기차용 배터리, 내비게이션 등 인포테인먼트 기기
▣기업, ▣▣기업, ▣▣▣기업 외 8개 계열사 참여	관련계열사	◆기업, ◆◆기업, ◆◆◆기업 외 6개 계열사 참여

오각형을 표 위에 그려 넣고 일부 표 테두리 선을 투명하게 조절해 입체감을 높였습니다.

■■기업이 자동차용 전자 장비를 개발/판매하는 전담 조직 'A사업팀'을 신설함. ▲▲기업은 이보다 2년 5개월 앞서 B사업본부를 출범하고 사업을 진행 중 임.

신규사업 추진현황 비교

■■기업	구분	▲▲기업
A사업팀 (20xx. 12월 출범)	사업주체	B사업본부 (20xx. 7월 출범)
□□□ 부사장	책임자	△△△ 사장
차량용 반도체, 차량 통신 장비, 차량용 카메라, 내비게이션 등 인포테인먼트 기기	주요사업 영역	차량용 통신장비, 전기차용 배터리, 내비게이션 등 인포테인먼트 기기
▣기업, ▣▣기업, ▣▣▣기업 외 8개 계열사 참여	관련계열사	◆기업, ◆◆기업, ◆◆◆기업 외 6개 계열사 참여

그뿐만 아니라 다양한 기호를 활용해 논리적이고 구조화된 표현도 가능합니다. 글로 설명하기 어려운 내용도 간략히 표현할 수 있습니다.

다음 예시를 보세요. 각종 분석 내용을 글머리 기호로 활용한 텍스트 중심 보고서가 있습니다. 이를 도형을 활용해 3단 가로 분할로 정리하면 입체감이 좀 더 높아집니다.

(글머리 기호 활용) **텍스트 중심 보고서**	(도형 활용) **핵심 키워드 구조화**
■ **산업구조 분석** − 공급자(연료) 및 1차 구매자 교섭력이 높은 산업구조임 − 발전 5개사가 시장을 주도하고 있고 산업 내 경쟁 치열 ■ **내부역량 분석** − 발전소 운영 관련 핵심역량을 보유하고 있음 − 신재생에너지원 확보를 위한 추가적인 사업개발과 시장확대를 위한 핵심역량 확보가 필요함 ■ **경쟁사 분석** − 재무적(안정성, 수익성) 측면과 발전소 운영(가동률, 고장정지율) 측면에서 상대적인 경쟁우위를 보이고 있음 − 글로벌 기업들의 경우 사업포트폴리오 다각화, 시장다변화를 통해 매출을 증대시켜 규모의 경제를 실현하고 있음	**산업구조분석** • 공급자(연료) 및 1차 구매자 교섭력이 높은 산업구조임 • 발전 5개사가 시장을 주도하고 있고 산업 내 경쟁 치열함 **내부역량분석** • 발전소 운영 관련 핵심역량을 보유하고 있음 • 신재생에너지원 확보를 위한 추가적인 사업개발과 시장확대를 위한 핵심역량 확보가 필요함 **경쟁사분석** • 재무적(안정성, 수익성) 측면과 발전소 운영(가동률, 고장정지율) 측면에서 상대적인 경쟁우위를 보이고 있음 • 글로벌 기업들의 경우 사업포트폴리오 다각화, 시장다변화를 통해 매출을 증대시켜 규모의 경제를 실현하고 있음

만약 단순한 내용 요약이 아니라 '분석에 따른 시사점 도출'까지 이어지는 논리적 흐름을 표현하고 싶다면 어떻게 해야 할까요?

(도형 활용) 핵심 키워드 구조화	(예시) 분석 내용을 토대로 시사점을 도출했다면?

산업 구조 분석	• 공급자(연료) 및 1차 구매자 교섭력이 높은 산업구조임 • 발전 5개사가 시장을 주도하고 있고 산업 내 경쟁 치열함	산업 구조 분석	• 공급자(연료) 및 1차 구매자 교섭력이 높은 산업구조임 • 발전 5개사가 시장을 주도하고 있고 산업 내 경쟁 치열함	시사점
		⊕		
내부 역량 분석	• 발전소 운영 관련 핵심역량을 보유하고 있음 • 신재생에너지원 확보를 위한 추가적인 사업개발과 시장확대를 위한 핵심역량 확보가 필요함	내부 역량 분석	• 발전소 운영 관련 핵심역량을 보유하고 있음 • 신재생에너지원 확보를 위한 추가적인 사업개발과 시장확대를 위한 핵심역량 확보가 필요함	시사점 도출 내용 요약
		⊕		
경쟁사 분석	• 재무적(안정성, 수익성) 측면과 발전소 운영(가동률, 고장 정지율) 측면에서 상대적인 경쟁우위를 보이고 있음 • 글로벌 기업들의 경우 사업포트폴리오 다각화, 시장다변화를 통해 매출을 증대시켜 규모의 경제를 실현하고 있음	경쟁사 분석	• 재무적(안정성, 수익성) 측면과 발전소 운영(가동률, 고장 정지율) 측면에서 상대적인 경쟁우위를 보이고 있음 • 글로벌 기업들의 경우 사업포트폴리오 다각화, 시장다변화를 통해 매출을 증대시켜 규모의 경제를 실현하고 있음	

도형과 도형 사이에 다양한 기호(⊜⊗⊕⊜➡)를 넣어 논리적 흐름을 표현합니다. 표현의 한계를 확장할 수 있습니다.

📑 학습 정리

1. 분할 구도를 알면 편집이 쉽다.

▶ 상단의 제목을 제외한 나머지 공간을 가로나 세로로 나누고 개체를 하나씩 채운다. 일단 가로나 세로를 균등하게 분할한 후 콘텐츠 수나 분량을 고려해 응용

분할 구도를 적용한다.

▶ 세로 분할 콘텐츠 : 콘텐츠를 안정적으로 배치할 수 있어 가장 많이 사용하는 구도. 빠른 내용 파악과 이해를 돕기 위해 분할이 시작되는 지점에 핵심 키워드를 제시하자.

▶ 가로 분할 콘텐츠 : 콘텐츠 내용이 다소 길 때 자주 사용하는 구도. 마찬가지로 분할이 시작되는 지점에 구분 역할을 하는 핵심 키워드나 타이틀을 제시해 가독성을 높여보자.

2. 키워드로 슬라이드를 이끌자.

▶ 제일 먼저 원본 콘텐츠(읽는 보고서)를 정리한다. 전달하고자 하는 핵심 메시지나 중심 키워드를 찾는 것이 가장 중요하다.

▶ 핵심 키워드를 토대로 파워포인트 슬라이드에 콘텐츠를 어떻게 배치하고 도식화할지 생각한다. 슬라이드별로 어떤 내용을 전달할 것인지 텍스트, 표, 도형으로 활용해 정리한다.

3. 표와 도형을 활용한 도식화 패턴을 사용하자.

▶ 텍스트 중심 보고서에 비해 표나 도형을 활용한 보고서는 입체감이 있다.

▶ 표는 구분기준이 되는 키워드를 잘 뽑아 제시하면 빠르고 편리하게 자료를 정리할 수 있는 도구다. 도형과 조합하면 다양한 도식화를 통해 입체감을 더 살릴 수 있다.

▶ 다양한 기호를 활용해 글로 설명하기 어려운 내용도 간략히 표현하고, 논리적이고 구조화된 표현을 할 수 있습니다.